世图心理

博客：http://blog.sina.com.cn/bjwpcpsy
微博：http://weibo.com/wpcpsy

# 分析体验式心理咨询技术

张辉　李梅　著

中国出版集团有限公司
世界图书出版公司
北京　广州　上海　西安

**图书在版编目（CIP）数据**

分析体验式心理咨询技术 / 张辉, 李梅著. -- 北京 : 世界图书出版有限公司北京分公司, 2025. 9. -- ISBN 978-7-5232-2437-3

Ⅰ. B849.1

中国国家版本馆CIP数据核字第2025M4T749号

---

| | |
|---|---|
| **书　　名** | 分析体验式心理咨询技术<br>FENXI TIYANSHI XINLI ZIXUN JISHU |
| **著　　者** | 张　辉　李　梅 |
| **策划编辑** | 李晓庆 |
| **责任编辑** | 李晓庆 |
| **装帧设计** | 黑白熊 |
| **出版发行** | 世界图书出版有限公司北京分公司 |
| **地　　址** | 北京市东城区朝内大街137号 |
| **邮　　编** | 100010 |
| **电　　话** | 010-64038355（发行）　64033507（总编室） |
| **网　　址** | http://www.wpcbj.com.cn |
| **邮　　箱** | wpcbjst@vip.163.com |
| **销　　售** | 新华书店 |
| **印　　刷** | 三河市国英印务有限公司 |
| **开　　本** | 710mm × 1000mm　1/16 |
| **印　　张** | 18 |
| **字　　数** | 238千字 |
| **版　　次** | 2025年9月第1版 |
| **印　　次** | 2025年9月第1次印刷 |
| **国际书号** | ISBN 978-7-5232-2437-3 |
| **定　　价** | 69.00元 |

# 目 录

CONTENTS

# 第一章
# 分析体验式心理咨询的学术渊源

杨凤池教授在心理咨询领域具有深厚的造诣，他不仅精通各种流派的心理咨询技术，而且在实践中不断探索与创新。他深谙传统文化思想的精髓，将其融入心理咨询中，形成了一套独特的分析体验式心理咨询技术。这套技术不仅体现了杨教授的临床心理学工作能力，而且展现了他深厚的精神分析理论水平。

杨教授认为，人的心理问题源于内在的矛盾与冲突，而这些矛盾与冲突往往与早期生活经历有关。因此，他强调深入了解来访者的成长背景、家庭关系以及情感经历，从中探寻心理问题的根源。在心理咨询中，他运用精神分析理论，引导来访者回溯过去，面对内心的恐惧与不安，从而释放被压抑的情绪，达到内心的平衡与稳定。此外，杨教授还注重传统文化思想在心理咨询中的应用。他相信，中国传统文化中的智慧与哲学可以为心理咨询提供宝贵的启示。因此，他鼓励来访者从传统文化中汲取力量，通过自我反省与领悟，实现心灵的成长与蜕变。

分析体验式心理咨询为来访者提供了全新的视角与思考方式，使他们能够更好地面对内心的困惑与挣扎。杨凤池教授正是这一技术的创立者与践行者，他的实践不仅为心理咨询领域注入了新的活力，而且为无数寻求心灵解脱的人带来了希望与力量。

# 第一节　西方各种流派的心理咨询技术

现代心理咨询起源于西方。从弗洛伊德19世纪末创立精神分析理论算起，一百多年来，经过一代代心理学大家的研究和探索，先后出现了众多的心理咨询学说和疗法，仅有文献记载的就有数百种，体现了专家和实践者在前人的基础上，从不同角度不断加深对于人类心理健康和疾病的理解，这为现代心理咨询奠定了基础，也为我们改进适合不同文化和人群的工作方式，提供了重要的借鉴。

在这百余年的历程中，精神分析、行为主义和人本主义被称为20世纪心理咨询的三大主要思潮。精神分析也被称为心理动力学，以完善人格结构、促进心理发展为目标，主要通过把潜意识的内容挖掘出来，使来访者了解自己症状的心理原因，在领悟中获得成长；行为主义通过改变强化条件来矫正来访者的某些问题行为，达到消除或缓解来访者症状的目的；在此之后，行为主义加入了认知的因素，发展出认知行为学，重点通过改变人的信念改善行为和情绪；人本主义则是帮助来访者在处于尊重和积极关注的氛围中通过回忆、联想、思考、报告某些经验和感受来重新确认自我，由此发现解决自己问题的内在力量。

## 一、精神分析（心理动力学）取向的心理咨询

### （一）基本理论及咨询观

精神分析理论认为，来访者的异常行为表现和不适体验来源于早年生活的心灵创伤以及被压抑在潜意识里的矛盾和冲突，所以精神分析倾向于把被压抑

在潜意识里的欲望，特别是创伤性的体验或情结挖掘出来，使之进入意识层面。来访者的症状是原发性获益或继发性获益的结果。分析的目的是帮助来访者把潜意识的内容意识化，在被保护的心理咨询情境中重新面对创伤或情结，实现本我、自我、超我之间的动态平衡。

以弗洛伊德为代表的经典精神分析的核心是认为人对于本能（生本能和死本能）冲动的压抑形成冲突。安娜·弗洛伊德在此基础上重点丰富了对于防御机制以及自我功能的研究。以克莱茵和温尼科特为代表的客体关系学派重点加入了婴儿和环境互动的因素，强调了妈妈（照顾者）和婴儿的互动对于婴儿心理的影响，这对于我们理解成年期的病理状况起到了非常重要的作用。之后，科胡特发展出来的自体心理学强调了自体的结构和功能，认为人将客体作为自体的一部分来对待，在理解自恋型人格障碍方面增加了有意义的补充。

精神分析的基本咨询观包括：除了一些人格的内在机制，一个人的发展是由童年早期经历所决定的；人的态度、行为习惯、体验和思维都会受到非理性驱力的影响；非理性驱力就是无意识；意识与无意识之间的冲突会以心理障碍的形式呈现；防御机制主导下的心理阻抗的觉察，有助于发现这些内在的驱力；将无意识内容带入意识之中可以让来访者从无意识材料的影响中解放出来。

### （二）咨询过程

在动力性心理咨询过程中，来访者的行为改变主要通过两个咨询过程来实现：一是理解来访者在儿童时期形成的认知和情感模式（防御机制）；二是理解来访者在咨访关系中再次体验到的其在儿童时期与某位重要人物的冲突性关系（移情）。因此，探索和理解来访者的防御机制以及移情是咨询技巧的关键。精神分析式工作的特殊性在于系统地使用移情。移情为咨询师理解来访者的心理状态以及如何进行最有效的干预提供了信息。咨询师保持分析性的立场，而这种立场植根于咨询师的移情体验中。

精神分析工作一般可以分为以下四个阶段：

分析阶段。主要目的是建立工作联盟，倾听来访者的内心世界，并了解来访者压抑的潜意识冲突。咨询师通过了解来访者早期的心理发展，分析原始的心理材料，探讨潜意识，对来访者做整体而透彻的理解。咨询师在这个阶段除了收集一般资料，还可以通过自由联想、梦和幻想等方式，发现引发来访者症状和性格问题的无意识冲突，并将其解释给他们。咨询师需要了解来访者过去的人际关系与情感问题，利用移情关系观察其使用何种防御机制来解决心理冲突，了解问题的来龙去脉，并深入来访者的内心世界对其进行全面、系统的感受和体会，理解其心理问题。

解释阶段。咨询师在这个阶段有一个重要的任务，那就是觉察、分析阻抗和防御机制，以及处理移情和反移情。咨询师要逐步向来访者进行解释。解释的内容来自分析工作中对症状或情结的了解。解释的目的在于让来访者体会并领悟自己的心理冲突与过去生活的关系，或者帮助来访者理解个人情结的性质。咨询师给出解释时要充分考虑来访者的自我力量、解释的时机、阻抗的大小，以及咨访关系的状况。解释的基本逻辑是：如果一个人在理智上知道自己心理冲突的真相，并且了解处理的途径，就会自己指导自己向适宜的方向改变。

修通阶段。咨询师引导来访者重新面对过去的创伤，理解移情关系，正视过去的情结；促使其从领悟到情感与行为的转变发生。克莱茵认为，改变不是在意识层面探索过去，而是在咨访关系中通过移情修正了潜在的焦虑和防御。移情关系是心理改变过程的核心要点。领悟的产生和咨访关系密不可分。在修通阶段，做好咨询工作的要领是：选择来访者容易做出的局部性改变，经由多次重复性的尝试，逐渐推动其产生大的变化。纠正来访者过去的创伤体验与情感反应模式的过程并不顺利，有时会遭遇其抵抗，只有屡次尝试，才能有所进展。这就是修通的过程。有严重心理创伤的来访者可能有因受不了面对旧创伤而发生急性应激的危险，咨询师需要采取比较慎重的方式，不勉强来访者去做其感到比较困难的事情。

结束阶段。结束阶段的任务是促进来访者人格的成熟，使来访者已经改变的态度、行为和认知方式得到有效的保持，并迁移到解决日常工作、学习、生活中所遇到的问题中去。

精神分析帮助人是基于这样一种假设：有理性的人可以靠自己的理性与智慧来指导自己，管理自己的情感与行为。随着心理咨询的进展，来访者理智的思维与行为出现频率逐渐提高，来访者可以逐渐面对自己内心的情结，并且可以经由启发与领悟去改善自己的心理。在潜意识冲突被修通后，来访者就有能力处理分离并准备接受心理咨询的结束。结束是来访者开始独立实践的标志，为来访者创造了把领悟付诸行动的机会。

总之，精神分析师通过心理分析协助来访者处理心理问题，帮助来访者理解自己的情感，促进来访者改变行为，体验咨访关系的改善，经由领悟而促进自己的人格成熟。

### （三）主要技术

#### 1. 设置和框架

精神分析特别注重心理咨询的设置，包括时间、地点、频次、费用，以及分析性的态度和方法等。心理咨询设置的出现标志着心理咨询工作的开始。心理咨询设置既是一种现实的协议和界限，也是一种干预技术。它提供了一种独特的抱持性环境，允许来访者安全地自由联想和表达，它也是一个参照系，可用于观测来访者甚至咨询师的偏离，并探索其代表的意义。咨询师应该严肃、认真地对待设置。尊重设置和界限的态度实质上是在认可稳定性和可靠性对于来访者心理成长的重要性。经常迟到或者取消心理咨询的咨询师与努力遵守界限的咨询师所传达的信息产生的效果是截然不同的。

设置作为干预的手段，意味着当偏离行为发生时，我们需要理解其对来访者的意义，并决定是否介入。我们可以在头脑中按以下步骤思考：指出偏离设置的事件是什么，如“我迟到了”；指出由此引发的可能的潜意识幻想是什么，如“当我没有按时到的时候，你可能感觉我把别人看得更重要”；命名伴随这一潜意识幻想的情绪，如“当你觉得我没有把你放在心上的时候，你觉得我抛弃了你，更喜欢另一个人”；命名这一幻想产生的后果，如“你觉得被抛弃，你生我气，决定离开我”。

2. 分析式倾听

倾听虽然在各种心理咨询中被普遍应用，但是精神分析式倾听更具分析和探索性。它同时发生在不同层次并涉及多种情境，即咨询师除了倾听来访者所述的表面内容，比如成长经历、现实的苦恼等，还要倾听其深层的含义，这是在咨询室中能够达成潜意识沟通的基础。

倾听的层次，一般包括内容层次、结构层次以及功能层次。内容层次是指来访者有意识地说了些什么，例如谁对谁做了些什么，谁是怎么感觉的；结构层次是指叙述在逻辑上是连贯的，还是语无伦次的，其中的内在联系是什么；功能层次是指来访者的叙述对你有什么影响，比如是为了给你留下深刻印象，还是用来保持距离。

每天发生在来访者生活当中的事情很多，他选择了什么事情来讲，为什么选择在这个时候来讲，更重要的是他是怎么讲的，还有什么没讲？通过对这些内容的关注和分析，探索他想要传达的究竟是什么，要达到什么目的。就像解析梦一样，要特别关注内容后面的情感，以及事情之间的相互关联，来访者如何从一个话题联想到另一个话题，讲这个是为了靠近还是远离。咨询师既不能完全忽略来访者现实的烦恼，也不能陷入表面的内容中去，比如来访者谈到现实层面对于领导的愤怒，咨询师不能完全置之不顾，需要考虑这是否也意味着对于咨询师的不信任、愤怒等。

弗洛伊德认为，在倾听时咨询师应该保持“均匀悬浮的注意”，也就是说，对于来访者所有的沟通都给予相同的注意，保持敏感。让自己保持开放，不要有太多预设。另外，在倾听的时候，咨询师不要急于解释，需要给来访者充分的时间进行自由联想和表达，利用来访者的叙事、梦、自由联想等媒介了解和理解来访者的潜意识。

潜意识的沟通工具除了语言，还有很多形式，比如身体姿势、面部表情、语音、语调、语速等，这些都能够反映来访者当时的心理状态，都是需要咨询师综合倾听和感觉的线索。

3. 诠释

诠释指的是对来访者的话语识别、澄清和翻译的过程。诠释的原则有：咨询师需要把握诠释的时机，评估来访者对探讨这一问题的准备程度，一般是当需要诠释的现象已经接近来访者的知觉领域时，即当来访者已经容忍并内化了这种诠释却无法自己看到这种诠释时做出诠释；诠释应该由浅入深，逐步深入；在对阻抗或防御背后的情绪和冲突进行诠释之前，咨询师最好先向来访者指出他的这种阻抗或防御。

对于人格相对整合的神经症患者，咨询师在提供诠释时可以聚焦在患者所说的意义上；对于客体关系杂乱以及无法调节情绪状态的患者，对患者情感体验进行诠释可能会更有帮助，即在对意义进行探索之前要把重点放在帮助他们识别感受上。

斯坦纳于1993年提出了“以来访者为中心”和“以咨询师为中心”的诠释。对于能够积极参与到自我探索过程中的来访者，咨询师可以使用“以患者为中心”的诠释。这种诠释聚焦于来访者自己的所想与所做，并可以指出他对于咨询师的投射。这种诠释促使来访者去承担影响心理咨询的责任。那些单纯想要被理解的来访者如果不能忍受这种自我理解，可以接受“以咨询师为中心”的诠释。这种诠释聚焦于来访者猜想咨询师可能有的心理状态或幻想，如“你觉得我……你担心我会有这种感受……”，这种诠释更有涵容功能。

精神分析的诠释可以聚焦在广泛的思维、感受或行为上，比如对包括咨询师在内的人的矛盾表征上，以及隐藏在这些矛盾表征背后的焦虑上；指出来访者用来平衡自我意识的特定防御策略；直指来访者的自我表征，帮助他们看到积极和消极的特性；把重心放在对来访者行为、想法或感受的模式的识别上。

分析性诠释有两种主要的类型，即“重构其原型诠释”和“移情性或此时此地诠释”。前者将目前的症状和发展过程的某种固着相关联；后者把重点放在移情关系中显现出来的模式或程序上。尽管后者也可能包含一些来自来访者过去生活中的形象，但是其主要的注意力还是放在来访者和咨询师现在的关系（移情）上。

4. 对于移情和反移情的觉察和利用

咨询师可以通过讨论与分析咨询师和来访者之间的情感变化与冲突，通过此时此刻在咨询室里捕捉、观察移情和反移情，帮助来访者更鲜活地意识到强迫性重复的行为、认知模式，引导来访者产生修通和领悟。在这里，只有咨询师成了移情性客体，才能让来访者在此时此地去检视其固有的关系模式。有情感回应的咨询师提供了一种新的人际关系体验，证伪了来访者对他人的负面期待，来访者因此产生了改变，这就是常说的“矫正性情感体验”。

### （四）历史地位及适用人群

精神分析是发展历史很长的心理咨询学派，因为其对动力根源的深入探索、对于人格结构的改善更可能获得持久的收益，被从业者广为推崇，并被应用于治疗各种广泛的心理疾病，尤其是具有冲突性质的神经症以及人格障碍等。它是一类以追求领悟和提高心理发展水平为主要目标的疗法，对来访者的智力、人格、求助动机和领悟能力等要求较高。对于心理发展水平较低、人格结构有严重缺陷的来访者，咨询师使用经典精神分析技术可能会受到一定的限制。

## 二、行为主义取向的心理咨询

建立在行为主义理论基础之上的心理学方法被称为行为疗法。它基于条件反射和学习理论，以刺激-反应的学习过程作为行为的主要解释，即调整某种特定的条件（如奖励、惩罚），可以引起对特别的刺激形成特定反应的行为模式（强化或消退）。

### （一）行为主义——行为矫正

#### 1. 基本理论及咨询观

行为疗法的原理是：所有的行为都遵循学习的规律，各种病态行为也属于习得性行为，都是个体在其过去生活经历中通过条件反射、观察模仿等学习方式而获得的，是对环境适应不良的结果，可以习得，也可以弃掉。行为疗法就是通过设计某些特殊的治疗程序，在学习和训练中矫正不良行为，建立新的替代性行为。

2. 咨询过程

行为疗法的运用主要有以下四个阶段：

（1）准备阶段。在此阶段，咨询师对目标行为进行观测，为行为分析和选择矫正方案提供依据。一方面，要客观、具体地定义目标行为；另一方面，要选择合适的记录方法，记录异常行为发生的频率、强度、持续时间等。

（2）行为分析阶段。咨询师通过行为分析，明确靶行为，帮助来访者解决其主要问题，了解与问题相关的因素，选择有效的干预技术，测量和监察心理咨询过程。

（3）行为矫正阶段。在此阶段，主要是纠正或消除异常行为或建立新的适应性行为。咨询师与来访者通过协商制订心理咨询计划，选择合适的心理咨询方案和方法，实施心理咨询计划。

（4）效果评估阶段。在行为矫正后，按照记录的资料进行评估，评估咨询的效果。

3. 主要技术

改变行为的技术有系统脱敏疗法、暴露疗法、厌恶疗法、代币制疗法、社会学习疗法、认知行为疗法、生物反馈疗法等。

（1）系统脱敏疗法。其基本思想是：一个可引起微弱焦虑的刺激，由于在处于全身松弛状态下的焦虑者面前暴露，因而逐渐失去了引起焦虑的作用，也称为“交互抑制法”，即放松的时候无法焦虑，用放松抑制了焦虑。系统脱敏疗法是通过从小到大，逐级设定焦虑的等级，从最小的可耐受等级，逐级升级，升级后用放松等方式来抑制和脱敏，而最终达到目标。系统脱敏一般会包括主观评定不适的程度，松弛训练，设计不适层次表，分级系统脱敏。在脱敏之间或脱敏之后，将新建立的反应迁移到现实生活中，不断练习和巩固。

（2）暴露疗法。暴露疗法又称“冲击疗法”“快速脱敏法”。其与逐级脱敏的不同之处是直接把来访者暴露在最使他恐惧的场景下，咨询师鼓励和帮助来访者放松，坚持到紧张感觉消失的一种快速行为治疗方法。在反复的恐惧刺激下，虽然来访者因焦虑紧张而出现心跳加快、呼吸困难、面色发白、四肢发冷等自主神经症状，但来访者最担心的可怕灾难并没有发生，这样焦虑反应也就相应地消退了。对于体质虚弱、高血压和承受力低的来访者不适用此法。

4. 历史地位及适用人群

行为疗法是利用科学实验方法验证效果的一类心理咨询方法。因为行为可观测，即使重复实验也可得出同样可靠的结果，这种疗法有着坚实的理论基础和大量的实验证明。行为疗法适用于治疗很多心理疾病，尤其是恐怖症等神经症；矫正一些不良习惯，如咬指甲、久坐等；改变不良的行为，如贪食、酗酒、病理性赌博、游戏成瘾等。

### （二）认知行为疗法

20世纪中期，行为疗法有了迅速发展，从对外观动作行为的矫正发展到对认知行为（思维、观念）的矫正，从徒手的行为治疗发展到借助生物仪器或电子产品进行治疗，因而在20世纪末出现了认知行为疗法，其因结构化程度较高、疗程简短、循证医学证据丰富而广受欢迎。

认知行为疗法总体来讲是由两个原本完全不同的理论流派（认知行为和认知理论）在理解和治疗各种心理障碍的过程中，因为具有共同的治疗目标而整合在一起形成的，它是问题聚焦的、行动取向的、具有指导性的一种心理咨询流派。

认知行为疗法的发展经历了三个阶段或三次浪潮，即20世纪早期行为疗法的兴起，60年代认知疗法的诞生，80年代末期行为疗法与认知疗法的融合。

1. 基本理论与咨询观

认知疗法是由美国精神病学家艾伦·贝克在20世纪60年代创立并系统阐述的一种心理疗法。其基本的工作原理为：想法、感觉（包括情绪和生理反应）和行为三者是一个相互联系、相互作用的系统，个体可以通过识别和改变无效的或不正确的想法、问题行为以及负面的情绪反应来克服困难，从而达到干预目标。改变可以从想法开始，通过想法来改变情绪和行为，也可以从行为开始，通过改变行为来改变感觉和想法，或改变从个体的目标开始，识别与目标冲突的想法、感觉和行为。

贝克从来就没有忽略过行为，只是更加强调认知的作用，将改变的核心机制放在认知方面。尽管认知疗法从一开始就包括行为的惩罚，但认知行为疗法更看重其整体性，把这种整体性作为一种独特的、明显标准化的认知行为疗法形式。

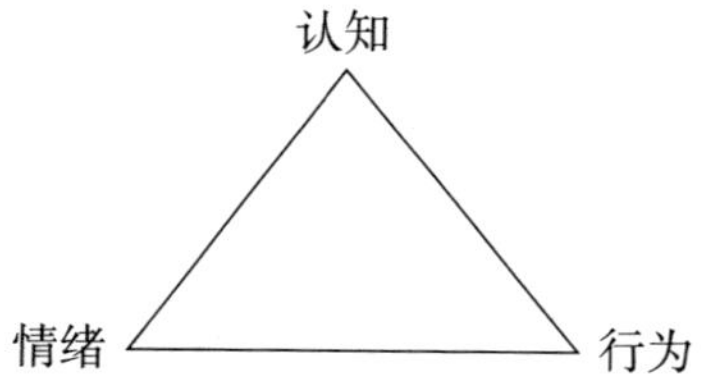


**图 1–1　认知行为疗法三元素**

与精神分析不同，认知行为疗法更多地在意识层面做工作，着眼于人们加工信息的根本方式，即关于自己、世界和将来的潜在图式。来访者通过对情绪和行为反应的理解，以及认知策略的使用使自己适应得更好。相比于其他流派，认知行为疗法的运用是一个学习的过程，强调学习与问题匹配的技术和在咨询室外实际生活中的反复练习和实践。

其关键在于咨询师在概念化来访者的问题时，要找准给来访者造成痛苦的关键认知和行为，以拟订相应的咨询计划和干预策略。认知行为疗法特别强调想法的功能性，认为针对某个情境的想法是否有用比是否准确更重要。

2. 咨询过程

认知分为浅表层面认知（自动想法）和潜在层面认知（中间信念和核心信念）。在认知疗法的早期，识别和转变被曲解的自动想法是一个重要的认知调整步骤，此后咨询师才会逐步深入调整来访者功能失调的中间信念和核心信念。

（1）识别和改变自动想法。自动想法是指在一定情境下迅速出现的、自然而然的对自己、他人或环境的想法，经常是一闪而过、很难注意到的想法，常以短语、图像、词汇等很简洁的方式出现。有心理障碍的来访者，其自动想法常常是曲解的、负面的，从而会引发不良情绪和不适应行为。因此，识别它们就非常重要。常见的自动想法包括过度引申、非此即彼、灾难当头、以偏概全等。

（2）找到中间信念。尽管自动想法是自发涌现的，常常得到核心信念系统的影响和支持，但是只要来访者信念中存在的问题被识别，功能失调的自动想法就能够从根本上杜绝。但是患者的负性核心信念对功能失调的自动想法的影响并不是直接的，而是通过功能失调的“规则”和“假设”产生的。

认知疗法把处于中介形态的功能失调的“假设”和“规则”称为中间信念。中间信念相对容易触达，因此，咨询师在挖掘和矫正来访者的潜在心理机制时，一般都先从探索、检验并矫正负性中间信念入手。

假设是指没有充分依据的设定，常见表达形式有“如果……那么……”“倘若……那么……”“万一……就……”。比如“如果我没有做到最好，那么我是一个彻底的失败者”“如果连做这点小事也会出错，那么我怎么可能做出一番事业？”“如果我告诉别人我有困难，那么别人会认为我是一个能力极差的废物”“如果我的情绪一直这样低落，那么我活着还有什么意思？”“不做出一些成绩，我就无法光宗耀祖”。

规则是人们在成长过程中逐步被内化形成的模式和法则。对于孩子来说，它是习得的、被塑造的，带有绝对性，而对于成年人，有些规则是自己认定并执行的。当某些特殊的规则成了来访者生活中不可或缺的内容时，来访者就会产生不同程度的压力。此时发现“规则”，进而质疑“规则”，将有助于来访者转变其自动想法。

（3）探索核心信念。信念是人们从童年开始逐步形成的对于自我、他人及世界的自认为可确信的看法，具有高度概括、根深蒂固、确信不疑的特点，虽然存在于意识层面，但是因为处于潜在的深层认知结构中，常常难以表述。

核心信念有正性和负性之分。正性的核心信念更容易表达，人们通常对于负性的核心信念有一定的排斥，因此其更为隐蔽。负性核心信念可能表现为“我无能”“我不可爱”“我没价值”“他人很危险”“他人都不诚信”“他人都没有良心”“这个世界不安全”“这个世界无可救药”“这个世界腐败透顶”“这个世界没有温暖”“人间不值得”。触及这些核心信念，并不断修正这些核心信念，将会帮助来访者改变不良认知以及随之而来的情绪和行为。

3. 主要技术

认知行为疗法的常见干预技术包括认知干预技术、行为干预技术、问题解决技术等。

（1）认知干预技术。它是通过识别和调整那些歪曲、不适应的认知改变情绪和行为反应，从而提高社会功能的技术。常用的认知干预技术包括质疑曲解自动想法技术、改变假设和核心信念技术等，咨询师具体可以从挑战极端思考，质疑绝对肯定，核查客观证据，澄清双重标准，进行重新归因，考虑其他可能性，发掘不幸中的转机等方面开展工作。

（2）行为干预技术。行为干预技术包括用于行为改变的技术、用于改变心境或情绪的行为技术以及用于改变认知的行为技术等。

①认知/行为排演：经常可以用于帮助来访者掌握和提高各种社交技巧和能力。

“认知排演”。如果来访者害怕跟主管沟通，就可以让来访者想象相关的过程，降低焦虑。

“行为排演”。在治疗谈话中可以针对一些有具体内容的互动行为进行情景操练。在行为排演中，咨询师需要根据来访者排演的临场发挥给予评估及反馈，指导来访者改进不恰当的反应方式。可以通过咨询师和来访者的角色扮演来实施行为排演；也可以通过小组治疗的形式，来访者之间通过不同角色的扮演和排演互动，看到不同的处理方式之间的差别，产生真切的感受，并进行模仿学习。

②角色转换技术。当患者对他人做出的反应缺乏理解，总是责怪和抱怨他人时，可以考虑应用这种技术。大概的步骤如下：

第一步，咨询师和来访者选定一个典型的沟通场景，请来访者详述当时的沟通过程，包括双方的反应和情绪。

第二步，由咨询师和来访者根据上述情景进行习惯性的沟通。

第三步，转换角色，由咨询师扮演来访者，让来访者承担对方的角色，再进行一次沟通。

第四步，来访者和咨询师一起回忆沟通过程，由来访者表达角色转换前后的感受，并在咨询师的指导下改进沟通的方式。

第五步，咨询师指导来访者在沟通的过程中去体验对方的感受和做出的反应，做出合理应对。通常说的换位思考只是一般意义上的理解对方，而角色转换技术需要达到的是通过行为操练，较大幅度地改变来访者的曲解认知以及不良行为模式。

③心理意象技术。通过改变来访者的片面或夸大的意象，减轻情绪反应，调整失调的认知，比如用替代意象更客观地预测可能发生的情境。如来访者说当他向别人求助的时候，脑海中浮现的是别人轻蔑的表情，咨询师可以让他更客观地想象可能出现的场景，来替代负面意象。这种合理替代，需要得到来访者的认可，也需要其不断内化和不断操练。

“意象应对”，咨询师引导来访者直面畏惧事物前，要先让其练习在想象中做出应对，比如来访者怕乘船，担心沉船，可以请来访者想象自己必须登船，设想真的发生了担心的事情，可以做出怎样的应对。

④自我指导训练。主要用于应对冲动行为，这是一种自我指导的练习，从认知调整达到相应的情绪和行为的调整，例如让来访者思考自己在冲动行为出现前的先兆，训练觉察、停顿，考虑冲动行为可能导致的负面效应，根据离开、深呼吸等有效方法，进行反复操练，及时控制情绪，阻断冲动行为的爆发。

其他常用的技术还包括放松技术，比如呼吸放松、肌肉放松等，这些经常是脱敏或者暴露疗法的组成部分，用于控制紧张、恐怖、焦虑以及愤怒等情绪。

（3）问题解决技术。来访者面对现实问题既需要改变个人对问题的态度、看法和观念，减轻对于问题严重性的过度夸大，又需要做出有效的应对，以改变问题的客观情况。问题解决技术旨在增进人们的社会能力，改善人际关系，因此会减轻压力、改善情绪、提升自信。问题解决技术包括基础安排、识别问题、聚焦问题、寻找新的解决途径、做出决定、问题解决的执行和鉴定、效果的巩固和拓展。

4. 历史地位及适用人群

认知行为疗法因其结构化、短疗程、循证证据丰富等成为咨询师常用的疗法，甚至很多国家将其纳入医疗保险报销的范围，这种疗法对治疗心理障碍和各种情绪问题等都有显著效果。

## 三、人本主义取向的心理咨询

人本主义又被称为心理学的“第三势力”，它出现于20世纪60年代，其代表人物是马斯洛和罗杰斯。该学派注重人的自我实现、需要层次，重视人的情感体验与潜能，提倡咨询师应该具有高度的同理心，以平等、温暖、关切、真诚和开放的态度对待来访者。

### （一）理论基础及咨询观

罗杰斯的人性理论和自我理论认为，产生心理障碍的根源在于自我概念和经验之间的失调。罗杰斯提出的人格自我理论， 描述了自我概念是如何形成的，社会化的过程如何造成个人对自己的情绪和自我感觉产生不信任，那些与自我概念相矛盾的经历如何被否认和扭曲，从而引起个人的忧虑和心理问题。咨询师应重新调整来访者对自我的认识，使其意识到以前被否定和扭曲的经历，从而减少压力，使其更加开放地面对全新的经验。

人本主义者认为，心理障碍只是个体成长过程受阻碍的结果，说明其实现自我的能力不足；每个人都有其独特性，咨询师不是权威，只是一面镜子，让来访者看见自己的行为和不能用语言表达出来的情感体验。因此，心理咨询的目的是增强自由意志，提高自我确定、选择和满足的能力，促进敏感性、情感表达性、自发性、创造性及真诚性等方面的成长。

人本主义强调咨询师应该以来访者这个人为中心，要求咨询师从来访者的视角出发，强调来访者的自我概念；个体本身就存在“机体智慧”来评价什么是好的，什么是不好的，有自我实现的潜能。同时，人本主义区分了两种自我概念——真实的自我和理想的自我。两者的平衡、和谐，会影响到个体的身心健康。

罗杰斯强调了“来访者”（“当事人”）这个用词，代替了既往心理咨询里用的“病人”一词，至今还在心理咨询中被广泛应用。这个称呼并不只是用词的改变，其背后蕴含着咨询理念的巨大变化，新的名称意味着来访者是可以为自己负责的人，来访者自身有理解自己生活和自己痛苦来源的能力，也有重新规划自己与生活的关系以达到自我实现的能力，而不是像传统医学里的病人那样，需要依赖医生给予治疗。另外，这一名称也意味着心理咨询不仅适用于所谓的“病人”，也适用于希望去除阻碍、实现自我潜能的健康人。

### （二）咨询过程

罗杰斯引入的“非指导性”疗法带来了既往心理咨询观念的变化。他认为，来访者需要知道自己的问题是什么，他的方向是什么，哪些经历是深深埋藏在他心底、对于他目前的生活产生重大影响的。咨询师的角色就是创造一种环境，让当事人的能力和力量得以有效发挥。因此，人本主义咨询师很少使用建议、解释等引导性技巧，而是完全接受来访者本来的面目，巧妙地把来访者的情绪反映给他。这有助于来访者进行更深入的探索。

人本主义强调的是咨询师的态度、经验，而不是诊断、专业关系、技术，认为最重要的是咨访关系，良好的咨访关系对促进来访者的改变有重要作用。该观念之后被大量循证研究所证明。因为咨询师以自己作为重要工具，所以咨询师的人格和生活态度也对咨询进程有着不可忽视的影响。

### （三）主要技术

真诚、无条件积极关注和同理心是咨询师帮助来访者心理成长的三个条件。

第一，人本主义要求咨询师必须真诚，作为一个真实的、整合的人，以连贯、一致的态度与来访者一起工作，对自己的情绪保持敏感，并能采取建设性行动。

第二，咨询师完全接受来访者的本来面目，接受他作为人与生俱来的、独特的价值，让其自由地探索，无条件地做真实的自己。罗杰斯认为，如果咨询师视来访者经验中的每个方面为自身的一部分而接纳，那么来访者就可以感受到无条件积极关注。

第三，同理心指的是咨询师能够认同来访者的立场，把全身的感受都聚焦在此时此刻，运用所有的语言和非语言的信息，体会和理解他的想法、挣扎以及为自我发展做出的努力。

### （四）历史地位及适用人群

相对于精神分析理论对潜意识的关注和行为主义对学习过程的强调，人本主义认为人不同于其他物种，有选择意愿、价值观、目标。

人本主义理论和技术已经成为一般心理咨询的基础，被其他流派广泛接纳，代表一种人性化、积极的心理咨询态度和理念。

人本主义认为所有人都能从以成长为取向的心理咨询中获益，因此人本主义不仅聚焦于心理问题，而且聚焦于心理健康、创造力、自我实现或者人的全面发展和行使功能，其最终目标不仅是适应，而且是帮助人们发挥其最大潜能。目前，人本主义的思想和应用已经超出了心理咨询领域，进入教育、管理、团队领导、国际冲突等更广泛的领域，帮助人们释放活力、激发创造性和提高包容性。罗杰斯也因此获得了诺贝尔和平奖的提名。

## 四、家庭治疗取向的心理咨询

### （一）基本理论与咨询观

比上述三大流派出现更晚的家庭疗法，在近年的文献里被统称为“系统式疗法”，它更注重整个家庭动力、沟通状况和家庭关系对彼此的影响，其影响已经扩展至家庭疗法之外的个体治疗和团体治疗。它是从超越个体的、更广泛的角度，看个体在其中的角色和起到的作用，从家庭系统角度去解释个人的行为与问题，通过改变家庭的动力，来实现个人行为和家庭关系的改变。

家庭疗法咨询师受到已有心理咨询流派的影响，会把精神分析、行为治疗和人本主义的理论和方法运用到家庭咨询中；受到自然科学和社会科学中系统论和控制论的影响，摒弃孤立地观察个别现象，研究所有系统中的相互作用；认为系统是一个由一定结构和形式构成的有一定功能的整体，其组分之间的相互作用方式非常复杂，部分的变化可以引发整体的变化。

### （二）咨询过程

鲍温注重代际传承对家庭问题的影响，提出了自我分化、三角关系、多代传承等连锁理论。米兰小组发展出来的以“假设-循环-中立”为关键词的系统家庭疗法，用假设来建构个体心理问题与家庭关系之间的关联，以中立的态度和对于家庭成员循环提问的方式，揭示家庭成员之间的关系。

米纽庆是“结构式家庭疗法”的创立者，他认为家庭是由不同的角色、功能和权力分配等因素组织起来的实体，关注家庭内的子系统、结盟和边界，关注家庭中“未言说的规则”和成员间的合作与界限。他认为家庭咨询就是要恢复正常的结构与功能。

萨提亚是以人本主义倾向为特征的“体验式家庭疗法”的代表人物，鼓励家人除掉面具，发现和表达自己真实的思想和情感。她认为沟通障碍是家庭困扰的主要来源。她以描述家庭角色而著名（如家庭里的“拯救者”“旁观者”“安抚者”等）。她创立了压力下家庭中的四种沟通姿态、雕塑方法等。

哈利关注家庭中的权力与控制、权威等级、代际的权力结构等。与玛丹妮丝发展出了“策略式家庭疗法”。

海灵格重视家庭的系统排列，通过对现有的或已故的家庭成员的序位排列，看到家庭成员间的相互关系，带来对于家庭成员间从过去到现在的隐藏部分的洞察，并寻求解决路径。

### （三）主要技术

有些咨询师会优先采用提问和语言交流的方法，有些则优先采用角色扮演、布置作业的方法，还有些咨询师通过故事和隐喻，来促使人们发生有效的变化。这取决于不同特点的来访者和咨询师自身的训练背景。

### （四）历史地位与适用人群

二十世纪六七十年代是家庭疗法发展的黄金时代，到了八十年代各个流派互相借鉴和整合，并受到建构主义、女性主义思潮的影响，发展出了以解决方案为基础的家庭疗法、叙事疗法等。以解决方案为基础的家庭疗法，不关注问题是什么，而是以寻求和利用来访者的自身资源解决问题为核心。叙事疗法则将咨询过程改变为重新讲故事和共同创作的过程。这些新方法的创立使咨询师从更广阔的社会视角改善个人心理状态，优化外部环境，进一步提升了心理咨询的效力。系统理论不仅可以用于家庭咨询中，也可以用于团队和企业组织中。

## 第二节　分析体验式心理咨询中的传统文化思想

咨询师在与来访者工作时，会思考各种假设和疗法。这些假设和疗法源于咨询师所掌握的各个流派的心理学理论与技术，深受流淌在自身血脉中的传统文化精髓的影响，其中不乏经过不断验证的传统医学概念、深邃莫测的道儒先贤学说以及透彻的历代哲人理念。如果说西方文明传递的是现代科学的精髓，那么中华文明则赋予了人类洞悉事物本质、还原本真的智慧。咨询师要将这些宝贵的文化遗产与心理学理论相结合，为来访者提供更加全面、深入的咨询与支持。

### 一、传统医学思想指导的心理咨询

我国传统的中医学不仅重视躯体疾病的治疗，还注重心理的调适。在古代医疗实践中，医者注重研读患者的内心活动，理解患者的行为、情绪乃至躯体状况的改变，以便有效地治疗躯体疾病及心理异常。现代心理学家对中医心理学也进行了多方面的研究，试图从中吸取积极、有益的部分，将中医心理学思想与现代的心理咨询相结合，更好地帮助来访者走出心理困境。

#### （一）辨证论治对心理咨询的启示

中医的“证”指的是机体在疾病发展过程中的某一阶段的病理概括。辨证论治就是说医者在治疗疾病时，不仅要根据当前个案与以往个案的共同性症状确定治疗措施，而且要根据个案的个性化特点正确施治。在传统医学体系中，辨证论治让医者从一个更具体的情境之中去看待患者当前的症状，使医者对疾病的治疗更全面、更彻底。这也给心理咨询工作者带来极大的启示。

由于心理与生理的这种密切关系，医者在治疗患者疾病的过程中，应该充分注意到患者疾病的综合致病因素，对症施治。唐代名医孙思邈提出了与现代医学模式相近的生理–心理–社会医学观点，他在《千金要方》中指出，“古之善为医者，上医医国，中医医人，下医医病”。所谓医国，是指医疗中的社会因素，医人是说心理因素，医病才是对躯体疾病的治疗。这段叙述充分说明，好医生治病是从社会因素、心理因素入手的，而不只是看到症状就开始治疗的。《素问·疏五过论》中提到，“圣人之治病也，必知天地阴阳，四时经纪，五藏六府，雌雄表里，刺灸砭石，毒药所主，从容人事，以明经道，贵贱贫富，各异品理，问年少长，勇怯之理，审于分部，知病本始，八正九候，诊必副矣”。这就是说，治病要熟悉人体脏腑，药石所治，还要考虑气候季节，病人的年龄、性别、性格及生活状况等多种因素的影响，因人、因时、因事制宜。这是告诉医者要从哪些方面入手，关注患者的心理因素并提供相应的帮助。

在心理咨询实践中，来访者常常向咨询师叙述很多烦恼，咨询师的工作思维就要围绕这些烦恼形成假设。比如，一个来访者说他和妻子总是吵架，那么咨询师的头脑里就会浮现数例丈夫和妻子吵架的案例，这时咨询师就需要回忆与比较，找出这一例吵架的个性化特点，具体分析为什么会这样。是某个原因强化了他和妻子的吵架行为，还是他和母亲之间的关系存在问题，导致了和妻子之间的问题，再是他对和妻子的互动情境存在不合理信念？如果咨询师发现了个案与妻子吵架的特异性，就可以形成与本案案主相关的正确假设，并进行验证性探索。显而易见，咨询师对本案的这些假设和探索都是非常必要的，因为它体现了辨证论治的精神。在这种精神指导下的心理咨询能够对来访者有所帮助是自然而然的事情。

### （二）整体观对心理咨询的启示

整体观是中医的又一重要临床指导思想，这种观点认为，在治疗疾病的时候不仅应该看到人与自然的统一性，也应该看到人的问题的内部联系。在整体观的指导下，医生会全面地去看一个人，而不是将人分割成若干个症状，然后逐一研究。中医理论体系认为人是一个身心合一的整体，心理变化与躯体疾病密切相关。《黄帝内经》中指出“血气已和，营卫已通，五脏已成，神气舍心，魂魄毕具，乃成为人”，若“形与神俱，而尽天年，度百岁而去”，若“精神内伤，身必败已”“得神者昌，失神者亡”“五脏皆虚，神气皆去，形骸独具而终矣”“精神内守，病安从来”，这说明心理对于身体健康的重要性。因此，在中国的医学体系中，情志疾病历来受古代医家重视，情志学说则是情志疾病的理论基础。情志理论最早出现在《黄帝内经》，《素问·宣明五气篇》里说“五脏所藏：心藏神、肺藏魄、肝藏魂、脾藏意、肾藏志”。五脏生五志。《素问·阴阳应象大论》讲“人有五脏，化五气以生喜、怒、悲、忧、恐”。突然、强烈或长期持久的情绪刺激，会使人体气机紊乱，导致疾病发生。《素问·举痛论》说：“怒则气上，喜则气缓，悲则气消，恐则气下……惊则气乱……思则气结。”西方理念指导下的心理咨询偏重逻辑推理，总是把人的问题简化解决。这种方法对于详细了解来访者是很有帮助的，但如果咨询师能以整体的思维全面地看看来访者，可能心理咨询的效果就会更好。比如，咨询师帮助来访者解决了与妻子吵架的问题、孩子不听话的问题、工作压力太大的问题后，再想想这三个问题之间是否有什么联系，它们是否与来访者的其他问题或经历还有联系，这样对来访者的理解就会更加全面和深刻。

### （三）未病先防的预见观对心理咨询的启示

中医认为疾病可知又可防，重视未病先防，既病防变。这是一种非常精妙的思想，它不仅注意到了已经发生的事情，还强调对未来可能发生事件的预见性。这种观点也提示了预防医学和健康心理学的重要性。咨询师要在来访者现有困扰的基础上预见来访者接下来可能出现的困惑，进而采取措施阻断这种困惑的出现，让来访者免受心灵的创伤。心理学家应该大力普及心理健康知识，使更多的人能够健康、快乐地生活。如果咨询师都能以未病先防的预见观来指导心理咨询和心理健康促进事业，来访者就可以更好地获得心灵的自由，提升心理健康水平。

## 二、道家和儒家思想对心理咨询理念的启示

### （一）道家思想

张亚林道家认知疗法是一种中国古代道家哲学——特别是老子《道德经》中的思想——与现代心理咨询技术相结合的心理咨询方法。该疗法强调通过理解和实践道家的基本原则，如无为、顺应自然、知足常乐等，来帮助个体调整认知模式，改善心理状态，达到内心的平和与自我成长。我们在这里借用道家认知疗法来阐述道家思想。

1. 清静无为，顺其自然

关于人生处世的主张，老子提倡“无为”“顺从自然”。人要掌握事物发展的客观规律，预测进程，预知结局，因势利导，游刃有余；不倒行逆施，不强迫蛮干，不急于求成；在危机面前，做好出现最坏情况的心理准备，寻求不

坏的结局，留利而不害，为而不争。

《道德经》第八章云："上善若水。水善利万物而不争，处众人之所恶，故几于道。居善地，心善渊，与善仁，言善信，政善治，事善能，动善时。夫唯不争，故无尤。"也就是说，最好的品质就像水那样，有利于万物而又不争高低，居处于众人所不愿去的地方，因而接近于道。居住以在地面为善，心以安于低平为善，与人交往以采取仁的态度为善，言谈以守信为善，为政以清平为善，做事以量力而行为善，行动以合乎时宜为善。因为什么也不争，所以不会有什么过失。现代心理学重视人的心理活动的内在协调和心理与环境的内外一致，道家思想恰恰体现了自我的内在和谐和人我、物我的外在和谐对人的心理健康的重要意义。

2. 少思寡欲，知足知止

《道德经》第十二章云："五色令人目盲；五音令人耳聋；五味令人口爽；驰骋畋猎令人心发狂；难得之货令人行妨。是以圣人为腹不为目，故去彼取此。"意思是说，过度追求美丽的色彩，会使人眼睛变盲；过度追求动听的音乐，会使人耳朵变聋；过度追求鲜美的滋味，会使人口舌变麻木；纵情狩猎，会使人心发狂；痴迷奇珍异宝，会使人行为出轨。因此，既然圣人做事是为了生存而不是为了享乐，那就抛弃"礼"而选择"道"和"德"。《道德经》第四十六章云："天下有道，却走马以粪。天下无道，戎马生于郊。祸莫大于不知足；咎莫大于欲得。故知足之足，常足矣。"意思是说，天下有像"道"那样的君子，连战马都会被拉回来种田；天下没有像"道"那样的君子，连怀孕的母马都会被送上战场，以致产驹于野外。最大的祸害是不知足，最大的过失是贪婪的欲望。知道到什么地步就该满足的人，永远是满足的。换句话说，老子提倡要放下利己私心，对人、对己不做过高要求，有所不为，然后有所为，适可而止，知足常乐。许多人的心理困境来自过度的欲望，老子的论述可以成为心理咨询师启发来访者的金钥匙。

3. 知和处下，以柔胜刚

老子的微妙思想之一便是以柔胜刚。这种“曲则全，枉则直”（参阅《道德经》第二十二章）或者“柔弱胜刚强”（参阅《道德经》第三十六章）的思想，是很反常理的理论，却是“道”之精髓。老子认为人活着的时候是柔弱的，死了就变成僵硬的；万物草木活着的时候又软又脆，死了就变成又枯又干。所以，僵硬属于死亡之族，柔弱属于生存之族。兵器如果僵直，就不是上等的；树木如果僵直，就会被砍斫。因此“强大处下，柔弱处上”。许多人的心理困境来自强势，老子的观点可以让他们体会“弱”的妙处。

4. 自知者明，自胜者强

老子主张，一个人要能了解自己，知道自己，认识自己，知道自己有什么问题或缺点。这跟咨询师的成长有直接关系。咨询师的自我成长主要就是认识自我，理解自我，让自我回归真实。当一个咨询师能够认清、处理自己内心的情结与压抑时，他的自我力量就会变得强大起来。

### （二）儒家思想

1. “仁”是建立良好关系的基础

仁爱是儒家思想的核心，它的基本思想是爱人。要建立良好的关系，必须具备“仁爱”的态度，“推己及人”，“己所不欲，勿施于人”，才能与他人达到“共鸣”。国人只有能够深刻地体验他人内心的情绪情感，才能获得信任，建立稳定而协调的关系。

2. “和为贵”是处理人际关系的重要原则

“礼之用，和为贵”是儒家思想在处理人际关系时的一条十分重要的原则。儒家思想认为，“礼”起源于调节人的欲望，礼是人际交往中不可缺少的行为规范。《论语·尧曰》中提出，“不知礼，无以立也”。只有在礼的调节下，才能达到人与人之间的和谐与合作。孔子强调克制自己的私欲，使自己的行为合于“礼”的规范，达到人与人之间的和谐与合作；主张“君子和而不同”，君子是能够保持自己的个性，也能与人和谐相处的。人与人之间是有差异的，不能强求一致。如果能正确处理和利用这种差异，进行互补，则更有益于共同利益的实现。《论语·季氏》中还提到“和无寡”，意思是如果能够“和”，就不会是孤家寡人了。儒家的这一系列主张，在现代社会仍然是有指导意义的，也是改善国人认知的一个重要方面。

3. “中庸”是心理平衡的重要依据

儒家所主张的中庸之道，就是反对“过”与“不及”。我们可以用这种观点来分析人类的情绪情感。喜、怒、哀、乐是人的情感，在未发作前，是无所偏倚的。发作适度，则各得其所，一切都能顺利地发展。从人类的心理状态来看，各种情绪变化，只要适度，对人的健康都是有益的，不但可以调动人的主观能动性，还能积极动员体内的抗病力量去战胜疾病。相反，极端的喜、怒、哀、乐都会对人的身体带来危害。心理咨询的目的就是帮助来访者自觉地调节自己的情绪，达到平和的境界。

4. 扮演“适当角色”是人际关系的根源

儒家思想很重视人际关系。“天时不如地利，地利不如人和”，人和除了要求每个人都能发挥“仁”的精神以外，还要求每个人都能扮演并执行自己在社会或家庭里该扮演的适当角色。因此，强调“君君、臣臣、父父、子子”。《孟子》特别强调“父子有亲，君臣有义，夫妇有别，长幼有序，朋友有信”。其含义是，一个人在社会里或家庭里，要能随时随地随境而扮演与执行适当的角色与职责，否则容易出现问题。从临床经验与家庭治疗者的观点来看，许多人在家庭里就是由于没有进入某种适当的角色，出现家庭角色混乱的问题，间接地导致家庭情感问题。

5. 由己及人是成熟心理的表现

儒家思想认为“由己及人”是个性成熟的标志，强调“己所不欲，勿施于人”。“不迁怒”的思想也是同理，要求我们不将对事件的愤怒强加于其他人，这也是个体人格独立的体现。从心理咨询的经验中，我们得知不少求助者的问题是性格问题，特别是心理幼稚，只会想到自己的欲望与要求，而不能体会他人。咨询师要让来访者学习如何体会他人，发挥“同感心”或“共鸣心”。

总之，在儒家思想中有许多值得我们思考的观点和理念，均可运用于指导心理咨询。譬如：有关教育方法主张启发对象的自觉性；要求处理问题从实际出发；提倡积极的人生价值观，既不怨天，又不尤人；在遇到困难时，不悲观失望，主张以积极、乐观的态度，平静地接受各种结果。孔子与孟子都认为，快乐不是物质利益和社会成就带来的，来自精神的满足和内心的平衡。这些对我们都是有参考价值的。

### （三）道儒学说对现代心理咨询的启示

1. 以“顺其自然”调整咨询师的心态

世事纷繁，令人怅然，然而老子一句“顺其自然”，指引了我们摆脱迷惘的明路，这便是老庄哲学的魅力。如果我们以顺其自然之心对待心理咨询，就能使心理咨询更具包容性。

心理咨询中的来访者通常在生活中陷入种种困境，他们有的在事业上遇到阻碍，有的在婚姻上亮起红灯，有的疾病缠身，有的用酒精来麻醉自己……即使是相同问题的来访者，其在咨询师面前呈现的状态也千差万别，比如有的显得被动退缩，有的表现得目中无人，有的少言寡语，有的高谈阔论……凡此种种，咨询师该如何顺其自然呢？人生百态，尽在来访者的喜怒哀乐中，这不正是最自然的规律吗？来访者的现状背后皆有其深刻的原因，现在的状况就其原因来说是可以理解和接受的，因为在现状和起因之间实际上有一种微妙的自我平衡，当然，来访者取得的这种平衡是令人痛苦的。然而，咨询师如果能够包容这一切，遵循自然的变动平衡规律，就能促进来访者到达一种新的和谐而愉快的平衡状态。

用一个例子可能会更好地说明上述观点。一位来访者声称自己从来没有得到过父母的爱，父亲酗酒，对孩子使用暴力，母亲因自己的不幸常常把愤怒、痛苦变相地加诸孩子身上。所以，该来访者对一切都采取仇视的态度。他在上学时欺负别的同学，打架，逃学，辍学后与一些不良青年一起行窃，搞恶作剧。从我们所说的自然的规律来看，来访者实际上是在寻找平衡。因为从小到大，他一直被父母用敌视的态度对待，这种敌视远远超过他能接受的范围，所以他把接收到的负性情绪输出，以维持自我的平衡。既然如此，来访者出现这些行为就是可以理解的。如果咨询师可以接受来访者的这种状况，来访者可能就有机会按照自然的规律实现新的平衡。比如来访者渐渐发现，父母其实也有爱自己的一面，当他感受到这种爱的时候，他也就学会了把爱给他人。

总的来说，咨询室中的顺其自然可以解释为：来访者的一切表现皆可以理解；咨询师如果能像大自然包容万物一样，包容咨询室中发生的一切，相信来访者自己的力量，来访者就能通过自己的努力在生命中实现新的平衡。

2. 以“知和处下”塑造咨询师的品格

老子说：“水善利万物而不争，处众人之所恶，此乃谦下之德也；故江海所以能为百谷王者，以其善下之，则能为百谷王。”怎么理解这句话呢？俗话说得好，人往高处走，水往低处流。人总是愿意做高高在上的人上人，可水却总愿意处在金字塔的最底端。处在最低处真的就像人所想象的那样不好吗？

看看大江大海吧！因为它们总是处在下游，所以它们才能纳百川，而成为百谷之王！从老子的这句话中，我们可以看出水的这种特性是一种“知和处下”的大德。水不与万物争名夺利，不贪图高处的无限风光，甘守低处以求得内心的平和宁静，可谓大德。有大德者成大事，纳百川而成百谷之王就是对这种大德的褒奖。

咨询室中每一个细微的互动都可能导致咨访关系的中断，这让有些咨询师在心理咨询中产生一种如履薄冰的感觉。面对这种考验，“知和处下”可能是一种以不变应万变的策略。那么，咨询师该如何在咨询室中做到知和处下呢？对每一个来访者来说，或多或少都存在一些对咨询师的神化。他们常常觉得咨询师无所不能，能为他们解决一切困难。这种神化的存在对心理咨询有许多不利影响。因此，当一个来访者对咨询师说出诸如“我觉得您是受过专业训练的人士，又接受过高等教育，学识渊博”之类的话的时候，咨询师如果能清楚地意识到自己也是一个普通人，这个咨询师就明白了“知和处下”的意义。成长中的咨询师在心理咨询中容易犯急躁、自大的毛病，比如一个咨询师发现了来访者的一个不合理信念后，就急于向来访者指出他的这种歪曲观念。可是这种直截了当的做法会让来访者感到深深的自卑，于是不断否定咨询师的阐释。面对这种情况，咨询师要学会以水一样处下的姿态、用水一样轻柔的语言向来访者解释一切。

与世无争、甘处下风，却能王者天下，这是水的特性。它告诉我们做人的道理，更向从事心理咨询工作的咨询师展示了一种淡泊而崇高的意境。

3. “入世”哲学对咨询师和来访者的启示

相较而言，道家的“无为”说让人清心寡欲、淡泊名利；儒家的“入世”观让人充满了奋进的激情和为实现梦想而百折不挠的信念。在讨论了咨询室中“无为”的理想境界后，我们要看看“入世”哲学如何帮助我们实现对现实目标的追求。

孔子主张人来到世间就应该刚健有为，积极入世来施展人生的抱负，这就是“入世”哲学。“入世”哲学是一种积极向上的观点，它告诉我们每个人的命运都掌握在自己的手上，大家应该积极、主动地去创造自己的人生。在心理咨询中，“入世”的意思可能就是咨询师要积极地寻求来访者问题的原因，尝试主动地帮助来访者获得改变，而不是静待来访者自发改变的出现。实际上，在西方体系的心理咨询中，这种“入世”思想表现得还是比较突出的，比如行为主义取向和认知取向的咨询师都会较积极地发现来访者的问题所在，并帮助他们改变。

需要说明的是，在心理咨询的过程中，“无为”和“入世”不是对立的，而是相辅相成的。对于咨询师来说，重要的是把握时机。也就是说，“无为”和“入世”都是很好的心理咨询原则，但有时“无为”能使来访者受益匪浅，有时“入世”能使心理咨询达到最佳的效果，就看咨询师如何把握了。

“入世”不仅是咨询师的心理咨询策略，也是指导来访者生活的一种哲学思想。许多来访者因为曾经的挫折而悲观、绝望、自暴自弃。他们或陷入深深的抑郁状态，对什么事情都不感兴趣，只有无尽的负疚和自责，或沉迷于酒精、网络，过着没有未来的生活。这时咨询师要做的事情之一是让他们产生生活的信心和挑战困难的勇气，引导他们积极、主动地创造自己的生活。只有当来访者认识到生活是自己的，命运也掌握在自己的手里时，心理咨询才有更进一步的契机。事实上，对于任何人来说，“无为”和“入世”都是一把剑的两面，而剑只有两面都锋利才是一把好剑，所以学会“入世”将使我们在人生中迈出重要的一步。

## 三、王阳明的“心学”对心理咨询的启示

中国古代的哲人对变幻莫测的人心有着深刻的思考，他们的人生哲学和克

服心理障碍的方法值得今人借鉴，其中王阳明就是一个杰出代表。王阳明原名王守仁（1472—1529），字伯安，浙江余姚人。他是我国明代著名的思想家、文学家，曾任刑部主事、左都御使等官职。他一生经历了许多变故，在朝、被贬、在野、复出、文治、武功、立说、讲学。在跌宕起伏的人生旅途中，王阳明勤于研学、敏于思考、精于体悟，在“陆学”的基础上发展了“心学”。“心学”强调自身修养，回归内心本体，注重内心的体悟，由此提高对挫折和逆境的应对和承受能力。

“心学”对人类的心理活动和心理健康问题有重要的借鉴意义。我们应该研究“心学”，努力将其应用于心理咨询的实践，使之成为与中国传统文化内涵相联系的心理学理论的一部分。

“心学”研究的问题是什么？

“心学”要解决的就是意义问题，即如何从现象的世界中找出真正的价值。王阳明所追求的是由主观把握自己，他强调“吾性自足”“知行合一”。

### （一）“致良知”的认识论

王阳明把《大学》的“致知”和孟子的“良知”结合起来，提出了“致良知”的认识论。他对“致知格物”重新进行解释，将外界的天理化为内在的良知，然后由内到外，将内在的良知扩充为事事物物之理。不是主观到客观中去求其理，而是主观使客观得其理。因此，与其在外面“穷物理”，不如从内心“致良知”。

良知是怎样获得的？王阳明认为这种认识能力的取得，既不是“由于闻见”的经验积累，也不是因为对“事变”的预先讲求，而是因为先验能力的流露。“明镜之随感而应，无物不照。”“照物”的能力来源于“明镜”的本体。要“照物”，固然需要“格物”，但所谓“格物”，不过是“磨镜”。不是使本来不明者变为明，而是使本来明者恢复、发挥其明。所以，致良知就等于磨明镜，不过是把“心之本体”先天固有的认识能力发挥出来而已。认识客观事物的“格物”是磨明镜的过程。良知在王阳明眼中有很大的功用。人有了良知可以扭转不良心态，因为“心中有花”，才能“眼中有花”。有良知的人不会长期陷于两难冲突、犹豫不决，善于化解心理冲突，因为“良知应世，无可无不可”；有良知的人不会长久地处于愧疚当中，可以从愧疚的心态中提醒自己领悟，戒除执着。所以，致良知标志着人生修炼的高远境界。

（二）“知行合一”的动机论

王阳明强调要用“知”来指导“行”，以便“行得是”；又用“行”来实现“知”，以便“知得真”。王阳明说：“知是行的主意，行是知的功夫。知是行之始，行是知之成。” “知是行之始”就是说认识是实践的出发点，“行是知之成”就是说实践是认识的归宿点。

王阳明为了解决人们知得不“真”、行得不“是”的问题，除了要求人们有所知以外，还要求人们加上一点“真切笃实”的情感；除了要求人们有所行以外，还要求人们加上一点“明觉精察”的敏感。正是从这一点出发，他特别强调“知行合一”，强调知与行的相互影响、相互渗透的关系。

从王阳明的“心即理”“致良知”的观点考察人的心理活动是有意义的。众所周知，人们对世界万物的认知模式影响着对世界的反应。“心即理”的含义就是：如果我们的心比较率真、明澈，我们的心所反映的就是客观现实的真理；如果我们的心被童年早期的创伤经历或外界不良因素所遮蔽，心灵的阴影投射到他人和客观事物上，我们的心所反映的内容就会偏离客观现实的主流和本质的方面，我们就会看到一个不同的世界。所以，体悟和明察自己的内心，正确地认识自己是最重要的问题。关于怎样达到“致良知”的境界，王阳明的基本思路是立志、勤学、改过、择善。立志就是确立一种人生目标和人生态度；勤学就是孜孜不倦地学习，实际上是结合知识认真体悟的过程，是通过学习将知识融入原始的良知的过程；改过和择善要求人在“致良知”的过程中不断地“吐故纳新”，从一个又一个的过失中发现偏颇并加以纠正，从成功和愉快中总结经验，使其成为个人结构的一部分。

我们可以看到，“致良知”可以让我们以更合乎理性的态度应对各种境遇和生活事件，大大提高个人承受挫折的能力。我们可以称这种方法为“良知体悟法”。我们在心理咨询实践中常会遇到这样的来访者：他们能认识到自己的问题所在，但是往往不能采取行动来解决问题。这背后可能有许多原因，但他们缺乏知行一体、知行合一的修养应当是一个重要原因。“知”而不注重“行”是这类人的一种行为习惯，也是造成他们心理困扰的常见原因。森田疗法提倡的“行动改变性格”就是这方面努力的体现。从这个意义上说，我们所面对的来访者知与行不能连贯的问题，说到底是知行不能合一的问题。按照王阳明的观点，他们是知得不“真”、行得不“是”的问题。真知是致良知，是意识层和无意识层贯通的知，只有达到了这种透彻的知才能驱动人们的行，才能在行动中体验到真知。王阳明一生的经历和他的心学告诉我们，人可以通过任何生活来创造自己，只要他顺势着力、用自我的力量来实现自我。王阳明特别强调“知行合一”，把对世界的体悟和知察与实际行动结合起来，他把良知贯彻在著书、立说、从政、讲学的“行”之中，使其“行”放出光彩。心理咨询采用的是教育和发展的模式，要通过与来访者由意识到潜意识的互动关系，促成来访者做到知行合一。为了突出知行合一的观点，我们不妨将其称为“知行一体法”。在心理咨询实践中，咨询师的自身修养是一个重要的问题。从咨询师的素质要求来看，其自身的心理健康是一个基本要求。同时，咨询师还应有较高的哲学境界。在自身修养方面，王阳明的心学及其实践对咨询师有参照作用。咨询师只有建立理性的人生哲学，才能成为来访者的一面“明镜”，让来访者照出自己的扭曲、偏颇之处，使他们明确自己做出改变的方向。咨询师是在移情和反移情中工作的。按照心学，咨询师可以通过“致良知”的修养来“磨明镜”，睁开“第三只眼”，启动“第三只耳”，审视和来访者之间的关系，促使自己清醒地认识自我，不为移情所左右。咨询师不仅要建立正确的认知模式、高境界的人生哲学和辅导理论，而且要身体力行，知行合一，在行动中体会良知。我们希望这种研究有助于构建未来心理学，造福于全人类。

我国古代哲学中有许多心理学思想，成为几千年来保持中国人心理平衡的精神武器。尽管从现代科学的眼光看，这些思想显得比较朴素，不够严谨，但是它们仍然透射出东方哲学的魅力，未来的心理学可能就诞生于东西方哲学熔铸的基础之上。我们在研究心学时，可以发现精神分析、行为主义、人本主义的某些理念。著名的人本主义心理学大师马斯洛曾经把人本主义心理学称为心理学的“第三种力量”。苏迪奇指出，这种“力量”只是“更高级的”第四种心理学的准备阶段，未来的第四种心理学应该是超越个人的、超越人类的、以宇宙为中心的、超出人性、自我实现的心理学。我们希望对心学及传统文化中的其他心理学思想的研究有助于国人的心理咨询；中华文化博大精深，我们要将中华文化贯穿于应用西方心理学理论和技术帮助个案的全过程，总结出风格独特的适合中国人的心理咨询模式。

## 第三节　分析体验式心理咨询的形成过程

1985年，杨凤池教授去北京大学医学部进修医学心理学，从此开始了他心理咨询的职业生涯。此前，他学习了生物医学课程，在首都医科大学从事神经生理学的科研工作。出于早年的兴趣，他还在1980～1985年利用业余时间在首都师范大学学习了五年中国文学。1988年，杨凤池考取了首都医科大学医学心理学和精神卫生学专业的硕士研究生，师从姜佐宁、周梅教授，进行了三年的学习和研究。同时，他坚持在校内和社会心理咨询机构开展心理学咨询实践。1991年研究生毕业之后，他已经初步具备了生物医学、医学心理和人文社会三方面的基本知识。在繁忙的教学科研工作之余，他在应用心理学临床实践方面投入了很多精力。

## 一、探索中尝试进行心理咨询实践

鉴于我国的国情，社会公众一开始对心理卫生和心理咨询很不理解。1989年，中国心理卫生协会在古城西安举办心理卫生学术会议。会场所在的招待所的工作人员悬挂会标时感到十分困惑。一位老同志好奇地发问：“心理卫生?难道心里还要讲卫生吗？”在场的人一起哈哈大笑。那时，人们的物质生活刚刚开始改善，对心理健康的意义还不理解，面向社会的心理咨询工作处于刚刚起步阶段。

杨凤池教授利用一切机会宣传心理健康的重要性，普及心理卫生知识，他曾经走上街头进行义务心理咨询，向广大群众进行心理卫生宣传教育；通过报刊、电台、会议，向社会大众广泛宣传；向各级领导解释建立精神保健机制的必要性。社会有识之士也做了不少努力，他们在北京西单和中山公园内先后成立了心理咨询中心，北京西城区也成立了“信任与安慰者协会”，这些机构面向社会各界群众开展心理咨询。杨凤池教授也参与了其中部分机构的筹建工作，在实践中学习，为前来心理咨询的人们服务。他曾使用过认知疗法、行为疗法，后来也尝试了人本主义的“来访者中心疗法”，在实践和探索过程中，一点点地进步，但也遇到了不少困难。

当时，我国还没有真正意义上的（心理）咨询师，受过正规心理学训练的心理学工作者没有人以心理咨询为职业。无论是心理工作者还是来访者，他们的意识中都没有心理咨询概念，行为方面也缺乏规范。心理咨询的正规化和职业化任重道远。从来访者角度来看，他们的期望和现实之间还有较大距离。他们往往高估心理工作者的权威和能力，忽视自己应该承担的责任；他们往往低估行为改变的难度，急于看到疗效；他们往往认为看心理专家的人精神不正常，对心理咨询望而却步；他们往往认为心理工作者是高尚的人，不应谋求经济利益，因而在交费时存在心理障碍。心理咨询主体和客体两方面的问题相互强化，形成恶性循环，致使心理咨询业举步维艰，许多心理咨询机构生存困难，成立不久便倒闭。从理论上来看，当时国内还没有形成中国风格的心理咨询，全盘西化的心理学难以让人们彻底认同。杨凤池教授经常想的问题就是：人的痛苦是从哪里来的？怎样可以消除？中国古代哲学是一个宝库，足以构成心理咨询的理论核心。如果采取“中学为体，西学为用”的方针，应能建立起独特的心理咨询理论体系，形成本土化的临床心理学。在困境中，杨凤池教授始终坚持实践，探索帮助来访者摆脱心理痛苦的道路。

## 二、国外进修提高临床心理学实际操作能力

到结识安东尼奥教授的1995年，杨凤池教授从事临床心理学已有10年，经历了曲折而坎坷的学习和成长过程，仍然看不到明显的能力提升。1995年5月，北京心理学会邀请国际本体心理学会主席安东尼奥教授来北京大学心理系举办工作坊，通知会员积极参加这次学术活动。

大家都很好奇什么是本体心理学。在这个工作坊开始的时候，安东尼奥教授做了概要介绍。本体心理学是一门从实践中形成的科学，它是最近20年间才

发展起来的心理学，包括心理分析和心理语言学的内容。本体心理学是各派心理学理论整合的结晶，目的在于寻找人的心理活动的本质。人的精神活动可以分成两个部分：一部分是有意识的，所占比例较小，如思维和记忆；其余的大部分是无意识的，如直觉、灵感、梦、意象和幻想等，是人类活动的根本原因。本体心理学就是要发现个体行为的无意识出发点，以便了解和分析其生存现状。不论是社会方面还是情感方面的问题，本体心理学都可以解决。安东尼奥教授指出："本体心理学最大的贡献是'生命因携'这个概念，生命因携是生存的原理。人的意识形态和行为特征可能不同，但生存的原理都是相同的。生命因携的本质是善的，所以它决定了人的本质是善的，是积极的。"他又指向无意识区的"情结"和"倾斜屏"说："在无意识层，可以发现许多情结，它们是具有消极效果的心理活动，是与意识区完全独立的。人的恶来自情结，例如一个人的病态和犯罪。倾斜屏是外部插入的行为程序，在无意之间干涉人的行为。它阻碍了对生命因携的了解，是造成情结的根源。"

安东尼奥教授在演讲中介绍了本体心理学分析的方法。他说："对人的分析可以从生命因携、情结和倾斜屏这三方面入手，最重要的是生命因携。通过分析生命因携可以了解他的优点，了解他的行为的积极动力。"安东尼奥教授介绍了本体心理咨询的方法："如果一个人前来做心理咨询，那么我们该如何给予指导呢？分析他说的话，他使用语言的特点；分析他本能的行为，如下意识的动作，通过分析这些行为了解病态形成的原因；为了解决他的问题必须掌握其生命因携的动力。每个人内心的表达方式都不同，如服饰、打扮、笑的方式各不相同，这些非语言的表达更真实。病是个体对社会做出反应的身体语言。病是一种幻想中的选择，是内心欲望和野心的表现。重要的是分析梦，梦是内心的鲜明语言。分析一个人的任何一场梦，就能知道他是一个什么样的人，治好他的病要走哪条路。掌握了生命因携的原理，就可以找到解决办法。”

安东尼奥教授还在现场做了个案访谈和解梦示范，开始的时候他就让来访者用10分钟的时间简要说一下自己主要的苦恼，再讲一个梦，都讲完以后，他收集的资料就差不多了，因为他说梦里呈现了所有内容。然后他就开始分析。他的互动语言简洁、生动、准确，让来访者十分震撼，有力地动摇了其原有的生活态度和行为模式。他因势利导地帮助来访者修通，领悟，建立新的行为模式。现场的访谈一次就完成了，他的讲解和演示引起了听众极大的兴趣。

安东尼奥教授的成功实践使杨凤池教授很受启发。安东尼奥教授把西方心理学和意大利传统文化结合起来，吸收了东方哲学的精神内涵，提出了独特的理论观点和实践方法，取得了理论和实践的双丰收。此后，杨凤池教授受到安东尼奥教授邀请，连续三年夏季前往意大利参加本体心理学培训。在意大利的培训营地里有知识讲座、音乐疗法、日光水疗、绘画疗法、舞蹈疗法、美食疗法、梦和意象的分析、时装表演疗法等，这都是根据人们日常生活内容设计的活动，让来访者在真实情境的体验中成长。杨凤池教授通过进修学习深刻地认识到，咨询师只有在理解本土文化内涵的基础上，掌握心理学理论和技术，并在心理咨询实践中将两者结合应用，才会对来访者产生比较明显的干预作用。本体心理学的理论观点和实践技术对分析体验式心理咨询技术的形成有重要的影响。

## 三、国际合作项目连续培训提高精神分析的理论和技术水平

1999～2003年，杨凤池教授参加了中德班二期系统的学习。德国专家从精神分析最基本的概念、最经典的学说讲起，对现代精神分析的新发展做了详细的介绍，给了经典的参考书目。学员的作业一部分是读书，从弗洛伊德的书到荣格、阿德勒、弗洛姆、温尼科特、科胡特、克恩伯格的书；另外一部分是在

培训的间隙做大量的个案，并且书写标准化的案例报告，以备德国老师督导。中德班的重要特征就是不仅仅有大课堂讲座，还有德国老师带小组上小课，做督导，手把手教学员做个案。开始是学员提交案例报告，后来又要求学员提交心理咨询实况录音，因为开始督导的时候，德国老师发现一个问题：学员写的报告跟实际情况不太一致，而播放录音可以清楚地听到来访者说了什么，咨询师说了什么。老师会问学员："你现在说这句话是为什么？你为什么提这样一个问题？"他这样的提问还没得到回答，学员自己就会发现这么说的问题。听到学员的反馈后，德国老师会再给学员做指导，学员的对话水平因此就上了一个台阶。一对一的或者小组的案例报告和督导对学员的成长帮助很大。杨凤池教授在中德班学到的是怎样做好个案工作，怎样更好地做个案概念化，怎样深刻地理解来访者。每当学员报告个案的时候，带组的督导老师托马斯的眼睛好像根本不看学员，一副严肃的沉思表情。学员报告结束以后，老师就会问："你怎样理解这个来访者？"虽然学员特别想听到老师的理解，老师还是先让同学们都说一遍。最后，老师说出来自己的理解，他的描述让学员们感觉那个来访者就像站在旁边，他只不过是照着他的样子描述出来而已。咨询师如果能像老师一样理解来访者，评估就对他构不成问题。老师还会评估来访者的自知力、现实检验能力、防御机制、自我认同等。三年培训之后，学员再做个案访谈时，学员对个案评估的准确性、干预的目的性、效果的预见性都提高了很多。

2004～2007年，杨凤池教授参加了中国–挪威卫生部联合举办的精神分析取向督导师培训班，2007年之后担任中方教师。中挪班的挪威方面负责人是国际精神分析协会副主席、挪威精神分析协会主席瓦文博士，他也是督导组的带组老师。瓦文博士的督导风格、态度以及伦理都给学员做出了表率。学员们报告的督导案例报告有许多的问题。他的评论经常是："你做得很好。"他会真的找出来做得正确的部分。学员的督导工作存在什么问题，他一般不直接指出来。当学员请他指出问题以便让自己的能力得到提升，他还是不把错误直接说出来，他让学员自己说，都是学员自己发现不足之处。最后，老师再给一点指导，点到为止。成熟的督导是要保护受导者的职业信心，瓦文老师说没看出来问题，其实不是真的没有看出来，而是示范如何保护这个报告案例的学员的职业信心。杨凤池教授在中挪班督导师培训毕业后担任中方教师做督导和自我体验，并获得中国心理学会首批注册督导师资格。国际连续培训夯实了他的个案工作和案例督导的技术水平，也促进了他对心理咨询模式深入思考。

## 四、来访者的高标准要求催生新的工作模式

人类进入21世纪，来访者的要求越来越高，他们要求心理咨询工作者能够短时、高效而稳定地缓解甚至消除自己的烦恼。来访者经常会问："您看我要咨询多少次才能解决苦恼的问题？"由于生活节奏加快，竞争激烈，心理应激因素增加，信息交换便捷，人们对心理咨询要做一年或者几年没有心理准备。2004年中央电视台筹建一档心理帮助节目，栏目主创人员找到了杨凤池教授。创办这个节目的指导思想就是四个字的领导批示——有用、好看。按照这个操作标准制作电视节目就诞生了后来大家熟知的中央电视台《心理访谈》栏目。"有用、好看"如何体现？这个节目首先要真正能够帮助到来访嘉宾，这就是有用，有用才可能好看。如果访谈了半天没有用处、没有效果，那也达不到好看的目标。所以这进一步倒逼心理专家在短时间内一次完成帮助过程，通过电视镜头让观众看到"有用"是怎么实现的。"有用、好看"这个短程心理咨询产生的高压力，逼迫出场的心理专家用高标准严格要求自己的工作质量。在这种要求下，电视节目的制作具有了不能重复的特征，心理专家需要发展一种单

次、高效的心理咨询模式。杨凤池教授认为，人的所有痛苦的来源就两个：一个是不知，另一个是不行。王阳明说的知而不行是为不知，比如抽烟有害健康大家都知道，但是抽烟的人往往戒不掉。从现象上看，是这个抽烟的人知道应该戒烟，只是做不到，戒不了就是知和行的脱节。但是，假如一个人抽烟很多年，他咳嗽去看病，检查结果是肺上有一结节，疑似恶性肿瘤。这个结果可以让戒烟很快实现。一个人真正"知"了，才可以"行"。咨询师要帮助人解决痛苦，就是想办法让不"知"的人知道，想办法让不"行"的做到，真正达到"知行合一"。对此，杨凤池教授进行了深入的探索和大量的专业实践，基本上满足了这一要求。达到"知"可以用精神分析，也可以用认知分析。《心理访谈》有一期"最近有点烦"，杨凤池教授帮助来访者解决"知"的问题，没有用精神分析，完全用认知疗法。解决"行"的问题主要是用行为疗法。《心理访谈》有一期"可怕的小虫子"，杨教授在"知"的方面没有太多分析解释，主要是解决"行"的问题。"行"的体验工作是用行为疗法——系统脱敏加暴露。杨凤池教授治好的那些恐怖症大都是用以行为治疗为主的表达性、艺术性疗法。通过这类疗法，有的来访者一次就完成了咨询。有的是在节目现场接受咨询，有的是在线下工作坊接受咨询。杨教授把这种模式用于自己日常的心理咨询工作，成功完成了许多疑难个案的干预，取得了显著效果，他探索的分析体验式心理咨询经受了大量案例实践的检验，让他形成了独具特色的心理咨询模式。

## 五、具有杨凤池教授个人风格的分析体验式心理咨询

在系统受训和多年临床实践的基础上，杨凤池教授进行了一些心理咨询应用基础理论方面的深入思考。精神分析的理论对于指导心理咨询实践十分重

要，特别是在解决“知”这方面，很多人的苦恼就是由于自己不理解苦恼的来源。精神分析观察人的深度超越了现实层面，相当于看到了水下的冰山。一般人理解他人苦恼的难度就在于仅仅看到了水上，所以对他人的帮助比较小。例如，一个女士因为自己婚姻方面的苦恼找她的闺密去倾诉，指出老公的各种不是，讲到一定程度，她的闺密就愤怒了，开始跟她站在一起指责她的老公，可能还支持她离婚。此时，这个当事人自己站出来说：“我也想离婚，但是一看到儿子就心疼，我不想让儿子没有爸爸。”这时候，她的闺密就不能再说离婚了。但是，她的苦恼没有解决，心里不舒服，脑子不清楚。精神分析中很有力量的一个词就是强迫性重复，咨询师的首要任务就是找到来访者无意识的重复模式，帮助来访者摆脱这个怪圈。咨询师不是帮来访者处理外部现实事务，而是帮来访者处理自己内心的情结。杨凤池教授通过国内外的系统培训，打好了比较坚实的理论基础，接受了比较充分的心理咨询技术训练，看到了相当多的示例，所以观察个案的问题时从来不停留于表面，而是用第三只眼睛去看，用第三只耳朵去听。本体心理学是什么呢？本体心理学是以精神分析为框架，整合存在人本主义、行为主义、表达性治疗技术的一种整合疗法。杨凤池教授最初接触了本体心理疗法，通过中德班、中挪班的学习又掌握了精神分析的理论和技术。此后，他又见习或观摩了许多疗法，比如焦点解决心理咨询、叙事疗法、萨提亚家庭疗法、格式塔疗法、龚沭老师的心理剧和美国专家的积极心理剧，他把这些知识、技术整合在一起，探索和发展了自己独特的心理咨询模式。杨凤池教授的分析工作主要得益于精神分析培训，他的体验环节的工作主要来自本体心理学疗法、各个流派的心理咨询方法的影响以及自己在临床实践中逐渐摸索出来的操作方法，他把分析和体验结合起来，形成了分析体验式心理咨询。

在30多年的临床心理学工作中，杨凤池教授发现许多人的痛苦在“知”后就比原来减轻了。来访者就是因为不知才如此痛苦。来访者不知道的时候咨询师也不能理解，但是当咨询师通过对来访者做出精神分析的评估后，就理解了。咨询师引导来访者领悟，达到“知”后，其痛苦就会减轻。杨凤池教授在临床实践中还发现，许多人说达到了“知”，但其行为并不能发生积极的改变。来访者常常这样表达：我都知道了，就是做不到。针对这种情况，杨凤池教授努力探索在他的个案工作中整合运用各种行为干预和表达性技术，促进来访者知行合一。经过多年的心理咨询实践和案例经验积累，杨凤池教授逐渐提出了分析体验式心理咨询。分析体验式心理咨询将心理咨询过程简化为分析与体验两个有机的组成部分，其理论基础包含西方心理学和中国文化精髓两个部分。西方心理学主要以人本主义心理学、精神分析心理学、认知心理学和行为主义心理学为指导，中国文化精髓主要是道家学说、儒家学说、王阳明的“心学”和中医原理的应用。分析体验式心理咨询就是在良好的咨访关系基础上，确定焦点问题，收集资料、评估分析、进行修通，而后综合运用各种干预技术让来访者在体验中成长。

分析体验式心理咨询的工作思路有三个：首先，以人本主义取向的真诚对待来访者，给予来访者无条件的积极关注，与来访者深度共情，这些观点符合中国人关注面子的价值观，可用于指导咨访关系；其次，运用精神分析技术从潜意识层面或者运用认知技术从意识层面来修通来访者“知”的问题，从而让来访者深刻地理解自己的问题，分析的权威性也与中国人崇拜权威的心理相契合；最后，在解决“行”方面的问题时，可以遵循百花齐放的原则，根据来访者的实际情况，灵活地选用不同流派的心理咨询方法。例如，对于领悟力强、经济条件好的来访者，可以继续选用精神分析取向的心理咨询方法；对于注重实效的来访者，可选用行为主义的心理咨询方法；对于希望接受短程心理咨询的来访者，可以选择焦点解决心理咨询方法；对于需要处理未完成事件的来访者，可以使用格式塔或心理剧技术；对于需要建立新的行为模式的来访者，可以进行角色扮演练习。这种整合干预的最终效果就是“知行合一”，让来访者获得心理成长。

杨凤池教授一直细心观察中国文化影响下的国人心理状态，并潜心研究人们遭遇精神痛苦时的应对方式。当来访者求助咨询师的时候，其对自己深陷烦恼不能理解。来访者急切地想听到咨询师对自己烦恼的见解，让咨询师帮助自己厘清烦恼的根源。同时，来访者求助咨询师的时候，特别不愿意直接呈现与自己烦恼相关的信息，这是国人普遍存在的心理状态。面对这种情况，咨询师需要秉持人本主义咨询理念获得来访者的信任，建立良好的关系。咨询师要尊重、理解、共情，还要做到节制，保持中立、慎重应对。在良好的咨访关系基础上，咨询师要细心收集来访者的资料，认真分析，验证假设，做出准确的评估。咨询师的重要任务就是帮助来访者领悟自己的症结，咨询师要择机把对个案的理解、分析转化成解释，用适当的方式提示来访者，帮助来访者达到领悟性的“知”。有的来访者虽然受教育程度高、领悟力强，通过咨询和思考理解了自己的痛苦的来源，但是行为没有改变，往往不断地重复不当行为，咨询师要在分析的基础上使用行为干预技术，达到来访者能够“行”的效果。分析主要是解决“知”的问题，体验主要是解决“行”的问题。杨凤池教授从理论和实践出发，引入一些具有中国文化特色和自己实践经验特色的新观点，以中医的“扶正祛邪”“既泄又补”“阴阳平和”思想为指导进行干预，采取整合的表达性干预技术让来访者产生矫正性情感体验，达到知行合一。分析体验式心理咨询可以在短期内帮助来访者减轻或摆脱心理障碍，获得心理成长。

# 第二章
# 分析体验式心理咨询概述

在心理咨询的广阔领域，分析体验式心理咨询以其独特的视角和深厚的理论背景，为来访者提供深层次的心理支持和成长路径。它注重在建立稳固的咨访关系的基础上，通过精准的心理评估，深入挖掘来访者的核心问题，进而运用多元化的心理学技术，引导来访者体验矫正性的情感，触发其内在的心理转变。同时，它强调本土化实践、高效性和互动性，展现出在应对不同人群和各种心理问题时所具有的独特魅力。

## 第一节　分析体验式心理咨询的概念

分析体验式心理咨询基于稳固的咨访关系之上，通过系统地收集资料、提出并验证假设，进而精确评估，针对来访者的突出问题进行分析、阐释和修通，整合多元化的心理学技术，旨在引导来访者体验矫正性的情感，实现心理层面的成长与蜕变。

### 一、咨访关系——分析体验式心理咨询的基石

咨访关系这一基于相互信任、理解和接纳的纽带，是心理咨询工作的起

点。咨询师以其专业知识和人本主义的态度，发挥着主导作用。他们通过共情、尊重和真诚，给予来访者无条件的积极关注，从而奠定了信任的基础，为心理咨询的有效进行提供了有力保障。

## 二、心理评估——分析体验式心理咨询的指南针

心理评估是分析体验式心理咨询的核心环节，它依赖于精神分析的个案概念化过程。咨询师通过倾听技术、观察性技术和表达性技术，全面收集来访者的信息，包括其问题模式、成长经历及初步印象等。通过深入分析这些信息，咨询师形成对来访者思考、感受和行为的初步假设，并随着心理咨询的深入不断验证和调整这些假设，最终形成全面、准确的心理评估。这一评估为后续的心理干预提供了重要依据。

## 三、分析与修通——引领来访者走向领悟

分析体验式心理咨询认为，导致来访者精神痛苦的原因之一是当事人无法理解自己痛苦的根源和成因；咨询师对痛苦的原因做出解释，让来访者有所理解，由“不知”变为“知”，是解决之道。在对来访者准确评估的基础上，咨询师依照精神分析理论从潜意识层面解释来访者的问题，或者运用认知技术让来访者看到错误的认知模式，进而让来访者获得理解和领悟。

分析也是一个建立联系的过程，咨询师通过解释将来访者的过去经历与当前困扰相联系。在这一过程中，咨询师使用来访者的语言给予其肯定和支持，阐释内在联系，推动来访者以自己的方式达到领悟。当来访者对自己的思想、情感和行为有了更深的理解时，内心的痛苦便得以缓解，这一过程即修通。

值得注意的是，如果来访者处于缺陷性的人格结构水平，解释则应处于辅助位置，咨询师应以支持、肯定技术为主，以适应其特殊需求。

### 四、情感体验——实现知行合一的桥梁

有些来访者虽然在理智上能认识到问题所在，但在情感和行为上难以改变。分析体验式心理咨询的关键在于通过体验来促进知行合一。咨询师应根据来访者的具体情况，灵活选择不同流派的心理学干预技术，如行为训练、心理剧、焦点解决、格式塔等方法。这些方法的共同目标在于让来访者在体验过程中实现认知与行为的统一，从“不行”到“行”，从而真正解决问题。

在分析体验式心理咨询中，咨询师应秉承中国传统文化的人文精神，运用东方哲学的智慧来引导心理咨询进程，应综合运用各种临床心理学理论和方法，根据每位来访者的独特性制订个性化的心理咨询方案。这种辨证施治的方法不仅体现了分析体验式心理咨询的灵活性，而且彰显了其针对性和人文关怀。

## 第二节　分析体验式心理咨询的特征

### 一、本土化

文化背景是影响心理咨询效果和过程的核心因素，在开展心理咨询工作时，文化因素必须被放在首位加以考虑。心理咨询起源于西方，其主导思想、基本原则及操作方法都深受西方文化的影响，原汁原味的西方化心理咨询一度

被我国的心理咨询师所效仿。然而，中国人在人际交往中注重人情、面子，强调中庸之道，重视个人修养和自制，价值观上强调集体利益高于个人利益，这与个人价值取向、崇尚自由、竞争和享乐的西方社会有着显著的不同。

分析体验式心理咨询作为杨凤池教授三十九年临床心理学经验的结晶，代表了心理咨询本土化的一种重要尝试。这一模式巧妙地融合了西方精神分析学派、行为主义学派、认知主义学派、人本主义学派和后现代主义的思想精髓，同时注入了中国传统文化的智慧，如道家、儒家学说和王阳明的心学。它还汲取了传统医学中辨证论治、整体观和治未病的理念，构建了一个以咨询师与来访者之间互动关系为核心的心理咨询框架。实践证明，这种本土化的心理咨询模式更贴近中国人的文化背景和心理行为特点，有助于建立稳固的咨访关系，并最大限度地帮助来访者。

## 二、结构化

分析体验式心理咨询强调结构化的心理咨询进程，可以概括为四个阶段。

### （一）倾听——收集资料阶段

在人本主义理论的指导下，咨询师初期致力于营造和谐与信任的氛围，以稳固咨访关系。咨询师通过专注的倾听和细致的观察，系统地收集来访者的资料，协助其深入探索内在世界，并鼓励自由表达情感。这一初始阶段至关重要，不仅为咨访关系的深入发展奠定坚实基础，而且为来访者提供宝贵的问题探索空间。该过程本身就具有显著的咨询效果。对于某些来访者而言，仅仅是被全心倾听，便足以激发其内在的自我疗愈机制。

然而，需要认识到的是，并非所有来访者都能在第一阶段获得显著改善。

有些来访者可能出于种种原因，难以洞悉自身情感和行为的根源，或面临改变时的困难。因此，第一阶段的工作不仅至关重要，而且是后续咨询阶段的前提和保障。值得一提的是，该阶段所运用的技术和方法应当贯穿于整个心理咨询过程，为各个阶段的咨询提供有力支持。

### （二）理解——假设与评估阶段

在这一阶段，咨询师会综合之前所收集的资料，并依托精神分析理论、依恋理论以及客体关系理论等，构建关于来访者心理动力的全面假设。咨询师在此阶段特别关注来访者童年的经历，尤其是他们与重要他人之间建立的关系，因为这些因素往往深刻影响着个体的心理发展。咨询师会从防御机制、身份认同以及现实检验能力等层面进行综合考量，确保评估的全面性和准确性。最终形成的评估，将为后续的咨询工作提供坚实的理论支撑和指导。

### （三）领悟——分析、修通阶段

在这一阶段，咨询师灵活地运用精神分析技术，如自由联想、梦的解析以及解释，旨在将来访者的潜意识内容引导至意识层面，从而生发深刻的自我领悟。同时，通过移情和反移情分析，咨询师与来访者共同探讨咨访关系中的动态变化，这有可能帮助来访者修复过往关系中的深层次问题。此外，认知疗法也被纳入本阶段的咨询体系中。咨询师会协助来访者剖析并解读其自动思维、中间信念及核心信念，进而揭示歪曲的认知模式是如何引发内心痛苦的。在这一过程中，咨询师始终扮演着引导者的角色，通过提出富有启发性的问题，激发来访者自主思考，最终促使其自行领悟，实现修通的目标。直接给予解释并不是咨询师的任务，咨询师要通过引导让来访者自主获得洞见。

### （四）行动——体验阶段

在这一阶段，咨询师与来访者将共同探讨如何在认知、情感和行为层面实现积极的转变，其关键在于引导来访者自主思考并做出改变的决定，而非简单地发出指令。咨询师在此阶段扮演着教练的角色，根据来访者的独特情况，灵活地运用行为疗法、认知疗法、心理剧、焦点解决或精神分析等多种方法。通过这些专业的引导与支持，咨询师可以激发来访者内在的改变动机，帮助他们纠正歪曲的认知模式，获得矫正性情感体验，并学习和练习必要的生活技能。咨询最终的目标是让来访者能够将这些积极的改变应用于现实生活，实现自我成长和提升。

## 三、高效性

随着现代生活节奏的日益加快，人们对于短程心理咨询的需求也越发迫切，期待问题能迅速得到解决，甚至希望一次心理咨询便能立竿见影。分析体验式心理咨询的一次单元模式恰恰满足了这一需求，以短时、高效为特点，即使心理咨询次数有限，甚至只有一次，也能为来访者提供帮助。

该单元模式的核心在于每一次心理咨询都能精准出击。在人本主义理论的指导下，咨询师与来访者建立起良好的互动关系，通过收集资料，运用精神分析原理进行假设与评估。随后，咨询师灵活运用精神分析或认知理论对来访者的焦点问题进行深入剖析，同时整合多种心理学技术，引导来访者产生深刻的情感体验。通过对问题根源的理解以及在情感和行为上获得新体验，来访者能够逐步走出困境，实现自我成长。

实践证明，具有神经症性人格结构的来访者通常具备自我觉察、自我批评和反思的能力，有着强烈的解决问题和成长的愿望。通过三到五次的访谈，他们往往能够有效地缓解内心的痛苦，顺利进入心理咨询的结束阶段。对于一些较为轻微的问题，甚至一次访谈就足以解决。对于边缘性人格结构的来访者，咨询师则需采取以支持、肯定技术为主的心理咨询策略，将重点放在咨访关系的建立和维护上。这样做不仅能显著降低此类来访者的脱落率，还能显著提高心理咨询的整体效果。

## 四、互动性

心理咨询是一场心灵的对话，是在咨询师与来访者所构成的微妙系统中进行的阴阳互动之旅。这个系统蕴含着三个层面的互动，即基调为“阴”的来访者系统、基调为“阳”的咨询师系统以及贯穿全程的咨询师与来访者之间的细腻而复杂的互动。

### （一）基调为“阴”的来访者系统

在心理咨询的过程中，来访者随问题的自然呈现，踏入了一个全新的领域。对于他们而言，这不仅是一次解决问题的尝试，而且是一次在安全的情境中探索自我的人生之旅。重要的是，他们在这里找到了一位可信任、忠实的倾听者——咨询师。

某来访者曾这样描述他的感受：“当我踏入咨询室，一股异样的感觉涌上心头。我看到咨询师微笑着迎接我，那种温暖让我感到安全，这与我以前所处的环境截然不同。我知道，在这里，我可以信赖他，可以被理解，可以得到最有效的帮助。即使咨询师沉默不语，我也能感受到那双充满关爱的眼睛在注视着我。这让我感到安心，也让我有了面对自己的勇气。”

每个人的生命故事都是独一无二的，来访者亦然。他们在这个以他们为中心的系统中小心翼翼地维持着一种相对的平衡。症状，作为他们维持这种动态平衡的一种方式，随着心理咨询的进行而逐渐显露出其背后的意义。在心理咨询的过程中，来访者的精神能量可能会朝着积极的方向流动，也可能出现阻抗。无论如何，他们都始终受到与咨询师紧密互动的影响，与咨询师共同推动着心理咨询的进程。

随着时间的推移，来访者系统的“阳性”力量逐渐增强，“阴性”力量逐渐减弱。他们通过咨询师的引导，逐渐对自我有了更加清晰的认识和领悟。与此同时，咨询师的干预逐渐减少，来访者越来越能够面对现实生活。这些变化不仅让他们卸下了精神的枷锁，更让他们的心灵获得了自由。正如一位来访者在心理咨询结束时所言：“我感觉自己像重获新生一般，心灵自由了，一切都变得敏锐而美好。”

### （二）基调为“阳”的咨询师系统

咨询师这个特定的职业角色，具备专业的知识和技能，是一个真实而有温度的人。他们以专业的眼光分析来访者，以温暖的态度陪伴来访者。在心理咨询实践中，他们坚守价值中立的原则，与来访者保持适当的距离，但他们的存在和影响是无法被忽视的。

从来访者踏入咨询室的那一刻起，咨询师也开始了他们的助人之旅。他们通过倾听、尊重和积极关注等，与来访者建立起一种信任和尊重的关系。在这个过程中，咨询师不仅是一个引导者和支持者，而且是一个共同探索者和见证者。他们以自己的存在和经验为来访者提供了一个独特的参照系，让来访者能够从中获得新的体验和领悟。

随着来访者的变化和发展，咨询师也会经历深刻的内心体验。他们可能会感受到突破心理咨询设置的冲动，也可能会出现移情、反移情等复杂的情感反应。然而，无论遇到何种情况，咨询师都应该迅速觉察并理解其心理学意义，从而调整自己的状态和策略，确保心理咨询的有效进行。他们以专业的素养和人文关怀精神，为来访者提供了一个安全、关注和支持的环境。在这个环境中，来访者能够逐渐放下戒备和顾虑，开放自己的内心世界，参与到心理咨询的过程中来。

### （三）咨询师与来访者之间的细腻互动

在心理咨询的舞台上，咨询师与来访者之间的互动如同精妙绝伦的舞蹈。每一个动作、每一个眼神、每一句话语都蕴含着深刻的意义和情感。这种互动是知识和技能的交流，更是情感和体验的共享。

咨访关系的建立对心理咨询效果有着至关重要的影响。许多来访者在与他人建立亲密关系时存在困难和挑战，咨访关系则为他们提供了一个安全、关注和支持的环境。在这个环境中，来访者能够感受到被理解、被关注和被支持。咨询师与来访者之间的互动是一种深层次的交流和理解。咨询师通过倾听、观察、反馈等方式与来访者建立起一种信任和共鸣的关系。这种关系可以让来访者感受到被关注、被理解和被支持，从而更加开放自己，参与到心理咨询的过程中来。

关系动力系统在这一互动中发挥着重要的作用，具体表现为咨询师与来访者之间的相互作用导致双方认知、情感、行为等方面的变化。这种变化不仅有助于来访者解决当前的问题，也有助于他们实现自我成长和自我完善。这种变化也对咨询师产生了深远的影响，推动着他们不断提高自身的职业素养和共情能力。在这个过程中，咨询师与来访者共同面对问题，采取积极、主动的态度，使系统保持弹性和稳定性，促进咨访关系的良性互动和发展。

## 第三节　分析体验式心理咨询对咨询师的要求

### 一、高效的一次单元模式——心理咨询的双重时间考量

进入21世纪，人类生活的步伐越发加快，隔阂似乎也在科技的助推下逐渐消弭。在这样的时代背景下，人们对于信息传递的速度和效率提出了更高的要求。因此，在接受心理咨询时，来访者往往期望能够在有限的时间和空间内，获得更为直接和有效的帮助。

心理咨询的过程通常涉及两个关键的时间单位——一次访谈和整个疗程。其中，一次访谈构成一个独立的咨询单元，连续进行的多次访谈则组合成完整的咨询疗程。分析体验式心理咨询特别强调“一次单元模式”的重要性，即每一次咨询都应被视为一个完整的、独立的干预过程。

在这一模式下，咨询师在每个咨询单元中都致力于与来访者建立稳固的咨访关系，并聚焦于来访者的核心问题。通过设定个性化的咨询目标，咨询师力求在一次访谈内引导来访者获得新的认知或促使其采取积极的行动。这种方法的独立性意味着如果来访者在一次访谈后感觉问题已经得到解决，他们完全可以选择结束咨询。然而，在更多情况下，一次单元的成功会自然地促使来访者继续参与更多的咨询单元，直至整个疗程圆满结束。

在咨询过程中，咨询师不断地提出假设，验证假设，确立并实施干预方案。分析体验式心理咨询将整个咨询过程视为一个心理动力场的形成和作用过程。这种全面的视角不仅贯穿于整个咨询疗程，也体现在每一次访谈的细微之处。

为了应对现代心理咨询疗程日益缩短的趋势，咨询师在每个咨询单元中都

需要保持高度的专注和自我觉察。他们必须时刻关注与来访者的互动状态，并准确地将自己的内在体验以恰当的方式反馈给来访者。杨凤池教授说，要把每一次咨询都当作最后一次来做。通过运用所有的训练和技术，咨询师努力确保每次访谈都能让来访者有所收获，有所领悟。

来访者的自然表达也是推动咨询进程的重要因素。在咨询师的专业引导下，来访者能够积极地参与咨询过程，深入思考并结合咨询师的反馈进行自我探索。这种双向的努力不仅使咨询师能深入地理解来访者，也可帮助来访者更好地认识自己，从而更有效地面对和处理自己的问题。最终，这种持续的互动和共鸣确保了咨询的高效进行。

## 二、咨询师的三种存在状态及灵活转换的技术

在分析体验式心理咨询的框架内，咨询师与来访者的互动展现出三种鲜明的存在状态。首先是咨询师的被动状态。此时咨询师更多地扮演倾听者的角色，尽量少言，专注于收集信息和与来访者建立信任关系。其次是平等互动的状态。双方在这一阶段通过对话和交流共同探索，咨询师继续收集资料、进行评估，并基于这些评估与来访者进行有针对性的互动。最后是咨询师的主动状态。当需要采取干预措施时，咨询师会积极地引导进程，运用专业技术推动来访者的改变，一旦来访者开始自我调整，咨询师便再次退回到被动的观察和支持位置，直至咨询结束。

这三种状态并非孤立存在，而是灵活转变，交替出现。在咨询的初始阶段，为了建立稳固的基础，咨询师主要采取被动状态；随着关系的深入和资料的丰富，平等互动成为主导，推动双方共同探索和理解问题；当明确了干预方向后，咨询师会转入主动状态，引导来访者走向改变；在咨询接近尾声时，咨

询师再次回归被动状态，确保来访者能够在没有外力干预的情况下自我维持和巩固进步。

不同的心理咨询理论对咨询师的状态有着不同的侧重和要求。精神分析取向的咨询师强调跟随而非带领，即使在解释时也不直接告知，而是要等待来访者做好理解和接受潜意识内容的准备。人本主义取向的咨询师则注重以来访者为中心的人文关怀，时刻保持与来访者的共鸣和支持，处于被动的状态。行为主义取向的咨询师则更加主动，他们设计明确的程序和步骤来引导来访者的行为和认知改变。其他如格式塔、心理剧等学派的咨询师在咨询过程中往往处于相对主动的状态。尽管在某些时刻他们可能会采取被动姿态，但通常只是短暂的，很快就会再次转为主动或者平等互动，引导咨询的进程。

在分析体验式心理咨询中，真正的艺术在于咨询师能够在这三种状态之间灵活转换。一个成熟的咨询师不仅理解每种状态的重要性，而且能准确地判断何时以及如何从一个状态转换到另一个状态。这种转换不是随意的，而是基于对来访者需求、咨询进程和当下情境的深刻理解和敏锐觉察。相反，一个不太成熟的咨询师可能会固守某一种状态，即使在需要转换时也犹豫不决或不知所措。

总之，分析体验式心理咨询不仅关注宏观的咨询进程和策略，而且强调微观瞬间中咨询师的存在状态和灵活转换。通过精准地把握被动、平等互动和主动三种状态的运用和转换，咨询师能够更有效地与来访者建立深度联结，推动其自我觉察和成长。这种灵活性和敏锐性不仅是咨询技术的体现，而且是咨询师专业素养和人文关怀的深刻展现。

## 三、咨询师的三种思维方式

### （一）抽象思维

作为咨询师学习和应用理论的核心方式，抽象思维是一种从概念出发，通过判断、推理，并运用逻辑与理性语言进行思考的过程。《精神分析引论》等理论巨著，便是抽象思维的杰出代表。在掌握心理学理论与技术的过程中，咨询师所依赖的也正是这种严谨、系统的思维方式。

然而，在心理咨询的实践中，过度依赖抽象思维可能会导致与来访者之间的沟通障碍。为了避免这种情况的出现，咨询师需要学会用通俗、形象的语言来传达专业的思想。这不仅是咨询师的基本功，而且是一门必须掌握的语言艺术。当然，在个案概念化或撰写案例报告时，抽象思维依然发挥着不可替代的作用。

### （二）形象思维

形象思维是一种借助生动的人物、具体的形象或鲜活的场景来表达思想和情感的思维方式。它运用丰富的表象来激发人们的想象力和情感共鸣，使复杂的思想和情感得以直观、生动地展现。形象思维看似自由流淌，实际上遵循着一定的逻辑，这种逻辑巧妙地隐藏在形象的背后，引导着人们的思考和感受。

在心理咨询中，咨询师与来访者的交流主要依赖于语言。要使语言具有影响力和感染力，就需要运用形象思维。通过形象的语言描述，咨询师能够引导来访者深入体验自己的情感世界，从而揭示出隐藏在内心深处的真实感受和需求。例如，咨询师用形象的语言描述一个雨天父亲接孩子的场景："是不是有一次你忘了带伞，别人都走了，你还在屋檐下等着？你特别渴望父亲能来接你，这时父亲到你们学校门口来接你了，伞很小，父亲都淋湿了，却把你保护得特别好，你特别感动……”来访者可能会被深深打动，泪水涌出眼眶，因为这样的描述触动了其内心深处的情感记忆。

值得注意的是，形象思维并不是孤立存在的，它与抽象思维等其他思维方式相互交织，互为补充。在日常生活中，人们会自然地结合使用多种思维方式来理解和应对不同的问题和情景。在心理咨询中，咨询师也需要根据来访者的具体情况和需求，灵活地运用不同的思维方式来提供有效的帮助和支持。

### （三）具象思维

具象思维是一种深邃而难以言传的思维方式，它超越了语言和逻辑的界限，让人们能够全身心地沉浸在思维对象中。在这种状态下，人们用自己全部的通感、热情和智慧去感受和理解事物，与思维对象建立起一种内在的、深层次的联系。

《铃木大拙说禅》中描述了一个生动的场景：唐代禅师南泉普愿在与高官陆亘大夫交谈时，通过指向庭院中的一株花，引导陆亘大夫去真正体验花的精神。南泉普愿指出，很多人看花只是匆匆一瞥，从未真正把握花的精神。这是因为他们无法看透存在的真正根基，无法与花建立起内在的联系。只有当人们能够全身心地沉浸在花的世界中，感受花的生命力和美丽，才能真正理解花的精神。

同样地，《文艺心理学》也提到了一个画家在欣赏古松时的情境。对于画家来说，那棵古松不再是一株简单的植物，而是一个充满生命力和独特魅力的世界。在欣赏的过程中，画家忘却了外界的一切，完全沉浸在古松的世界中。这种沉浸让人们能够感受到古松的生命力和美丽，与其建立起一种深层次的联系。

具象思维让人们能够超越表面的现象，深入事物的本质中去体验和理解。这种思维方式不仅让人们能够更深刻地理解事物，还能够带来一种全新的体验方式。通过具象思维，人们能够与思维对象建立一种内在的、深层次的联系，感受到事物的生命力和美丽。这种体验方式不仅让人们更加真实地感受到事物的存在，还能够带来一种深刻的满足感和幸福感。

以图2-1为例，当看向这张图片时，你所看到的是什么？它具有生命的活力，还是仅仅是一幅静止的画面？

**图2-1　一朵花**

有人可能会这样回答："我看到的是一张照片，上面描绘的是一朵山茶花，花瓣在秋冬季节中绽放……"这是抽象思维的展现，将视觉信息转化为语言的精确描述。另一种回答可能是："这朵花如此鲜艳，仿佛散发着芬芳的香气，它娇艳欲滴，美得让人陶醉……"这是形象思维的流露，通过感官的体验来传达内心的感受。

当我们凝视这张照片时，仿佛被一股无形的力量所吸引，忘记了时间的流逝，忘记了空间的限制，甚至忘记了自己的存在。我们仿佛与这朵花融为一体，感受着它的震颤和涌动，无思无欲，无始无终……这时，这朵花便在我们的心中焕发出生命的活力。这正如禅师借助公案或事件来说禅一样，虽然没有直接用语言表达出禅的意境，但有心的人却能在其中领悟到禅的真谛。具象思维也是如此，它可能让我们进入一种特殊的思维状态，虽然无法用语言准确描述，但能让我们深刻领悟其中的奥秘。这是一种潜意识的心灵沟通，一种巨大而畅通的能量传递。在这种状态下，我们与万物融为一体，感受着生命的无限可能。

许多初学咨询师热衷于掌握各种助人的技巧。然而，如果缺乏具象思维来深入体验和理解来访者，咨询师便可能沦为单纯的“技术工匠”，机械地运用所学，难以取得理想效果，甚至可能误入歧途。若咨询师仅依赖抽象思维和形象思维，仅凭理性和感性去接触来访者，便无法真正进入他们的内心世界，无法深刻地“悟”。那么，如何捕捉心理动力的矢量感觉，进而更有效地帮助来访者呢？

咨询师应培养具象思维的能力，以在每个咨询单元的每个瞬间敏锐地辨别出来访者的心理动力矢量方向。这需要咨询师设身处地地感受来访者的情绪，仿佛用自己的声音诉说其心声，使来访者感受到被深刻理解的温暖。这样，咨询师便能在关键时刻为来访者指明从较低级的心理状态向更高级的健康状态迈进的道路。例如，当来访者说他非常饿，心理动力指向的却是垃圾堆或者厕所时，咨询师应及时让他转向菜市场或者餐厅。如果咨询师未能深入体验来访者的感受，只是生硬地、理智地进行对话，便难以获得来访者的认同，这就像高级的催眠师在催眠他人之前，首先要催眠自己，才能引导对方进入催眠状态一样。

一旦把握住来访者的心理动力矢量方向，咨询师便能自然、灵活地运用各种心理咨询技术。如果来访者的心理动力指向家庭成员，咨询师就可以采用萨提亚家庭塑造的方法；当潜意识内容即将浮现时，可以运用精神分析的方法；对于眼前的问题，可以使用焦点解决的方法；当需要掌握新技能时，可以采用行为疗法或角色扮演等。只要准确把握来访者的心理动力矢量方向，相应的技术便会自然浮现在咨询师的脑海中。

如果在每个咨询单元中咨询师都能娴熟地运用具象思维，那么他们对来访者的助益将是不可估量的。这是因为在这个过程中，两颗心灵在无意识间搭建起了沟通的桥梁，能量在两者之间自由流动，毫无阻碍。咨询师能够深刻地体验到来访者内心深处那“阴”的能量状态，其对来访者的理解，也将赢得来访者的认同。同样，来访者只有在感受到真正被理解、被接纳后，才能更好地接收咨询师传递的“阳”的能量。这是一种至高境界的咨访关系，有时无须语言，无须行动，仅仅因为咨询师深刻地领悟了来访者，来访者便也在这个过程中领悟了自己。

那些名垂千古、价值连城的艺术杰作，每一幅都是作者倾注了全部心血、智慧和生命的结晶。它们如同“满纸荒唐言，一把辛酸泪”的写照，深深地感染着每一个人。虽然我们作为普通人未必能创作出这样的巨著，但这并不意味着人们无法拥有具象思维的能力。通过练习，每个人都可以找回这种能力。我们可以尝试这样的练习：在欣赏一幅画作时，无论是花草虫鱼还是人物山水，都不要把自己当作一个置身事外的观察者。相反，我们应该想象自己就是画中的那朵花、那条鱼、那个人或那座山。在调节呼吸至最自然的状态后，全身心地沉浸其中并体验它们的感受。人类源于自然，是自然的儿女，最终也将回归自然。只要我们愿意放下执念去感受它，怎么可能感受不到自然的存在呢?

一位年轻女子坐下来，头低垂着，忧郁地陈述自己的经历：“我有一个男朋友，我们俩的感情挺好的。我觉得他对我特别好，特别关心我，特别照顾我，特别包容我。我一看他就有亲切感，于是我们俩很快就走到一起了。可是自从半年前我去他家，看到他爸爸的第一眼起，我突然有了一种这才是我真正爱的人的感觉。我就觉得他们家特别温馨，他爸爸比他对我更加细心、周到、温柔，给我夹菜，跟我谈心，对我特别好。”她的话语中充满了迷茫和困惑。如果咨询师在此刻运用具象思维，他们将能够深入这个年轻女子的内心世界，感受到她那种对父亲般关爱和照顾的深切渴望。这种渴望在她多年的生活中一直未能得到满足，直到她遇到男友，进而在他的父亲身上找到了那种长者的关爱，这似乎完美地填补了她心灵的缺失。

咨询师在深入体验她的感受后，可能会以更加贴切、理解的方式回应：“你是否觉得，在你看到他的父亲，甚至在他为你夹菜的那一刻，你突然找到了你一直渴望但未曾得到的东西？”这样的回应将触及女子内心的柔软之处，让她感受到咨询师真挚的理解。

通过具象思维，咨询师能够准确地把握她的心理动力矢量方向，并做出恰当的反应。这种深入体验和理解的方式，远比直接用抽象思维贴上“恋父”标签或生硬地推进话题来得更为有效。它让女子感到被真正地看见和理解，为进一步的咨询工作奠定了良好的基础。

然而，咨询师也需要在适当的时候从这种深入体验中抽离出来，以便运用抽象思维和形象思维对个案进行更全面、客观的分析。在对个案进行概念化的过程中，抽象思维将发挥主要作用；在与来访者进行内容和情感的互动时，形象思维则更为关键。咨询师需要灵活地运用这些思维方式，以确保咨询工作的顺利进行。

## 第四节　分析体验式心理咨询的模式

分析体验式心理咨询整合了不同流派的思想和技术，探索出了“收集资料，评估与假设，分析，体验”的四阶段循环往复的技术路线，并强调良好的咨访关系以及由咨访关系构建出的矫正性情感体验经验场。这一技术由三个组成部分构成。第一，遵循人本主义取向的心理咨询原则，建立和发展良好的咨访关系并尽快形成假设。第二，依照精神分析理论和认知理论，从意识和潜意识的层面对来访者的问题进行概念化，并与来访者一起探讨分析（分析与修通）。第三，在分析性工作完成之后，需要引导来访者进入情感体验阶段（体验与结束）。

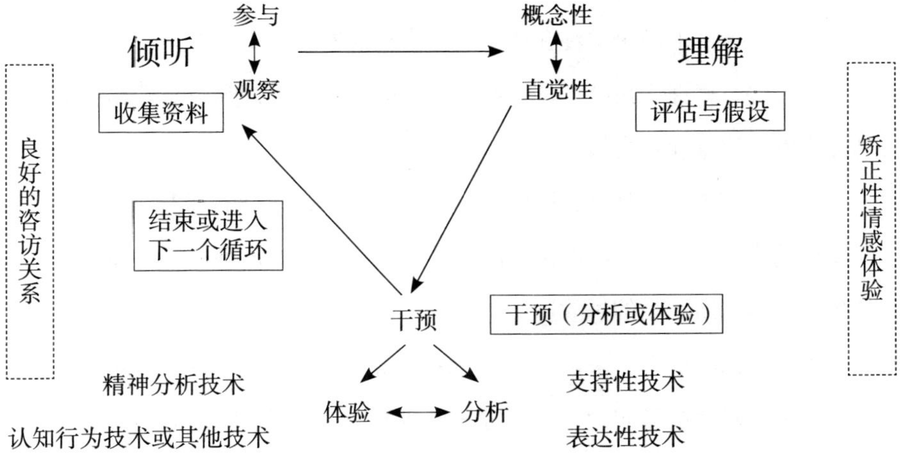


**图2-2　分析体验式心理咨询的模式**

如上图所示，分析体验式心理咨询强调咨询师与来访者建立良好的咨访关系，关注来访者的移情并使用反移情作为观察和理解来访者的工具，并希望通过咨询师、来访者的良好关系建立矫正性情感体验的经验场，修正来访者过往经历中的不良人际互动形成的自我意象和对他人的意象，即通过咨访关系促进来访者的创伤或心理问题的修通。该技术的具体操作可分为四个阶段：收集资料阶段（倾听）；评估与假设阶段（理解）；分析阶段（干预）；体验阶段（干预）。这四个阶段构成一个完整的闭环，它既可以被描述为一个咨询时段内咨询师的工作模式，也可以是对整个咨询过程的不同阶段的概括。

## 一、良好的咨访关系

分析体验式心理咨询强调咨询师与来访者之间建立良好的咨访关系，此观点是受到卡尔·罗杰斯的“以当事人为中心”疗法的启发，主张咨询师的四种基本态度——共情、尊重、真诚和无条件积极关注。这四种咨询师的基本态度可以在咨询情境内营造对来访者适宜的心理成长环境。

其中，无条件的积极关注在咨询过程中扮演着至关重要的角色，它如一条红线贯穿始终，确保来访者在每个阶段都能够感受到咨询师的支持和理解。王智弘提出的一次单元咨询模式中的八个程序，便是对这种持续关注的体现。

· 建立咨访关系的基础：咨询师以真诚、关怀和共情的态度为来访者打造一个安全的空间。这种温暖而接纳的氛围有助于来访者逐渐敞开心扉，分享自己的生命经历和所面临的挑战。

· 肯定求助的勇气：来访者能够寻求帮助，本身就是一种面对问题的积极表现。咨询师对此给予明确肯定，进一步增强来访者解决问题的信心和决心。

· 强调改变与希望：在咨询中，来访者常因问题的顽固而感到沮丧。咨询师通过引用哲学智慧，如《道德经》中的福祸相依思想，提醒来访者变化是生活的常态，且每个困境中都蕴藏着转机。这种乐观的视角为来访者带来了改变的希望和动力。

· 聚焦可解决的问题：面对纷繁复杂的问题，咨询师协助来访者厘清头绪，确定咨询的焦点。这样做不仅提高了咨询的效率，也让来访者在解决问题的道路上更加明确和坚定。

· 发掘生命的力量：在困境中挣扎的来访者往往忽视了自己内在的力量。咨询师通过肯定他们在应对问题时的努力和坚持，帮助他们重新认识自己的价值和能力。

·规划具体行动：改变需要具体的行动。咨询师与来访者共同制订小而可行的任务，并预演可能的解决方案。这种实践性的方法不仅增加了成功的可能性，也让来访者在行动中逐步找回自信和掌控感。

·回馈与肯定：每次咨询结束时，咨询师都会给予来访者四步回馈，即确认求助的必要性，肯定本次咨询的成果，以积极的方式分析问题，提出具体的行动建议。这种结构化的回馈，让来访者清晰地看到自己的进步和下一步的方向。

·持续追踪与支持：无论来访者在咨询间隔期间取得了何种进展或遇到了何种困难，咨询师都会在下一次咨询时以积极的态度回应，持续肯定他们的努力和生命的意义。这种无条件的关注和支持是来访者在改变道路上最宝贵的力量源泉。

## 二、矫正性情感体验

弗兰兹·亚历山大提出了关于矫正性情感体验的概念，他是这样描述的：在来访者同意的情形下，使来访者暴露于过去不能处理的情感经历中，然后帮助来访者经历矫正性情感体验，这种体验可以修复来访者既往经历中的创伤性影响。亚历山大认为，单有理智上的领悟是不够的，还必须包括情感体验和系统的现实检验。来访者由于移情，会将过去的情感经验移置到咨访关系中，并“使用”这种情感经验与咨询师互动。但随着咨询的进行，来访者必定会认识到：“这些情感反应对咨询师是不合适的，不仅因为咨询师是客观的，而且因为咨询师就是咨询师他自己。这些情感反应不适合给予咨询师，也不适合给予来访者日常生活中的其他人。”

创伤对个体的影响是深远的。从生理层面上看，长期、严重的生命早期应激会导致大脑下丘脑激素－促肾上腺皮质激素释放因子水平的变化，它是人体内主要的应激反应调节剂。从心理层面看，长期、严重的生命早期应激会对个体的智力、情感以及人际关系方面的发展产生抑制，让个体成年之后对他人难以信任。因为害怕与他人建立关系，他们很可能看上去冷漠、疏离，好像并不需要他人。

矫正性情感体验是长程心理咨询中的一个关键因素，当咨访关系足够稳定，咨询师可以抱持、涵容来访者时，当咨询师可以理解来访者、用更尊重的方式回应来访者时，来访者会对咨询师产生足够的信任，并慢慢在咨询过程中感到安全。这一体验将帮助他们修复过去创伤带来的破坏，使其发展受挫的人格不再停滞，并趋于成长和逐渐成熟。

## 三、四阶段模式

### （一）收集资料阶段

在这个阶段，咨询师要营造安全的氛围，发展咨访关系，鼓励来访者讲述自己的故事，帮助来访者通过表达探索自己的想法和情感，促进情感唤醒。

### （二）评估与假设阶段

在这个阶段，咨询师要根据收集到的信息，对来访者进行评估，并形成一定的假设。评估需要包含三个层面：第一个层面是对来访者心理精神状况的初步评估，即判断来访者是否适合做心理咨询，以及是否应优先考虑危机干预或是建议到医院就诊；第二个层面是对来访者是处于偏执–分裂心位还是抑郁心位方面的评估，即来访者当下的状态更适合使用表达性技术还是支持性技术；

第三个层面是对来访者的人格水平进行初步的评估，即对来访者进行个案概念化，评估来访者的问题属于“不知”还是“不行”，制订初步的干预策略。如果来访者的问题属于“不知”的范畴，那么将进入分析阶段，通过分析技术基本能解决来访者的困惑；如果来访者的问题属于“不行”的范畴，那么将先进入分析阶段，随后还需要进入体验阶段。

### （三）分析阶段

在这个阶段，咨询师主要使用精神分析理论模型和认知理论，针对来访者问题中“不知”的部分进行工作。在这个阶段，主要使用的是表达性技术，咨询师把来访者过去的经历和当前的苦恼建立联系，通过分析来访者的意识和潜意识内容，帮助他们找到“不知”，将“不知”化为“知”，促进来访者领悟。

### （四）体验阶段

在这个阶段，咨询师主要使用精神分析技术、认知行为技术、角色扮演、心理剧、焦点解决技术等，针对来访者问题中的“不行”部分进行工作，通过带领来访者体验，帮助来访者化解“不行”，促进来访者改变。

# 第三章
# 咨访关系的建立

咨询师手中并无仪器设备，亦无药物、手术刀或输液管等咨询工具，他们所拥有的仅仅是深厚的尊重与发自内心的真诚。正是依靠这份尊重与真诚，咨询师与来访者构筑起坚固的互信桥梁，而这样良好的咨访关系，恰恰是进行有效咨询的前提。深受中国传统文化熏陶的咨询师能以此为基础，巧妙融合中国传统文化的精髓与哲学思想，与来访者展开深层次的交流。他们通过影响来访者的内心世界，进而挖掘其内在潜力，唤醒并强化来访者自我修复的能力。在这样的过程中，改变来访者的非理性思维模式，治愈其深藏的心理创伤，对咨询师而言，不过是因势利导、自然而然的结果。

## 第一节　咨询师的基本态度

分析体验式心理咨询的核心在于，它尤为重视在咨询师与来访者之间构筑起坚实而稳固的咨访关系。这种对关系的深刻理解和重视，深受人本主义心理学大师卡尔·罗杰斯“以当事人为中心”的咨询理念的影响。在这一模式的指导下，咨询师坚守四种不可或缺的基本态度——共情、尊重、真诚以及无条件的积极关注。这四种态度，宛如咨询工作中的支柱，不仅为咨询奠定了稳固的基础，而且为咨询营造了一个温馨而安全的氛围。在这样的空间中，来访者能够感受到被接纳，被理解，从而更自由地表达内心的感受，探索困扰自己的问题。这种自由而深入的探索，最终将促进来访者内心的成长与蜕变，帮助他们找到更真实、更强大的自我。

## 一、共情

来访者在与咨询师的交流中，往往会伴随着情绪的表达，这些情绪往往源于过去的事件引发的情感反应。当来访者无法接纳这些情绪反应时，其认知可能会出现偏差，从而扭曲了情绪反应的真实意义。这种认知的扭曲进一步加剧了他们对原发情绪反应的敏感性和理解的歪曲。在这样的情境下，咨询师的首要任务是将自己置于来访者的立场上，设身处地地体验他们的经历和感受，并通过语言和非语言的方式将这些体验传达给来访者。这个过程被称为共情，它也被赋予了诸多别名，如同理心、神入、感情移入等，体现了从来访者角度去理解其情感的能力。

共情的表达和情绪的接纳在咨访关系的建立中扮演着至关重要的角色，它们使来访者感受到被理解和被接纳，从而减轻了他们对自己不良情绪反应的排斥。当来访者开始重新审视过去的事件及其引发的情绪体验时，他们原本扭曲的认知开始松动，渴望获得更合理的情绪表达方式，并学习管理情绪的方法。

### （一）证实反应

来访者常常将过去的情绪体验视为不合理，进而对其进行歪曲的解读，这进一步加剧了他们的痛苦，从而激发了他们寻求帮助的决心。咨询师能够深入体会来访者的这种痛苦感受，并向来访者传达“从你的角度出发，这种‘扭曲的体验’是有其合理性的”。这样的回应既避免了对来访者的否定或批评，也产生一种共鸣，让来访者感到被理解，心生宽慰。然而，仔细品味这些话语背后的含义，咨询师似乎在暗示：“虽然这符合你的个人逻辑，但它是否也符合普遍的道理呢？或许你应该再深入观察、分析和思考一下。”要真正洞察对方的内心世界，咨询师需要巧妙运用模仿和类比的手法，更准确地捕捉来访者的言外之意，探寻其深层次的思绪。只有心灵相通，语言才能引起共鸣；只有理论贴合实际，才能赢得他人的信赖。当来访者听到咨询师这样的“确认”时，他们感到自己的内心终于被人读懂。这种共鸣使得来访者紧绷的心弦得到舒缓，焦虑情绪得以缓解，积极的情感开始涌现，整体的情绪体验获得改善。来访者对咨询师产生了一种知音难寻的感觉，开始产生对咨询师的信任，并愿意在咨询师的引导下继续他们的咨询旅程。

来访者：我是一个乖乖女，一向听话。一次在体操课上，有个同学当众跟我开玩笑，我大发雷霆，事后非常后悔，认为自己是一个淑女怎么能这样做。我一定伤害了那个同学，他一定很恨我。

咨询师：听你这么说，我想你在家一定是个懂事、听话的女儿，在学校是一个乐于助人的学生，在社会上也应该是一个有礼貌的孩子。正是这个原因，你才会害怕伤害了那个同学，是这样吗？

来访者：嗯，是的，我想我是一个善良的孩子，我一直做得很好。我本不该发火，至少是火发得过了些，也许还有其他的方式来表达我当时的情绪。

### （二）抱持

来访者深陷于对过去事实的否认，以及对自身情绪反应的不接受之中，他们内心充满挣扎，觉得自己本不应如此，而应该有另一种更好的状态。这种典型的神经症性表达令来访者痛苦不堪。为了保护自己免受这种痛苦的侵袭，来访者产生了一系列非理性的解释，这些基于非理性认知的合理化思维不可避免地导致了情感的扭曲。如此一来，扭曲的情感与歪曲的认知在来访者身上形成恶性循环，不断重复上演，严重影响了他们的情绪状态，甚至干扰了正常的工作和生活。非理性认知常常表现为极端的两极分化，非此即彼，将对与错、好与坏、善与恶截然分开。在这样的困境中，来访者感到焦虑不安，为了寻求解脱而转向咨询师求助。咨询师则耐心倾听来访者的心声，通过共情深入理解他们的感受，并运用无条件积极关注为来访者营造出一个充满支持与包容的抱持性环境。

1. 做一个好的容器

在来访者倾诉内心苦楚之时，咨询师应当如同一个深邃而宽广的容器，能够包容世间一切看似难以容纳的事物。在咨询的空间内，无论何种言辞、何种逻辑，都应从来访者的视角被视为合理；每一种情绪都应得到充分的接纳。

举个例子，在一次咨询过程中，咨询师正运用宣泄疗法引导来访者释放情绪，突然，来访者手持棍棒，向咨询师逼近，眼中怒火中烧，喊道："我要杀了你！"面对这突如其来的情况，咨询师并未惊慌失措，也没有向外求援或采取对抗姿态，而是冷静地回应道："如果你杀了我，能帮助你永久地摆脱精神痛苦，那么我，××（咨询师说出自己的名字），愿意做出牺牲。"话音刚落，来访者手中的棍棒无力地掉落在地，整个人也随之瘫坐在旁边的椅子上。

此刻，若咨询师被自身的恐惧或焦虑所驱使，采取本能的防御行为或寻求外界帮助，甚至与来访者发生冲突，很可能会使局面进一步恶化。但这位咨询师能在来访者的愤怒情绪中保持镇定，敏锐地洞察到来访者对自己的移情。他没有选择报警或呼救，而是像一个坚固的容器一样，稳稳地接住了来访者的激烈情绪，并从来访者的视角出发，给予沉稳而有力的回应，表达出自己的牺牲意愿。特别值得一提的是，咨询师在回应时特意强调了自己的名字，这一细节让来访者在情绪的旋涡中意识到，眼前的这个人并非自己真正的仇人，而是名为某某的咨询师。这样的认识使来访者意识到伤害咨询师是无意义的，从而在咨询师的包容与支持中逐渐平复情绪，也确保了咨询师自身的安全。

2. 做一个好的母亲

仅仅像容器一样接收和包容来访者的情感是咨询师的职责，但要真正促进来访者的成长与转变，咨询师还需扮演慈母般的角色。他们应时刻关注来访者，对来访者的每一个细微表现都给予积极而具建设性的反馈。尤为关键的是，在适当的时机，咨询师需将来访者可能忽视或贬低的经历与情感进行巧妙转化，使之成为促进来访者自我成长的宝贵养分。这就像是一位善于烹饪的厨师，将普通的食材变成美味佳肴，滋养着来访者的心灵。

在这样一个充满关爱与支持的咨询环境中，来访者仿佛重返无忧无虑的婴儿状态，感受到前所未有的安全感、温暖。随着内心焦虑和冲突的逐渐消解，他们开始勇敢地卸下面具，减少不必要的心理防御，将内心的资源和智慧投入情感的体验和自我探索之中。此时的来访者或许会有一种“如沐春风”的愉悦感受，心灵的“春暖花开”也不再遥远。

有一位来访者在缺乏关爱的环境中长大，成年后不幸陷入一段复杂的感情纠葛中。当她发现她所依赖的伴侣已婚且选择与她断绝联系时，她感到深深的痛苦与绝望。在咨询过程中，咨询师敏锐地捕捉到她的家庭背景：一个充满冷漠和暴力的环境，其中继母的虐待和父亲的漠视给她的成长留下了深刻的创伤。面对这样的来访者，咨询师必须坚守中立原则，避免陷入道德审判的泥潭。因为一旦咨询师用伦理道德来回应来访者，就可能像她的“继母”那样，成为一个冷漠的沟通对象。

幸运的是，这位咨询师选择了以温情和理解为基础的沟通方式。他耐心地倾听来访者的叙述，给予她情感上的支持，并用细腻而富有洞察力的语言为她提供解释和引导。在这个过程中，来访者逐渐感受到一种类似于母爱的关怀与温暖，这恰恰弥补了她内心深处一直渴望却未曾得到的母爱。随着咨询的深入，她开始重新认识和接纳自己，内心的力量也逐渐增强，使她能够勇敢地面对情感的丧失并开始新的生活。

咨询师也可以扮演足够好的父亲形象。对于那些在成长过程中缺乏父爱的来访者来说，咨询师的存在就像是一位慈爱而有力的父亲。他们不仅提供情感上的支持，还引导来访者探索内心的需求，帮助他们建立自信和独立的人格。在这个充满爱与关怀的咨询环境中，来访者得以重新找回被爱的感觉，开始用全新的视角审视自己和周围的世界。

## 二、尊重

尊重是指咨询师不仅要尊重来访者的尊严和人格，还要尊重来访者的世界观、人生观和价值观。咨询师要把来访者作为具有独特性和自主性的个体看待，每个来访者都有自己独特的思想情感、内心体验和生活追求。咨询师对来访者的尊重，可以给来访者营造一种安全、温暖的氛围，使其敞开心扉，最大限度地表达自己；尊重可以使来访者感到自己是被接纳的，从而获得自我价值感；尊重可以激发来访者的自尊心和自信心，开发来访者的潜能，增强来访者改变自我的力量。

### （一）尊重意味着咨询师与来访者平等相待

对于许多来访者来说，咨询师往往被赋予一种权威的形象，他们期待咨询师能够提供明确的指导，告诉自己应该或不应该做什么。这种倾向可能源于多种因素，如来访者正处于痛苦或无助的境地，希望通过咨询找到出路，从而将咨询师视为“希望之光”。有时，来访者可能退行到一种更早期的心理状态，将咨询师理想化，认为咨询师无所不知、无所不能，自己则是弱小无助的。尽管在咨访关系中，来访者通常处于“求助者”的角色，咨询师则扮演“助人者”的角色，无法实现绝对的平等，但心理咨询所秉持的“助人自助”原则要求我们以相对的平等对待来访者。这意味着在人性和人格的层面上，咨询师应尊重来访者的民族背景、文化程度、价值观、个性特征等，避免以自己的喜好或偏见作为对待来访者的标准。

### （二）尊重意味着咨询师对来访者的全面接纳

这种接纳不仅包括来访者积极、阳光的方面，也包括其消极、阴暗的方面；既接纳来访者与咨询师的相似之处，也接纳双方的不同之处。咨询师在接纳来访者时应保持中性的态度，既不因欣赏或喜欢来访者的某些方面而有所偏向，也不因讨厌或痛恨来访者的某些方面而产生偏见。中性的接纳意味着咨询师能够客观地了解来访者的信息，深入理解其处境，从而为来访者提供更为切实和有效的支持。通过全面接纳来访者，咨询师能够与其建立起一种信任和安全的关系，为后续的咨询工作奠定坚实的基础。

咨询师：您好，有什么我可以为您做的？

来访者：我的感情出了问题。

咨询师：您能具体说说出了怎样的问题吗？

来访者：我觉得难以启齿……我已经结婚有孩子了，但是最近和一位女士产生了感情，难以自拔。我想离婚，又不想伤害妻子和孩子，可是不离婚，我又觉得很压抑。我左右为难。您能理解我的感受吗？

咨询师：我能感受到此刻您的心情非常矛盾，一方面难以割舍妻子和孩子，另一方面放不下这段感情。无论您怎么选择，似乎都不是一个“好的”选择，让您感觉骑虎难下。您是否愿意再多说一些？

咨询师最后的回应很好地体现了咨询师对来访者的接纳。咨询师对来访者展现了共情，避免了对来访者的评价，为来访者创造了一个抱持性的环境，这有助于建立稳固的咨询同盟。

（三）尊重意味着咨询师对来访者的深厚信任

信任是构建尊重关系的基石，只有真正信任来访者，咨询师才能全心全意地为他们提供帮助和支持。在咨询的起始阶段，来访者可能在谈及某些敏感或隐私问题时犹豫不决，甚至有所掩饰。同样，在咨询的任何阶段，当来访者遇到阻抗时，他们可能会表现出对咨询进展的抵触。在这些关键时刻，咨询师所展现的信任和尊重能够为来访者营造一个理解、支持且充满温暖的环境。这样的氛围有助于来访者缓解焦虑，减少阻抗，从而更顺畅地推进咨询过程。

来访者：我的这种状态已经好几年了，想摆脱有些困难。

咨询师：我理解你的处境，你很希望改变现状，但好像有些无力感，似乎是改变的动力不足，方向是有的，具体该怎么做，似乎没有头绪。目前的状态虽然让你不满意，但是真的要改变，面临的是未知和不确定性。

来访者：我还是愿意改变的，这是实话，只是不知道该怎么办。

咨询师：那我们一起看看，有什么办法可以帮到你。

咨询师通过深度共情，精准地触及了来访者内心的两难境地，从而有效激发了来访者在思想和行动上追求改变的强烈动力。在此基础上，来访者开始与咨询师携手探索实现改变的可行途径。

（四）尊重意味着咨询师对来访者隐私的严格保护

在咨询初期，咨询师有责任向来访者明确承诺保密原则，以消除来访者的疑虑。咨询师应明确告知来访者，除非涉及来访者自身或他人的安全，以及公共安全等重大问题，咨询过程中的谈话内容将受到最严格的保密。当咨询触及来访者的秘密或隐私时，咨询师对来访者的尊重就体现为对这些信息的接纳和保护，不带有任何赞赏或批评的色彩，更不会随意泄露或传播。这样的态度和行为，为来访者提供了一个安全、被关注的环境，是进行咨询的前提条件。

咨询师：您好！请问您需要什么帮助？

来访者：有些话我觉得难以启齿。

咨询师：您的顾虑我能理解。刚才的咨询协议中您是否注意到有关保密协议的条例？咱们的谈话内容是保密的，不经过您的允许，我们不会对外公开谈话内容，除非涉及您或他人的人身安全问题。我想您来求助心理咨询，也是做好了一定的敞开自己的准备的。或者您可以先和我谈谈您的顾虑，如何？

在此阶段，咨询师首先与来访者再次明确了保密原则及保密例外的相关规定，随后以鼓励和支持的态度帮助来访者逐步敞开心扉，更深入地分享自己的感受和经历。

## 三、真诚

为了保护自己免受外界应激事件的伤害，来访者往往会采取一种回避策略，即封闭信息输入通路，使感觉器官变得麻木。他们仿佛用一个无形的“金钟罩”将自己与外界隔绝开来，以降低和忽视应激事件对身体的影响。然而，这种自我保护机制在减少伤害的同时，剥夺了来访者适应环境的能力以及内在成长和外在发展的机会。这种情况被称为情感隔离，它常常与理智化或超理智化防御机制同时存在。

当情感隔离的来访者讲述自己的经历时，他们往往会抽离所有的感情成分，仿佛在谈论别人的故事一般。他们的表情刻板，语音平淡，对任何事件都表现出一种漠不关心的态度。即使是谈及亲人的亡故或遭受的伤害，他们也会轻描淡写地一带而过，没有任何悲伤的表情。需要注意的是，我们要将这种情感隔离与精神分裂症的情绪表达区分开来。精神障碍的病人可能会在一种环境中表现出截然相反的情绪，或者在任何情境下都保持同一种表情。他们的重要特征是与现实脱节，缺乏对环境的联系和觉察能力。相比之下，情感隔离者在谈及某些敏感话题时，可能会以笑容或语言来掩饰自己的真实感受。这种笑容和语言表达是一种防御性的隔离，但他们仍然与外界保持着一定程度的联系，对环境也有一定的觉察。

面对情感隔离的来访者，咨询师需要用坚定的目光和肯定的表情来传递自己的真诚。这种真诚包含了平等与尊重、热诚与关心、陪伴与等待、欣赏与悦纳。它没有强势和压制，没有逼迫和催促，更没有拒绝与蔑视。来访者能够从咨询师的眼神中读到深沉与智慧，仿佛咨询师能看透他们的内心却不会轻易打扰。在咨询师面前，来访者感到没有压力，也不需要像以往那样假装强大来掩饰内心的脆弱。在这种安全的环境中，来访者开始勇敢地探索自己的情绪反应记忆，进入情绪表达的自我学习阶段。他们也可能从咨询师那里得到启发，学会如何对特定事件表达特定的情感。

### （一）平等的角色定位

来访者可能在成长过程中形成了非理性的认知，认为亲近的人更容易伤害自己，从而避免与任何人建立深厚的情感联系，甚至抑制自己的爱。这种隔离状态加深了来访者的脆弱感，而这种脆弱感又成为他们不愿在权威或长辈面前展露的秘密。面对权威，来访者可能会产生强烈的恐惧或回避情绪，有时甚至采取无目的、缺乏针对性的挑战行为作为防御机制。不幸的是，不了解内情的权威人士往往会对这种防御行为进行更为严厉的打压，从而验证来访者关于权威或亲人更易伤害他们的扭曲认知。长年累月的这种经历会使来访者深陷情感隔离的泥潭，无法自拔。

咨询师面对来访者的“无端”攻击时，要保持冷静和中立，既不高高在上地展现权威，也不卑躬屈膝地讨好来访者。他们可以真诚地告诉来访者，如果自己身处其境，可能表现得还不如来访者坚强，甚至无法达到他们当前的精神状态。这样的表达让来访者意识到，他们其实一直拥有强大的内在力量在支撑着自己。咨询师这种恰到好处、不温不火的共情方式，不仅传达了理解和支持，还表明咨询师与来访者在人格上是平等的。

来访者感受到咨询师平等、尊重的角色定位后，会增强自信和自我控制感。他们开始认识到自己并非想象中那么脆弱，而是拥有足够的力量去应对那些曾经认为无法控制的事件和情绪反应。

### （二）语言与非语言信息的一致性

当来访者感受到尊重和被平等对待时，他们长期形成的防御机制开始逐渐弱化。此时，他们可能会体验到由早年生活事件引发的原发情绪、合理化或歪曲认知产生的继发情绪以及隔离后形成的复杂情绪等多种情绪的交织。这种混杂的情绪体验可能会让来访者感到更加困惑和痛苦，但这标志着他们改变和修通的开始。

咨询师要敏锐地捕捉到那些被生活事件激发的自我感受，并通过自我开放或一般化技术来表达自己对这些体验的共鸣。他们确保自己的语言内容、面部表情和肢体语言都保持一致，以强化来访者对于原发反应的觉知、辨别和表达。咨询师能够为来访者提供一个良好的学习榜样，帮助他们学会如何使语言与非语言信息保持一致。此外，咨询师还会引导来访者对事件进行合理解释，为他们输入理性认知。

咨询师一致性的表达方式有助于来访者形成对事件和情绪的客观评价。随着来访者开始将注意力集中在原发的情绪体验上，他们逐渐弱化继发情绪和隔离体验，开始体会到语言与非语言一致、言行一致、内外同一的自在与和谐。这些正性的情绪体验为来访者带来了前所未有的舒适与轻松。

### （三）恰当的自我开放

在探索理性认知的过程中，来访者可能会努力放弃情感隔离，但此时可能感到一股力量在加强这种隔离。这实际上反映了来访者自我力量的增长和内心冲突的激化。咨询师的自我开放为来访者提供了一个释放自我成长力量的契机。

咨询师需要敏锐地意识到这股增强的自我隔离力量的背后实际是来访者自我能量的提升，这正是可以介入帮助来访者的关键时刻。通过恰当的自我开放，咨询师分享自己的经历和体验，可以影响和强化来访者的适度反应。当来访者听到咨询师也有类似的经历和体验时，他们会感到被共情和尊重，从而开始进行自我学习或在咨询师的指导下学习如何适度地表达情绪。他们的面部表情变得丰富起来，语音语调充满感情，肢体语言也更加贴近内心的真实表达。咨询师的自我开放成了一个触发点，促使来访者的自我隔离力量迅速转化为自我成长力量，推动了他们的觉醒和成长。

## 四、无条件积极关注

来访者往往深陷于自我否定的情绪中，认为自己毫无价值、被人忽视，尤其是亲人的拒绝和伤害更是加剧了他们的内心痛苦。他们可能列举出一系列工作、学业和婚姻情感的挫折，以此来证明自己的无价值感。这种低自我评价和低自尊心态使来访者不自觉地扮演起受害者的角色，渴望得到他人的关注和同情，有时甚至以强迫性重复的方式与人建立关系或验证自己的不幸。然而，无论他人如何按照常理与他们交往，他们都会沉浸在受害者的感觉中；如果他人接受了他们的投射并表现出同情，他们又会将对方的同情解释为施害者的良心发现，没有人愿意接受这样莫须有的罪名，迟早会反抗变成来访者“期待”的真正施害者，而此时来访者则命运成真般，成为受害者；或者来访者认同了施害者的角色，对他人施以伤害，当他人反抗时，自己转回受害者的角色，证实他人是刽子手的角色。这种恶性循环使得来访者难以摆脱受害者的心态。

为了打破这种恶性循环，咨询师需要无条件地积极关注来访者，有选择地关注他们的语言和行为中的积极面、闪光点或优点，并利用这些积极因素促使来访者发生积极的变化。在倾听过程中，咨询师应寻找来访者哀叹式描述中被忽略的部分，特别是那些在咨询室内即时出现的闪光点，并及时指出和提醒来访者注意。这样做可以让来访者立刻感知到他们的经历并非全然悲惨，他们的人格也并非一无是处。相反，正是那些被忽略的积极力量一直支撑着他们走到现在。人生的智慧就在其中，也许正是那些他们认为是“刽子手”的人或事激发了他们谋生存、求发展、施展抱负、获得超越的内在力量。

咨询师可以要求他们具体描述、详细阐述这些被来访者遗忘的闪光点，以扩大这些闪光点对来访者的影响。在表达肯定时，咨询师可以使用“同时”这个词来表示一种由好变得更好的递进状态，而不是使用“但是”来表示转折和否定。这个过程就像道家阴阳鱼中的黑鱼里的白眼睛逐渐扩大变成白鱼身一样，负性成分由黑鱼身变成白鱼的黑眼睛。

来访者会逐渐意识到：“这些话有些道理，我这些年不就是这样过来的吗？也没有什么大不了的。”或者他们会想：“我真的有这么棒吗？经咨询师这么一说，好像确实是这样。”当咨询师详细描述来访者的闪光点时，来访者可能会长吸一口气，自尊感立刻增强，心情也变得明朗起来。他们会对着咨询师如数家珍般讲述自己的经历和感受。在这个过程中，来访者透露出某种自信或得意之情。正所谓“一曲肝肠断，天涯何处觅知音”，来访者此时仿佛找到了知己，内心怎能不产生共鸣和变化呢？

咨询师需要特别关注“此时此地”的情境，及时将来访者的自信神色通过情感反应技术反馈给他们，同时继续鼓励自我开放。咨询师可以表达自己的正性反移情，并推己及人，说明当来访者自信地表达时，与来访者互动的人也会像自己现在一样感到舒服，并愿意与来访者分享快乐、分担痛苦。“禅在当下，慧在其中”这句话很好地说明了关注当下情境的重要性。人永远都活在现在，只有把握当下，才能拥有智慧和未来。这不仅贯穿于心理咨询的全过程，而且是人生命全程的真实写照。

当来访者得到这样的评价和反馈时，他们的自我价值感将大大增强，会更加坚定地确认以正性的方式与人互动的方向。他们会发现自己越来越喜欢沟通和交流。同时，他们会意识到以前的自我表达不是过多而是过少——他们以抱怨、哀叹、自暴自弃的方式表达过多，而自信、自尊、表里如一、内外一致的表达过少。以后，他们将学会以更积极、更健康的方式来表达自己的感受和想法。

来访者是一位30岁出头的年轻人，曾经在一所一类本科大学就读，并取得了优异的成绩。然而，他认为自己的好成绩只是得益于高中时期全封闭式的管理和自己的小聪明，而非真正实力的体现。现在，他正处于创业初期，购买了大量资料来学习，却发现自己无法集中精力学习，而是沉迷于玩游戏、看动漫等娱乐活动，导致学习进度一直拖延。他感到非常苦恼，希望咨询师能够帮助他解决这个问题。

咨询师：谁曾经跟你说过“少玩点，不能浪费时间”这样的话？

来访者：从小我妈就跟我说不能浪费任何时间。我长大后曾经制订过劳逸结合的计划，但最后几乎变成恶性反弹，根本没有学习，就只剩下玩了。我觉得自己30岁了还在玩，就感觉这不是成年人该做的事。

咨询师：我突然想起来，我现在56岁了，也会玩游戏，看动漫，看电视剧，玩游戏。看完了之后我也觉得浪费时间，但是依旧挺高兴。

来访者：但是我玩的时候发现自己控制不住。一想这个我就觉得很痛苦。

咨询师：你是一个大孝子，你特别听妈妈的话。你要是不听妈妈的话，应该就没有什么焦虑了。你妈说的应该是绝对真理。但是你身边有哪个人把每分每秒都用来学习的？

来访者：没有。

咨询师：那天我开完讲座之后吃饭的时候，遇到一位同学，我们俩聊天的时候有位女士加入了。女士问我孩子应该怎么教育。她说她想让孩子把每分每秒都用来学习，认为他要是这样就能成为全班、全校、全市第一。我问这位女士是做什么的，她说自己在政府部门工作，我说“您是好党员，您是把每分每秒都用来学习了吗？您把所有的精力都放在党和国家的事业上了吗？”。她回答说没有。我说“您都没有做到，怎么能要求您的孩子做到呢？”。她忽然明白了什么似的说“您说的我明白了”。是不是我那时候碰到的是你妈啊？（来访者微笑）。只要你稍一放松，就感觉距离自己的要求太远了，就觉得犯罪了。既然距离目标太远，我们就继续玩吧。我这样解释你有什么感觉呢？

来访者：我现在想调整目标，让自己有个安排，但在专业上有很多东西要学，觉得自己特别没有自我效能感。

咨询师：你说的在点上了，你从小受的教育要求你是特别完美的，没有一点瑕疵的，一点时间精力都不浪费的。

在这段对话中，咨询师始终以来访者为中心，保持着积极关注的态度。无论来访者谈及过往的经历或是犯下的错误，咨询师都不加批判地倾听和接纳，为来访者创造了一个安全、宽容的氛围。咨询师的自我暴露是对来访者的一种有力支持，让来访者深切感受到自己并不孤单。咨询师坦诚地分享了自己也曾有过的浪费时间的经历，这使得来访者更容易接受自己过去的不足，并从中找到改变的动力。值得一提的是，咨询师敏锐地捕捉到了来访者身上的闪光点——孝顺。来访者对母亲的深厚情感，不希望母亲为自己伤心，这一细节被咨询师巧妙地指出，并与来访者的焦虑情绪相联系。咨询师温和地提出，来访者的焦虑可能源于过去生活中母亲对其提出的过高要求。这种洞察和理解，让来访者感受到了被深深理解和接纳。在咨询师的充分支持和关注下，双方建立起了一种和谐、信任的咨访关系。来访者开始勇敢地面对自己的内心，思考焦虑情绪的真正根源。

## 第二节　移情、反移情、阻抗的识别与处理

在心理咨询过程中，咨访关系作为核心要素，其深度和动态变化对咨询效果起着决定性影响。本节将详细探讨移情、反移情及阻抗的识别与处理技巧，揭示这些心理现象如何影响咨访关系，提供应对策略，以促进咨询进程的顺利进行和来访者的个人成长。

### 一、移情的识别与处理

在心理咨询的深入过程中，来访者往往会因咨询师的共情、理解和包容，以及对其情感反应和防御的巧妙处理而对咨询师产生特定的情感和态度变化。这种变化促使来访者回溯过去的生活经历，激活了以往的冲动、愿望和幻想。

在这个过程中，来访者可能会无意识或有意识地将对过去重要人物的情感投射到咨询师身上。这就是所谓的移情，简而言之，移情是来访者将对过去重要人物的情感在当前的人际关系中重新投射的现象，它是过去关系在现实中的再现。来访者可能会渴望与咨询师有更多的接触和深入了解，因此试图通过延长咨询时间，更换咨询地点，邀请咨询师共同参与娱乐活动或赠送贵重礼品等方式，来建立一种超越咨访关系的亲密关系。这些行为都是来访者试图通过现实行动来反映其内心的移情现象。

### （一）识别移情

在来访者的心理现实中，当前的人际关系常常被看作是过去重要情感关系的重现。无论何时何地，这一点都尤为明显。咨询师所听到的来访者关于其当前生活和各种关系的描述，特别是咨询师与来访者之间发生的特殊人际互动，往往只是心理活动的意识层面。当前的关系如何受到过去关系的影响，以及当前关系如何触发过去的关系，这些都是来访者难以自觉意识到的，却是咨询过程中需要深入探讨的问题。因此，咨询师在心理咨询过程中可能会体验到一种压力，这种压力迫使咨询师以来访者过去的人际关系模式来对待他。

1. 移情与咨访关系

心理咨询是一种特殊的人际关系。咨询师与来访者之间没有私下的交情或先入为主的观念，因此这种关系就像一张白纸，任由来访者根据自己的意愿在上面描绘“移情的图画”。在移情的过程中，来访者可能会将对过去某些重要情感关系的问题转移到咨询师身上。咨询师可能会发现自己被来访者视为父亲、母亲或其他重要人物，既可能受到来访者的爱慕，也可能成为其攻击的对象。

这种移情现象在心理咨询的开始阶段就已经存在于来访者的内心，并且是推动其寻求心理咨询的强大动力。当移情较为强烈时，正面的或爱的情感可能包含性的欲望，而负面的或攻击性的情感可能包含破坏或仇恨的愿望。这些强烈的情感反映了来访者在早期心理发展的关键时期与父母等重要客体之间的关系。

一旦咨询师意识到移情的存在，就可以对自己作为咨询师的角色进行深刻的反思。移情实际上反映了一种客体关系，即在当前的心理现实中，咨询师作为来访者的重要客体扮演了什么角色，以及双方之间进行了怎样的互动。例如，一位男性咨询师可能在一位女性来访者的移情反应中被视为她的丈夫或父亲。究竟是丈夫还是父亲的角色，年龄和性别并不是决定性的因素，而是取决于本我的欲望、超我的谴责和自我的防御这三者的较量，以及咨询师和来访者之间的互动模式。

咨询师需要认真思考自己的言行在移情发生和发展的过程中所起的作用。例如，某些咨询设置可能更倾向于相对的"被动"和"节制"，旨在创造一个有利于来访者探索隐藏愿望和冲突的咨询环境。然而，部分来访者可能会对这种节制的设置产生失望和挫折感，从而引发负移情。

事实上，移情是心理咨询过程中的关键因素。它需要一个安全的氛围才能充分展现出来，这个安全的氛围为来访者提供了一个"退行"的机会，使其能够以较为随意、结构松散的思维方式来接近潜意识中的情感和思想。自然而然地，咨询师的设置和言行会对移情的发生和发展产生重要影响，这也是一个好的咨询师在整个咨询过程中需要不断自我审视和调整的方面。

2. 与移情对象互动的不同模式

在咨询中，移情表现为正移情和负移情。实际上，正移情和负移情在所有来访者身上都是共存的，它们相互牵制并贯穿整个咨询过程，都有可能成为阻碍咨询进展的因素。

（1）作为阻抗的正移情

正移情是指来访者将咨询师视为以往生活中重要情感关系的对象，逐渐对咨询师产生浓厚的兴趣和强烈的情感。这种情感可能表现为友好、敬仰、爱慕的成分，导致来访者对心理咨询采取依恋和顺从的态度。

当来访者对咨询师产生强烈的正面情感时，他们可能会将咨询师视为完美无缺的人。在这种情况下，来访者可能会对自己的言行过度关注，担心自己的表达会让咨询师产生不好的印象。为了取悦咨询师并获得其认可，来访者可能会用思想、情感和自我表达来包装自己的意见。这样一来，清晰、诚实的交流就会受到阻碍，从而形成阻抗。在某些情况下，强烈的正移情甚至可能导致移情性治愈的现象，即由于来访者对咨询师的爱或取悦咨询师的愿望而导致其症状暂时消失。

（2）作为阻抗的负移情

负移情则是指来访者在咨询师身上重新体验到了过去的挫折、不快或痛苦经历，尤其是当来访者渴望建立亲密关系却得不到满足时被所爱的人拒绝或抛弃的体验。这种体验导致来访者在咨询情境中将原有负性情绪转移到咨询师身上。

显然，负移情也会导致阻抗的产生。在与咨询师的人际关系中感到挫败和失望时，来访者可能会以被动或主动的方式表现出消极反应。被动方式可能表现为来访者不愿吐露内心，说话减少，对咨询进展感到灰心，并可能表达出对继续心理咨询的疑虑，甚至选择终止咨询。主动方式则可能表现为来访者直接向咨询师提出打破咨询设置的要求，如增加或减少咨询时间、频率等，甚至要求在咨询室外见面以满足自己的愿望。此外，主动方式还可能表现为对咨询师的敌对、愤怒和批评态度，以此来惩罚在他们眼中显得冷酷的咨询师。

咨询师可以通过分析由移情造成的阻抗来进一步了解来访者。一旦移情现象出现，咨询师就应引导来访者将注意力集中在这一现象上，并努力澄清来访者的情感以及其谈话内容中的真正含义和弦外之音。必要时咨询师还可以采取支持性的面质方式，帮助来访者弄清楚其模糊不清的思想和情感，以及导致这些思想和情感模糊不清的原因。

通过与咨询师的移情关系，来访者将有机会再次体验过去的经历，并逐渐理解个人过去的经历在当前情境中重现，引起当下的情感冲突和焦虑，进而造成心理上的痛苦。通过体验和理解这些潜意识过程，来访者的痛苦情感将逐渐消散，将每一次的“重演”都转变为“回忆”，从而建立新的行为方式。

如果咨询师在处理咨询中发生的移情现象时感到困难，就可以考虑将来访者转介给其他咨询师，以确保来访者能够获得适当的帮助和支持。

### （二）处理移情的技巧

1. 咨访关系中的移情分析

咨询师通过对来访者在咨询过程中产生的联想、情感流露，叙述的梦、愿望和幻想，以及对自己反移情的审视和分析，深入地理解在咨访关系的不同阶段来访者“扮演”的特定角色，以及咨询师在来访者的内心世界里“扮演”了什么角色。

在咨询师的真诚陪伴下，来访者追溯过往的记忆，感知当下的情境。他们或许会突然意识到，自己已将咨询师视作父母般的存在，会有一见面就难以名状的情感。

咨询师在此时可进一步提示来访者是否将自己投射成了他们生活中的某个重要人物。这样的提问能引导来访者开始审视自己的言行，提升自我觉察的能力，同时恢复和发展对环境的敏感度。咨询师还可适时地提醒来访者反思过去生活中的不当行为，促进他们的自我成长。

以一位34岁的未婚女士为例，她朋友众多，但在成长过程中，父亲角色的缺失和脑瘫弟弟对母亲精力的占据，给她的心灵留下了深刻的烙印。当咨询师告知将缺席下次谈话时，这位女士的情感反应成了探讨和处理移情的绝佳契机。在接下来的对话中，咨询师巧妙地处理这位女士的移情，进而帮助她在日常生活中改善人际关系。

来访者：这周末我邀请同事和他的新婚丈夫一起吃午饭，但是他们最后一刻不能来，我就把所有吃的都吃了，但是我依然觉得很孤独。

咨询师：听你这样说我觉得很伤心。

来访者：我有很多事情要做，好庆幸我没有同时约其他人。

咨询师：听起来你对这件事好像没对你产生太大困扰。

来访者：这对我来说只是顿午饭，又不是我的婚礼之类的。

咨询师：也许你心里有一场婚礼。

来访者（一滴泪珠滑下脸颊）：她是最后一个，我们原来是单身联盟，现在她有人陪，有更好的事情可以做。但是我哭有什么用啊，她不会再跟我吃午餐了。也许这对她没那么重要，但是那是我这周末的中心。她在最后一刻爽约，似乎完全不在乎。

咨询师：虽然你在谈论你的朋友，但是我也在最后一刻爽约了，也许你针对她是因为很难对我发脾气。

来访者：你有你的生活，我肯定不是你生活的中心。

咨询师：也许你希望你是。

来访者（哭泣）：我希望我是某个人的中心，但是我不是。就连我母亲也是总是照顾我的弟弟，我觉得我不会成为一个人心中的第一。

在这段对话中，咨询师在已经建立起良好咨访关系的基础上，巧妙地使用了面质技术。这一举措有效地降低了来访者在承认自己心烦状态时的心理阻抗。当来访者流露出对朋友与对咨询师近乎相同的深厚情感时，咨询师敏锐地将这两种情感关联，帮助来访者洞察其中的联系。最终，来访者在咨询师的引导下，将她的朋友、咨询师以及自己的母亲这三者之间的感情串联起来。她痛苦地意识到，在生活中似乎没有人将她置于首要的位置。这一领悟是迈向理解她如何防御性地压抑自身需求以避免失望和愤怒的重要一步。

2. 指导来访者识别和处理现实关系中的移情

咨询师可以引导来访者使用“思维中断技术”。具体而言，当来访者与某人接触突然感受到厌恶、愤怒或好感等强烈情绪时，咨询师可以建议其先不要急于说话或行动。咨询师要让来访者思考这个人是否触发了关于某个重要人物的记忆，探究这个影子究竟是谁，以及当前这个人是否真的与那个重要人物相符，理解为何会产生如此强烈的即时情感反应。如果来访者确认并非心中所期待的重要人物，那么其需要调整自己的言行，以免对他人造成不公平对待，也避免将自己置于不利境地。

通过识别移情，来访者在离开咨询环境后将能够更加从容地应对自己的情感反应。他们会把在日常生活中识别移情视为一种自我练习的机会。这种转变不仅为来访者提供了更多处理移情的实践机会，而且能让来访者释放出更多的心理资源和智慧以避免重蹈覆辙。他们不再将内心的失衡归咎于他人，而是转向内心寻求平静，实现精神上的自守与和谐。

3. 咨询师移情的自我应对

咨询师作为个体，同样拥有独特的个人成长背景和人格特质。在日常生活中，他们也会面临各种挑战和心理困扰，这些因素都可能成为咨询师对来访者产生移情的潜在原因。这也为咨询师提供了更好地感受和理解来访者的契机。

在咨询过程中，咨询师应始终保持高度的自我觉察能力。一旦发现自己对来访者产生了移情反应并可能影响到咨询效果时，咨询师应积极尝试进行自我分离。这意味着咨询师需要在精神上暂时抽离出来，对自我和咨访关系进行客观的观察与思考。这就好像在咨询师的旁边还有一个观察者的自己存在，时刻关注着自己的言行举止、情绪感受和联想内容，以确保自己能够保持中立且客观的态度。此时对于咨询师而言至关重要的一点是提醒自己回归咨询师的角色，明确当前的首要任务是助力来访者解决问题，而非宣泄个人情绪或让情绪主导行为。只要咨询师始终坚持这一立场，就能最大限度地帮助来访者有效应对生活中的挑战与困境。在咨询结束后，咨询师还应结合相关理论知识，对自身的移情反应进行深入剖析和反思，或者借助小组自我体验、个人自我体验等方式来探寻移情反应的根源所在，从而不断提升自身的专业素养和咨询能力，以更好地服务来访者。

## 二、反移情的识别与处理

反移情是指咨询师对来访者所产生的一种无意识的反应倾向。关于反移情的理解，过去与现在存在一些差异。传统的反移情概念主要指的是咨询师对来访者移情表现的反应，即咨询师将早年对父母或其他重要关系人物的感觉、想法和情绪等投射到来访者身上。然而，现代的反移情概念已发生改变。按照现代客体关系理论，反移情现在被理解为咨询师由于来访者的无意识认知、情感和行为反应而产生的无意识内心感受和情绪体验。这种反应的动力主要来自来访者，咨询师以外的其他人也可能会有相同的情感体验。

### （一）识别反移情

反移情的表现形式多种多样，卡瓦纳列举了以下一些具体表现：

迟到或取消已约定的咨询时间，并准备了相关的理由；

不认真倾听来访者的谈话，也不与来访者认真讨论问题，而是只顾自己说，让来访者听；

在会谈时走神或打瞌睡；

在会谈时不讨论来访者的问题而是谈论自己的问题；

常常忘记有关来访者的信息；

给来访者提出不可能做到的要求；

认为来访者有另一个“特殊问题”，要把来访者介绍给其他咨询师；

拒绝与来访者讨论其认为很重要的问题；

以讽刺的口吻对来访者讲话；

与来访者讨论咨询师自己感兴趣的问题，而这种讨论并不有助于来访者问题的解决。

对于经验尚浅的咨询师来说，他们往往更容易受到反移情的干扰。咨询师可能会担心自己的能力，害怕督导的批评，对学习新技术信心不足。一旦来访者表现出对他的质疑，他就会感到焦虑、不知所措。在面对有敌意的来访者时，经验不足的咨询师可能会感到自己无力与脆弱，或觉得来访者枯燥无味、无法接近。此时，咨询师应该善于体察自己的情感反应，并将其作为理解来访者体验的一种途径。咨询师要意识到，当自身的反应越强烈、越尴尬时，就越可能反映出来访者所隐藏的关键性冲突。刚入行的咨询师要定期接受督导，不断加深理论学习，提高自己的技术水平，积累咨询经验，调整认知，培养职业信心。

反移情还可以进一步分为一致的反移情和互补的反移情。一致的反移情是指咨询师认同了来访者投射给他的情感，产生了与来访者相同或相似的体验和反应。在这种情况下，来访者往往能够感受到咨询师的理解与支持。然而，如果咨询师沉溺于这种一致的反移情，将会产生强烈的无力感，无法有效地帮助来访者。例如，当一位来访者向咨询师倾诉幼年时被母亲“抛弃”并由此产生的恐惧、无助感觉时，咨询师几乎同时产生了自己无法帮助来访者的感觉，如同一个孩子一样弱小、无力，同时心中有一种由于缺乏安全感而产生的恐惧，很希望得到他人的帮助。咨询师的感受与来访者幼年时的体验是相似或相同的，此时他不知道该如何将咨询进行下去。尽管咨询师没有类似的人生经历，却对来访者的经历“感同身受”，无法挣脱。在这种情况下，咨询室里仿佛坐着两个受伤的孩子，陷入了沉默，导致咨询无法推进。

互补的反移情则是指咨询师认同了来访者投射给咨询师的、属于来访者过去生活中对某一重要客体的情感，并产生了与这个重要客体相同或相似的体验和反应。如果来访者在潜意识中将咨询师当作那个曾经给他带来伤害的重要客体，并且咨询师在无意识状态下也加以认同，反移情的巨大能量就可能会破坏咨询师保持中立态度的能力，进而延缓或阻碍咨询的进展。此时的咨询师实际上扮演了那个曾经伤害、指责过来访者的人的角色，因此无法有效地帮助来访者解决问题。同样地，如果来访者在潜意识中将咨询师当作曾经非常亲密、分离不了、对其依赖的那个重要客体，并且咨询师也在潜意识中接收了这种信息，此时来访者与咨询师的关系就会变得同样亲密。来访者会对咨询师产生强烈的依赖感，希望咨询师能够像过去生活中的那个重要客体一样照顾他。这样一来，咨询师保持中立态度的能力就可能会减弱。在这种情况下，咨询师实际上扮演了来访者的“轮椅”的角色，使来访者无法独立面对和解决自己的问题。总之，互补的反移情可能会导致咨询师和来访者复制和重演来访者与过去生活中某一重要客体的关系。如果咨询师没有及时察觉这一点，来访者就可能会失去个人成长的机会。相反地，他们可能会重复体验和证实在过去关系里的感受和假想。这样一来，咨询的进程就可能会受到阻碍。

当两种反移情同时存在时，咨询师就可能会陷入一种困境。他们一边体验着来访者的无助、抑郁等情绪，一边又被来访者的愤怒、敌意所激惹或者被来访者的依赖、期望所牵制。面对这种两难的境地，咨询师可能会表现出对咨询失去兴趣，畏缩不前，心里暗暗希望来访者中断咨询等。这样一来，刚刚暴露出来的来访者的冲突就无法继续得到关注和解决。经验丰富的咨询师在这种情况下会努力把握住自己的情绪，保持谦虚、谨慎的态度，积极地探索移情与反移情背后的潜意识冲突。他们会在对来访者情感认同、共情的状态下敏锐地观察自己，客观地分析现实情况，并避免感情用事。相反地，他们会努力觉察自己互补的反移情，以便更好地理解来访者，并保持中立的态度。

### （二）处理反移情的技巧

咨询师面对反移情，应该如何妥善应对呢？以下是一段咨询过程中的对话实例，展示了来访者和咨询师之间的交流。

来访者：关于刚才和您讨论的这些事情，我都觉得自己做不到。我就是没有能力，既不知道该怎么做，也不想去做。

（此时，咨询师突然感到一种愤怒和失望的情绪涌上心头，身体肌肉开始紧绷，脑海里浮现出了几句话。尽管咨询师努力克制，但最终还是将这些话说了出来。）

咨询师：你觉得这样也不行，那样也不行，那你到底能做什么呢？

来访者（沉默了几分钟，似乎松了一口气）：你也这样说……果然，你们都是这样想的。

咨询师意识到，刚才自己感受到的愤怒和失望是很少出现的情绪。此时，这些情绪可能是由来访者的移情所引发的。来访者将咨询师视为他过去生活中的某个重要人物，而咨询师在潜意识中也配合来访者，将自己置于那个人的位置，产生了相同的情绪和对来访者的指责。这无形中证实了来访者的想法，即

“人人都这样看我，我就是这样的人”。

在重新整理思绪和情绪之后，咨询师向来访者提问：“你刚才提到的‘你们’指的是谁？”

来访者激动地回答：“你，还有我身边的那些人，我爸，我妈，你们都认为我是个窝囊废，我什么能力都没有，什么都做不好。从小他们就这样看我……”

此时，咨询师更加确信自己刚才的感受是由互补反移情所引起的。咨询师意识到，自己在潜意识中接受了来访者的投射，扮演了从小责备来访者、对来访者缺乏信心的父母角色，用同样的方式对待来访者。

咨询师可能会在与来访者的互动过程中突然产生自己无法理解的情绪体验，如愤怒、失望、兴奋等；咨询师的言行可能不受自己的控制，如忍不住指责来访者，追问来访者生活的细节，讽刺来访者等；咨询师可能突然感到身体不适，如肠道不适、胃部紧缩或刺痛等。在这些情况下，咨询师首先要对引起这些感受的原因加以鉴别，弄清是移情还是反移情导致了这种非同寻常的体验或行为。如在前面的例子中，咨询师便迅速地觉察到了自己失控的情绪和行为，并通过来访者的话语进一步确定了这是由于来访者移情而引起的反移情现象。

为了进行鉴别，咨询师可以自问以下几个问题：

我此时的感受是什么引起的呢？

是我自己未解决的问题引发了我现在的感受吗？（咨询师的移情）

是来访者的移情让我产生了这些感受吗？（咨询师的反移情）

在其他情况下，我是否也常会产生同样的反应？（如果相同情况较多，则为移情；如果此时为特例，则为反移情）

来访者此时的表现是否容易让任何一个与之对话的人都产生相同的反应？

（如果是，则为反移情）

当咨询师通过自我提问和反思，鉴别出此时与来访者之间的互动已被反移情现象所阻碍时，咨询师便需要进一步对自己的言行、感受加以调整和处理。此时，咨询师应意识到反移情现象的出现是更加深入理解来访者的一个绝佳契机，也是加深来访者自我探索、推进咨询进程的大好时机。

有一位来访者的主诉是“自己的人际关系不佳，希望通过咨询改善”。咨询进行到一半时，咨询师突然产生了强烈的愤怒情绪。意识到这种情绪后，他并未立即采取行动，因为他担心自己可能会在无意识状态下因反移情而做出直接反应。咨询师迅速回顾了刚才的咨询过程，他意识到：在前半程的咨询中，自己一直积极关注、倾听来访者，并在适当时机给予反馈，分享感受和想法。然而，来访者似乎对咨询师的回应并不关心，只是一味地向咨询师倾诉烦恼。这种单向沟通让咨询师感到愤怒。当咨询师能够深入体会自己的反移情，并通过反思去理解它时，愤怒情绪逐渐消散了。此刻，他更加深刻地体会到了来访者所面临的人际关系困境：这位来访者在与他人互动时缺乏真正的兴趣和关注，虽然表面上在交流，但实际上并无真正的互动。这种单向沟通会让对方产生挫败感和切断联结的冲动。来访者无法观察自己与他人的互动方式，也无法理解自己的行为对他人的影响以及他人随后的反应。这种人际关系的困难正是通过与咨询师的互动展现出来的，而咨询师的反移情就像一把钥匙，为他打开了理解来访者内心世界的大门。

与此同时，咨询师可以通过观察牵动来访者心灵之屏和互动行为模式的重要线索，明确来访者的防御机制是怎样的，以及这个防御机制是否成熟。如果来访者的防御机制是成熟的，咨询师可以向来访者阐释此时由于来访者的移情而引起的咨询师反移情现象，让来访者对自己的投射认同机制有更深的理解。这样可以使来访者了解到自己在潜意识中想要促使或诱使他人表现出自己期望的行为，从而让自己可以依赖他人或者证实自己对他人的评价是正确的。如果来访者的防御机制是不成熟的，咨询师便需要通过内省与自我澄清来辨识此时的反移情现象，从来访者的投射中挣脱出来，恢复中立、客观的立场。咨询师可以把握这个机会更加深刻地理解来访者，让其感觉到被支持。

咨询师在平时的职业技能练习中还应努力提高自我调控的能力。这包括尊重并理解来访者的价值观，避免用自己的价值观去代替来访者做出选择；摒弃对来访者先入为主的刻板印象，保持客观、公正、中立的态度；增强职业信心、积累经验并加强咨询技术的灵活运用；当咨询过程出现失误时，勇于承认自己的失误，面对现实，努力消除由失误带来的对咨询效果的不良影响；对自己生活里出现的问题加强认识，以促进个人成长。

咨询师及时察觉、认真分析和处理反移情，将对咨询工作产生积极帮助。它使得咨询师的表现更趋于人性化并且更有说服力。如果咨询师在自我认知方面存在困难，那么督导工作就显得尤为重要。督导师或督导小组可以观察咨询师在咨询中对来访者的特定表现，帮助咨询师及时厘清思路，这对咨询师的自身成长和工作开展将起到非常重要的促进作用。

## 三、阻抗的识别与处理

咨询逐渐深入，触及来访者内心的痛处——情结，常常会引起他们情感上的防御反应，这就是所谓的阻抗。在心理咨询的过程中，阻抗表现为来访者在意识层面和潜意识层面对咨询产生的各种抗拒情形和因素。其本质在于来访者对于自我暴露和自我变化的抵触与抗拒。通过理解和应对阻抗，咨询师能够更深入地了解来访者的内心世界，从而更有效地推动咨询的进程。

### （一）阻抗的类型

阻抗在心理咨询中呈现多种类型，通常可被划分为表达内容阻抗、表达程度阻抗、表达方式阻抗及咨访关系阻抗四大类。

1. 表达内容阻抗

当来访者回避或拒绝探讨某些话题时，表达内容阻抗便显现出来。他们可能试图引导谈话朝向他们更愿意涉及的领域，以避免因触及敏感内容而引发焦虑或痛苦。这种阻抗的典型表现包括假性提问、情绪发泄、理论性对话及对细节问题的过分纠缠。

假性提问是指来访者提出表面上看似合理但实际上并无意义的问题，以此来回避关键议题或增强某种印象。这些问题可能围绕心理咨询的方法、理论基础或效果展开，但实际上与真正需要解决的问题缺乏直接联系。有时，来访者甚至会询问咨询师的私人情况，使咨询师陷入无法回答的尴尬境地。这种假性提问实际上是来访者自我保护的一种手段，旨在转移谈话的焦点。

情绪发泄表现为来访者在谈论某些话题时，以过度情绪化的方式表达，如大哭大闹、泪流不止或不自然的大笑等。这些表现旨在避开那些可能引发痛苦回忆的意念，也是一种心理防御机制的体现。在日常生活中，我们常常能观察到类似的现象，即人们在谈论痛苦经历时，常伴有烦躁、易怒、哭泣等情绪反应。从精神分析的角度来看，这些都是个体对重新体验痛苦经历的焦虑和抵触情绪的无意识表达。

理论性对话则是指来访者过度使用心理学或医学术语与咨询师进行交流。从表面上看，这种术语化的交流似乎增进了双方语言和思想上的沟通，实际上却成为来访者控制谈话情绪和具体内容的一种手段。通过理论性交谈，来访者将所谈论的事件与事件带来的痛苦感受隔离开来，从而保护自己免受再次伤害。例如，一位深陷失恋痛苦的心理学学生，在咨询时可能会不断套用心理学理论来探讨自己的心态，并向咨询师寻求解决痛苦的方法。他这样做不仅回避了直接表达内心的痛苦，而且似乎提升了自己在心理咨询过程中的地位。只有引导他意识到这种理论性对话背后的原因和对咨询的阻碍作用，才能使其放弃这种方式，转而以更直接、更真实的方式表达内心的感受。

对细节问题的过分纠缠也是表达内容阻抗的一种表现。来访者可能会就无关紧要的小事谈论不止，旨在回避谈论核心问题并转移咨询师的注意力。这种阻抗现象在心理咨询过程中较为轻微且不易察觉。

2. 表达程度阻抗

在与来访者的交谈中，咨询师不仅要关注其语言的内容，还要注意其表达方式上所显示的阻抗。从语言表达程度上看，阻抗主要表现为沉默、少言寡语和多话三种形式。

沉默是心理咨询会谈过程中常见的短暂停顿现象，意味着来访者在意识和潜意识层面都不愿意与咨询师交流。此时，来访者可能没有意识到自己不愿意交流，或仅仅感觉头脑空白。对于经验不足的咨询师而言，遇到沉默可能会感到手足无措。然而，沉默也分为多种类型，如思考型沉默、茫然型沉默、情绪型沉默、怀疑型沉默和违抗型沉默等。每种沉默类型都伴随着特定的肢体语言和表情信息，咨询师可以通过这些信息来判断来访者的沉默原因及心理状态。

（1）思考型沉默。来访者可能正处在思考状态，正在反复体会咨询师所说的话，或在回想某一件事的细节和意义，或在头脑中构思一个新的方案。从表现上看，他们可能会睁大眼睛，使劲儿地想，也可能会眯起眼睛，凝视空中的某一点，小声嘀咕等，这些往往被认为是思考型沉默的标志。

（2）茫然型沉默。有些沉默是由于来访者不知该说什么好，不知道咨询师想知道什么，什么信息是重要的，有的则干脆不知道自己的问题到底是什么，或者是想表达的东西太多，不知先说什么后说什么。这时来访者的眼神往往是游移不定的，含有询问的色彩。

（3）情绪型沉默。这可能是由于来访者的情绪（如气愤、恐惧、羞愧等）导致的。比如来访者害怕咨询再进行下去就会触及自己不愿提及的话题，或在谈到以往某件事情后陷入内疚、后悔等情绪中，也可能由于咨询师正好触到了来访者的某些痛处，让其感觉到被冒犯、气愤，以沉默应对。

（4）怀疑型沉默。有些沉默是由于来访者还没有完全信任咨询师，不愿把自己的核心问题说出来或尚在犹豫中。他们往往表现出不安的神情，用疑虑、试探的眼光打量咨询师。

（5）违抗型沉默。这种情况主要见于那些被迫前来咨询的来访者，他们本人不愿意或不完全愿意接受咨询，是别人要求他们来的，故而他们用一言不发来表明自己的态度。伴随着沉默的是怀疑、无所谓、不耐烦、气愤、敌意等情绪。

少言寡语则是来访者对心理咨询阻抗的另一种表现。他们可能以简短、重复性或习惯性的话语应答咨询师的问题，似乎在有意地与咨询师周旋或应付咨询师。有时他们的语言会显得迟滞，语调低沉，缺乏交谈的情绪和内容；有时则欲言又止、含糊其辞、不知所云。少言寡语的原因多种多样，可能是来访者对心理咨询缺乏了解和信心，此前接受过不当或失败的心理咨询而存有偏见和不信任心态，认为问题是别人造成的而自己并不想改变等。面对这类来访者，咨询师可能会感到沉闷、困惑和挫折感，难以深入来访者的内心世界。此时，咨询师需要充分了解少言寡语的原因，并采取有针对性的措施来解决问题，例如通过共情以来访者能接受的方式消除戒备心、误解并增进来访者的信赖感；针对因语言和文化差异导致的沟通障碍进行调整，将专业术语转化为来访者能理解的语言。

多话则表现为来访者在心理咨询过程中滔滔不绝地讲话。这种多话现象可能是无意识的，背后隐藏着某种潜在动机，如减少咨询师讲话的机会，回避某些核心问题，转移注意力等。多话的目的依然是回避那些来访者不愿意接触的现实问题及其引发的焦虑或其他痛苦体验。例如，一位因作业拖拉而来咨询的学生可能会大谈作业的难度和日程安排的紧张以回避个人意志对作业拖拉的影响。然而，多话也可能是来访者按自己的方式急切表达和急于解决问题的表现。咨询师需要善于观察并把握机会引导来访者关注自己更深层的心理活动。常见的多话现象可以分为宣泄型、表演型、表白型和掩饰型。每种类型都有其特定的表现形式和背后隐藏的心理动机。咨询师需要通过深入分析和理解来访者的多话现象来揭示其背后的心理问题和需求，并采取有效的干预措施来帮助来访者解决问题和增强自我认知。

常见的多话现象可以分为以下四种类型。

宣泄型。有些来访者来到咨询室仅仅是为了宣泄一时的情绪，他们急需一个可以宣泄的对象。这类来访者在叙述时往往情绪起伏大，喜怒哀乐都会表现出来，他们所需要的是咨询师认真、耐心倾听。倾诉之后，他们通常会感到如释重负，心平气和。有些来访者在生活中积累了许多不快，却长期缺乏倾诉的对象。在咨询中，咨询师的热情、耐心和充满尊重的态度，使其受到鼓舞，因此来访者会像打开大坝闸门一样，将多年来积压的各种不满、烦恼、伤心等情绪全都倾泻出来。

表演型。有些来访者在叙述时眉飞色舞，表情丰富，声调抑扬顿挫，富有感染力。他们所述的内容情节复杂、曲折，但稍加分析即可发现其中存在夸大和故意渲染的成分。而且，他们自己并不太为所说的问题感到苦恼。他们夸夸其谈的目的似乎是吸引咨询师的注意，他们中的一部分人可能具有表演型人格。

表白型。这种人在走进咨询室之前，已经知道自己面临什么样的问题。但在咨询过程中，他们一味地指责他人，而不涉及自己的不足。例如，来访者将人际关系紧张归咎于周围人太粗俗、太霸道、太不容人等；将学习成绩不好归咎于老师水平太差，老师出的题太偏或老师打分不公等。总之，他们认为问题主要在别人身上，与自己无关。他们来咨询只是为了证明自己没问题。

掩饰型。有些来访者在咨询中不停地讲话，这只是一种掩饰的方法。其实他们害怕被人真正了解。这类来访者在咨询中一直感到紧张，担心咨询师占据主动地位，担心与咨询师正面交锋，害怕面对咨询师的发问，也害怕沉默给自己带来的压力。因此，他们为了说话而说话，他们表面上的健谈实际上是内心紧张、焦虑、恐惧的反映。

3. 表达方式阻抗

表达方式阻抗形式多样且因人而异。其中顺从和最终暴露是两种常见的表现形式。

顺从是指来访者对咨询师讲的每一句话都表示绝对赞同和服从，使咨询师无法真正了解其内心世界。这种阻抗具有隐蔽性特点，常使人不易察觉其潜在的阻碍作用。例如，一些被迫接受心理咨询的人可能会对咨询师表现出格外的尊重和客气，以掩盖其内心的阻抗和敌意。

最终暴露则是指来访者故意在咨询会谈的最后时刻才讲出某些重要事情，以达到使咨询师措手不及的效果，并表达其对心理咨询的某种抵抗或击败咨询师的企图。然而也要注意将阻抗性的最终暴露与犹豫性的最终暴露相区分，不能简单地将最终暴露都视作阻抗的表现。

4. 咨访关系阻抗

咨访关系阻抗主要表现为来访者从心理上不愿接近咨询师，或在内心对咨询师产生敌视和对抗。这种阻抗往往源于对咨询师的恐惧、愤怒或其被伤害的感受。例如，有些来访者可能感觉咨询师并不真正关心他们，从而产生被伤害的感觉；有些则可能因咨询师未能满足他们的期望而感到愤怒。咨访关系阻抗的本质是移情，即来访者将对生命中重要客体的情感转移到咨询师身上。在来访者的心理现实中，当前的人际关系往往是过去重要情感关系的重现。咨询师在咨询过程中可能会体验到这种移情，这有时会带来压力，驱使他们以来访者过去的人际关系模式来对待来访者。

咨询师需要时刻保持警觉，认识到来访者所描述的当前生活中的各种关系，尤其是咨询师与来访者之间的特殊人际互动，仅仅是心理活动的意识层面。来访者与咨询师的关系如何受到过去关系模式的影响，以及当前关系如何引发过去关系的重现，都发生在来访者的潜意识中，他们自己可能意识不到。这需要咨询师与来访者共同探讨，引导来访者发现过去对现在的影响，从而通过将过去的关系意识化来解决当前的人际问题。

出现阻抗的来访者常常通过故意破坏心理咨询的一般安排和规定来实现自我防御的目的。其中最突出的表现包括不认真履行心理咨询的安排，诱惑咨询师以及请客，送礼等。不认真履行心理咨询的安排可能表现为不按时赴约，借故迟到或早退，不认真完成咨询师布置的作业，不付或延迟支付咨询费等。这些行为都会对咨询的顺利进行造成阻碍。特别是迟到，它是反映阻抗的一个较为可靠的指标。由于迟到，来访者往往需要解释原因并表示歉意，同时观察咨询师的态度和反应。这样一来，原本可以用于咨询的时间就被浪费了。咨询师需要帮助来访者认识到迟到的含义，并进一步了解产生阻抗的原因。

诱惑咨询师是指来访者通过言行、装扮等方式引起咨询师的注意，企图加强自己在咨询师心目中的地位，从而影响咨询的进程。例如，有些来访者可能对咨询师产生兴趣，于是通过刻意打扮自己或讲述有趣的经历来吸引咨询师的注意。这种做法试图将咨访关系转变为亲密的私人关系，以达到控制咨访关系发展的目的。

请客和送礼也可以反映出来访者自我防御的需要和控制咨访关系的欲望。他们可能通过这种方式试图拉近与咨询师的关系，从而影响咨询的进程和结果。

### （二）阻抗的表现形式

1. 迟到或擅自取消预约好的咨询时间

在心理咨询中，咨询时间通常是事先约定的或在前面的会谈中商定的。一般来说，预约时间经常迟到是反映来访者阻抗的较为可靠的指标。发生迟到后，来访者往往会详细解释迟到的原因，并观察咨询师的态度和反应。如果咨询师能够善于把握这一规律，并与来访者就迟到现象进行探讨，进而找出阻抗的内容，迟到的时间就不会被浪费。有些来访者会擅自取消预约好的咨询且事先不通知咨询师，这通常被认为是极为严重的阻抗。擅自取消预约的动机往往包括对咨询本身或咨询师的恐惧和怨恨。如果在咨询的中期，来访者减少了会谈次数，这可能表明来访者此时已陷入困境，咨询师的期望过高。

2. 把注意力指向咨询师

一些来访者将谈话的重点指向咨询师，使会谈偏离了其应有的主题，分散了咨询师对来访者问题的注意力。一种表现方式是吹捧或赞扬咨询师，如称赞咨询师是多么可信、可靠的好人，或者说他是一个多么有耐心、有才干、出色的人等。此类赞扬式的语言可能会使咨询师感到局促不安或飘飘然。这种阻抗处理起来不容易，如果咨询师直接打断来访者的话语并转入正题，来访者就可能认为咨询师对自己不耐烦，从而造成不和谐的咨询气氛，给良好咨访关系的建立带来困难。另一种表现方式是以反向的口吻责问咨询师。有的来访者可能会问咨询师“您为什么总是问与性有关的事情？”“您今天精神不太好，是不是昨晚没休息好？”或者问“您刚才笑了一下是什么意思？”等。咨询师很容易被对方的问题所牵制，无法真正把握会谈的进程。在会谈过程中，咨询师还可能碰到来访者对咨询师私人情况（如职称、年龄、是否结婚、是否有孩子等）的提问，这表示咨询中存在阻抗，可能有以下两种原因：一是来访者在猜测咨询师的实力，以决定自己是否应将问题和盘托出；二是来访者出现了移情。对此，咨询师可以反问来访者为何关心此类问题，找出其原因所在，并探讨进一步确立咨访关系的可能性。如来访者对咨询师不满意，可以介绍他去找其他的咨询师。

3. 原地踏步

有些来访者从表面上看一直在进步，从未停歇，但实际上是原地踏步。他们常用的方式是，每次来咨询时都向咨询师汇报自己最近的收获，声称由于咨询师的帮助，自己已经发生了很大的变化。这些话往往使咨询师大受鼓舞。但如果咨询师仔细观察，就不难发现他们的进步一直停留在口头上，或不像他们说的那样明显。

4. 遗忘

遗忘是一种心理现象，在心理咨询中，遗忘往往具有重要的意义，它经常提示阻抗的存在。来访者常常会说“我原打算告诉你我最近与丈夫的交流情况，可惜我忘了具体内容”“我本来想这个星期就去参加一次社交活动，遗憾的是我忘记了”。

5. 控制会谈的主题

来访者想方设法控制心理咨询对话的主题。他们所用的方法很多：有的来访者一走进咨询室时就把写有自己问题和希望讨论内容的提纲交给咨询师；有的来访者每当咨询师快要触及关键问题或重要内容时，都会用一些突发事件干扰咨询师的注意力，迫使咨询师率先处理这些事件。例如，对有些来访者来说最关键的问题是怎样正确面对婚姻中的问题，而每次会谈，他们都会找出其他看上去很紧急的事情来讨论，把那个关键的问题拖至下一次会谈。他们可能会说："哎呀，我这个星期又碰到一件倒霉事，不说说我觉得真过不去，不然我会老想着这件事的。"

6. 提出新的咨询要求

有时，来访者会要求咨询师改变咨询计划和方式，甚至要求转到另一位咨询师处进行咨询。这种情况可能是因为咨询师本身在咨询过程中确实存在问题，但更多的可能是反映了来访者想主导咨询过程或企图抗拒咨询的深入。咨询师需要分析这些现象背后的原因，以应对来访者对咨询的抵抗。

7. 回避咨询师提出的问题

这也是阻抗的一种常见表现形式。这种回避可能直接反映在对问题的回答上，如有的来访者在某些问题上保持沉默，既不点头也不摇头，这是一种较为直接的抵触形式。更多的时候是来访者以答非所问的方式回避关键性的问题。在这种情况下，来访者本人往往意识不到问题所在，咨询师可以抓住这个细节与来访者一起分析推敲，以推进咨询进程。

8. 为自己的问题辩护

这是来访者对咨询明显抗拒的表现。这种阻抗形式在有人际关系问题的来访者身上尤为明显。他们可能常把自己产生人际关系矛盾的原因归结于他人，而不能认识其自身的一些错误言行对人际关系产生的不良影响。在这些来访者看来，有问题的永远是与他们存在矛盾或对立的人，绝不是他们自己。当咨询师对问题进行归因分析时，他们会认为自己的言行都是合情合理的，会据理力争，而这个"理"正是咨询师力求攻破的堡垒。遇到这种情况，咨询师不能从一开始就加以否定，否则会引起来访者更强烈的抵触情绪。

9. 为咨访关系的建立设定先决条件

一些来访者在建立咨访关系时，会要求咨询师首先满足他们提出的一些先决条件，而这些条件往往是很难或根本不可能满足的。例如，他们可能会要求咨询师始终如一地、耐心地对待他们，或者要求咨询师不能过多地触及他们的隐私等。不少来访者喜欢把交谈的话题引向过去的经历，纠结以前发生的事情，他们宁愿面对过去也不愿面对现实。在咨询过程中，每当咨询师试图将咨询的主题引向眼前的事情时，都会遭到来访者的反对或阻抗。他们要么认为咨询师缺乏耐心，要么认为咨询师只注重结果不关心过程。

### （三）处理阻抗的技巧

通常来说，阻抗多发生在快要出现进步或快要触及来访者问题的本质时。抗拒成长是人性的一部分，这并非坏事。相反，有阻抗出现恰好说明咨询已经产生了某种效果。不少咨询师对阻抗过于敏感，一遇阻抗就如临大敌，事实上，适当放松是有益处的。在实际操作中，咨询师可以从一些双方都感兴趣的问题开始，也可以加入一些轻松的话题。但咨询师不能对阻抗现象不闻不问，因为发现并处理阻抗是咨询取得成效所必需的，甚至是关键环节。咨询师应该做出正确的判断，认识到并非来访者的所有违抗都是阻抗，当咨询的进程触及来访者的症结时所激发的抵抗才是阻抗。在确定某一行为是否为阻抗之前，咨询师必须首先确认自己的要求或引导对来访者是有帮助的，而来访者仍然表现出拒绝，并且有充分的资料显示这种拒绝让人费解，这时才能认为出现了阻抗。在出现阻抗时，咨访双方要适时交流各自的感受。当咨询师认为阻碍因素确实存在，已经到了影响咨询正常进行的程度时，就可以将自己的感觉与来访者进行讨论。咨询师还可以与来访者分享一些双方互动中的感受，弄清它们背后的心理原因。在心理咨询过程中，咨询师可时常与来访者回顾一下咨询的进展。在回顾的过程中，不少来访者会较容易地承认某些因素阻碍了咨询的进展。咨询师还可以与来访者讨论一下此前已经涉及了哪些问题，还有哪些问题没有涉及，以及现在达成咨询目标还需要做哪些工作，以便通过恰当的讨论处理阻抗。

1. 识别并接受阻抗的存在

来访者在咨询室中产生一种熟悉的不好的感觉，这似乎与在家庭、工作或生活中的情况很像。来访者的情感很矛盾，来访者会觉得咨询师就像是那个让他们难受的人的翻版。于是，他们有意识或无意识地对咨询效果和咨询师本人产生怀疑并拒绝咨询，甚至攻击咨询师。

此时，咨询师要识别阻抗的存在，接受并承认现状，觉察是否有自己的原因。可能在咨询过程中，咨询师自己出现移情或接受了来访者的投射，造成了当下的阻抗。咨询师应立即采取行动转变态度，以一个“足够好的母亲”的姿态来接纳来访者，并引导来访者觉察当下的情绪反应及矛盾情感。

来访者可能提高了觉察能力，意识到对咨询的阻碍，暴露出自己的抗拒。一旦阻抗外显，来访者阻碍咨询的力量和强度就会减低。对咨询师，他们也会有新的认识；对咨询，他们会有新的理解；对自己的问题，他们会有深入的自我探索。如果咨询师个人的问题造成了来访者的抗拒，咨询师应根据影响咨询的严重程度进行处理。如果个人问题影响较轻并能够避开，那么咨询师可以暂时搁置它们，待日后在个人体验及督导中处理它们，从而帮助咨询师自我成长。

来访者可能会觉察到咨询室气氛的改变，而愿意跟随咨询师的引导继续咨询进程，探索自我资源和促进自我成长。如果咨询师个人问题对咨询影响较大，甚至使咨询不能进行下去，咨询师应及时承认并向来访者做出相关转诊的说明。

来访者会在内心对咨询师的诚恳及负责任的态度表示肯定和赞扬，并对自己的心理咨询抱有一定的信心。至少，他们不会因为对咨询师的否定而对心理咨询行业持冷漠和拒绝的态度。

在下面一段对话中，来访者忘记了自己做的梦。忘记梦的行为本身就是一种阻抗。我们来看看咨询师是如何利用阻抗使来访者进行思考，并对此进行解释的。

来访者：我知道我昨晚上做了个梦，但是我总是记不住任何梦，这挺让人无奈的。

咨询师：对于忘记梦，你有什么想法吗？

来访者：没有。但是它们可能是重要的，可能透露出我有什么感受。

咨询师：我觉得这几件事挺有趣的，你忘记了周二的面谈和付咨询费，我也忘记说接下来几周要休假外出旅行，这些事情之间有没有可能有联系呢？

来访者：可能吧。但是我觉得你要离开很好啊，你工作很辛苦，需要休息一下。我刚刚有个小小的幻想，我觉得你会给我寄明信片。我并不是很想让你这样做，所以我不知道为什么我会这么想。

咨询师：关于明信片，你还想到了什么？

来访者：以前我去参加夏令营的时候，所有的孩子都收到了父母寄的明信片，好像每周都有吧，只有我没有。所以，我一直想收到一张。

咨询师：你觉得他们把你忘记了？

来访者：我知道他们不会，但是我还是有那种感觉。

咨询师：也许你上周忘记事情，与担心我休假时忘记你有关系，就好像你感觉到父母忘了你一样。

来访者：我知道你不会。但是你会和你的家人度过美好的时光，你可能好几周都不用面对我和我的问题了。

在这段对话中，阻抗让来访者逃避了对咨询师休假产生的强烈情感、对夏令营时没有收到父母明信片产生的痛苦记忆，以及被咨询师忘记的痛苦。咨询师提问来访者自己对梦境的遗忘有什么想法。使用澄清技术把来访者遗忘梦和自己遗忘告知假期联系起来，使来访者更深入地去觉察影响他的情感和幻想。因为阻抗是有保护作用的，所以试图解释可能让人感到有威胁。因此，咨询师应该在与来访者建立了良好的咨访关系，并且评估来访者有足够的自我力量探索阻抗背后的意义后，慎重使用解释。咨询师知道这一点，有助于和来访者共情。

2. 以来访者为中心

来访者的移情会让其对咨询师产生等同于对父母、权威的惧怕，或为控制这种惧怕而产生防御性对抗和挑战。他们可能会沉默，表现出退缩的表情，试图打岔，另开话题，提问题来控制咨询进程，刁难咨询师，表现出活跃的样子，甚至直接指责咨询师和咨询室的问题，好像在说“你也没什么了不起”。

咨询师要以来访者为中心，无条件积极关注来访者。对于来访者的沉默，咨询师要感同身受，自我暴露，表达出自己此刻感受到来访者的心理活动及情感体验。对于来访者打岔，咨询师要表示这个话题或提问可能对来访者非常重要，而且想立刻讨论或得到答案。对于来访者的指责，咨询师要对来访者以一双慧眼观察到外部世界的细节表示赞赏，并试着询问能否将这种敏锐的观察力进一步运用在咨询时两人的互动中以及来访者的自我探索与成长中。总之，咨询师要始终关注来访者，抱持来访者。

当来访者受到咨询师的抱持，感受到自我在咨询中的位置后，他们会发觉与咨询师的互动，不是受控制的被动状态，而是有很大自由发挥空间的、相互影响的主动状态。这样，他们的自我控制感就会增强，他们可以逐渐学会如何通过改变自己而影响他人。

3. 鼓励来访者积极参与

来访者自我探索的过程是艰难的。面对复杂的个人问题，来访者会惧怕或退缩。当不可控制感、不可预测性增强时，其恐惧感也会更强。同时，改变带来的快乐感是陌生的。当幸福来敲门时，人的本能反应依然是恐惧。来访者没有准备好迎接幸福，觉得还不如永远生活在原来的痛苦中。至少，对这痛苦，来访者是熟悉的，也有一套习惯了的、蹩脚的应对措施，认为这样就是安全的。如果修通的过程太痛苦，来访者的阻抗就会更强、更多、更频繁。

咨询师通过无条件积极关注、倾听，肯定来访者改变的成果，强化其改变动机。咨询师需要仔细观察来访者的反应，询问来访者此时此刻的情感体验，以此来证实自己的观察，并对这些反应做出解释。咨询师要向来访者说明，这时的感觉证明其正处于通向自我成长的瓶颈期；通过与来访者讨论有关个人应对的问题，特别是处理当下体验的方式、方法、策略，增加来访者的自我控制感，以鼓励来访者积极参与、勇于求变。咨询师在这个过程中，要不时地对来访者的努力给予赞赏，共情来访者痛苦的感受，并鼓励其继续向前。咨询师要及时发现来访者自我成长力量的增加，并向来访者指出。

来访者感受到自我价值的提升，会更愿意体验并享受改变和成长的收获过程。他们对当下的情绪体验有了进一步的正性认识，从而产生更大的动力参与到问题应对策略的协商中去。通过自我探索得出的策略，会让来访者运用起来得心应手，控制感进一步增强，进而推进咨询进程的发展。

下面是一段咨访对话。来访者是一位25岁的年轻女士，但咨询师对她的第一印象是觉得她更像一个15岁的小女孩。最近，来访者因为一些幼稚行为与男朋友产生了摩擦，这让她感到烦恼，于是前来咨询。来访者的父亲在她5～12岁时因工作常年在外，每年只回家一次。在探讨了童年时期父亲角色缺失可能对她带来的影响后，咨询师开始引导来访者深入思考。

咨询师：我觉得你挺聪明的，我一提某些问题，你就能够和其他问题联系起来。那么，你是不是已经发现了一个很重要的原因，让你不愿意成为成熟的女性？

来访者：我好像有些感觉，但说不清楚。

咨询师：你说你有一个未了的心愿，那就是在特别渴望父爱的时候，父亲没有给你足够的爱。而当你长大后，父亲再给你爱，你感觉已经变了味道。

来访者：对，是这样的感觉。

咨询师：你之所以停留在小女孩的状态，是因为你担心长大了就无法补偿那段时期欠缺的父爱。所以，你身边的人可能会觉得你像是一个还未长大的孩子。现在你能理解为什么自己总是停留在五六岁的心态了吗？

来访者：仅仅是因为在那段时期，我没有得到父亲的关爱吗？

咨询师：你内心可能认为，只有停留在五六岁，才有机会重复当时的情景，补偿那份缺失的爱。当你意识到自己是一个成年人时，就觉得无法再回到过去补偿那份爱了。所以，你有时候会刻意把自己当成一个小孩，以此来感受那份父爱。

来访者：我确实感觉到了。我觉得我的男朋友对我挺好的，但他有时候会说“我现在感觉不像是找了个老婆，更像是找了个闺女，以后有孩子了，我岂不是要养两个孩子？”。他这样说，我该怎么办？

来访者习惯性地回避责任，总是扮演一个“小孩”的角色。在咨询师的引导下，她开始意识到自己潜意识中的固定思维模式及其原因。对于多年缺少父爱的她来说，这种改变无疑是艰难甚至痛苦的。因此，在咨询过程中，来访者表达了“好像有些感觉，但说不清楚”。此时，咨询师适时地给予解释和支持，帮助她勇敢地探索自己的内心世界。虽然来访者对男朋友的关爱感到满足，但开始担忧自己的未来。这表明她已经认识到自己的问题，并愿意寻求解决之道。咨询师的工作目标就是与来访者建立良好的信任关系，启发她自我领悟，并帮助她踏上自我成长的道路。

## 第三节　首次会面

### 一、关于预约的技术问题

预约是会见来访者的首要环节。通常在没有预约的情况下，我们不接待来访者。预约标志着心理咨询的开始，其本身也可被视为心理咨询的一部分。预约展示了心理咨询的设置，将心理咨询与日常生活中的聊天、谈心等活动明确区分开来。等待咨询的时间成了来访者为即将到来的咨询进行心理准备的阶段，在这个阶段，来访者可以回顾和整理自己打算向咨询师表述的困扰。预约体现了心理咨询的严肃性，为来访者提供了重要的暗示：心理咨询并非随意的聊天，而是一种高度正规的职业活动。同时，预约的设置也在潜移默化地提示来访者学会等待、忍耐、遵守规则和顺其自然。

#### （一）电话预约

电话预约是最常见的一种方式。受中国传统文化的影响，人们普遍重视“面子”，不愿轻易承认自己的问题。许多来访者可能在深受困扰数月甚至数年后，才鼓起勇气打电话给心理咨询机构。这类来访者在预约时可能表现得特别急切，要求立刻进行咨询，甚至在电话中就迫不及待地想把自己的问题一股脑儿告诉咨询师。面对这样的来访者，咨询师或接待员应向他们说明电话预约的目的仅是记录基本信息和主要问题，并安排咨询时间，具体的问题需要在面谈中详细探讨。对于更加敏感和内向的来访者，他们在拨通电话时可能仍在犹豫是否开始咨询。面对这类来访者，咨询师或接待员应保持温和的态度，运用共情技术缓解他们的焦虑，并进一步询问主要问题以安排咨询时间。

### （二）上门预约

上门预约与电话预约有许多相似之处，只是有些来访者可能更加急迫，希望直接开始咨询而不仅仅是预约。即使来访者恰好在咨询师的空档期到来，也应遵循预约的程序，而不是直接开始咨询。一些慕名而来的来访者可能对咨询师抱有过高的期待，从而产生理想化移情，容易过分依赖外力解决问题而忽视自身的内在资源。面对这样的来访者，咨询师应主动与他们建立现实的关系，告知他们咨询的目的是帮助来访者自己解决问题，从而激发他们寻找自身的力量。

### （三）通过朋友预约

通过咨询师的朋友进行预约也是一种常见且相对难以处理的情况。咨询师的朋友在介绍来访者时可能会像介绍新朋友一样，还未开始咨询就邀请咨询师和来访者一起吃饭、喝茶等。来访者也可能因为认识咨询师的朋友而自然地拉近与咨询师的关系，倾向于将咨访关系转变为朋友关系，甚至认为这样的疗效会更理想。虽然朋友和来访者都不是专业人士，他们的想法和做法可以理解，但咨询师自己必须严格区分工作关系和私人关系，确保在生活状态下不进行咨询，在咨询状态下不建立朋友关系。这看似有些不近人情，实际上是为了对来访者负责。

### （四）家长预约

家长预约多见于涉及少年儿童和青春期孩子的情况，且在大多数情况下是孩子不愿意来咨询，而是在家长的压力下勉强同意。家长们爱子心切，往往急于说明问题并寻求解决方案。处理方法可以参照电话预约中针对急切型来访者的策略。家长预约后通常会陪同孩子前来咨询，有些家长甚至坚持与孩子一起参与咨询过程，并在咨询中代替孩子表达。然而，家长的表达并不代表孩子的真实想法，他们在场可能会给孩子带来无形的压力，影响其自由表达。此外，咨询过程中家长的阻抗可能比孩子的更强烈。还有一些家长与孩子的关系本身就很紧张，无法说服孩子前来咨询，只能自己前来寻求帮助，希望从咨询师那里学习一些心理学知识和技巧以便自己教育孩子。这些情况都可能严重影响咨询的效果。因此，最好在预约阶段就与家长协商好相关事宜，要求孩子单独前来咨询或接受部分时间的单独咨询。

以上所述并不能涵盖预约过程中遇到的所有情况，但严格遵守预约制度是心理咨询设置的基本要求。预约不仅有利于来访者解决心理问题并获得心理成长，还有利于咨询师有效地开展工作。

## 二、来访者的类型特征

尽管每位来访者都有其独特性，但具有相似性格特点的人往往展现出相似的语言习惯、语气特点和动作表情。咨询师可以根据来访者最初的几句话来推断其特点，进行初步的类型划分，并预测其后续可能的表述。这种方法对于提高咨询技术非常有益，咨询师可以在此过程中提出各种假设，并在后续的咨询中对这些假设进行验证或修正。在之前的预约环节描述中，我们已经涉及了一些来访者的类型，下面将通过实例更直观地展示不同类型的来访者，以便大家更好地理解他们的特点。不同类型的来访者在语言信息和非语言信息方面表现出不同的特点，咨询师或接待员的应对方式也应有所不同，因为不同的应对方式可能会产生截然不同的结果。

### （一）急迫型来访者

1. 语言信息

来访者可能会说："我现在就想咨询，我已经忍了好多年了，我受不了了。"

咨询师或接待员应通过共情与来访者互动，可以这样回应："这件事情可能压得你喘不过气来，那我们更应该冷静地坐下来谈，否则可能会适得其反，你说呢？"这样的话语不仅传达了咨询师对来访者的关心和对问题的重视，而且暗示"事情还没到解决不了的地步，没那么急，你忍受了这么久了，还是需要练习有耐心"。经验不足的咨询师可能会受到来访者急迫心理的投射影响，急于提供帮助。有的咨询师则可能因个人问题未得到妥善解决，在强烈的"助人情结"作用下，在预约时就急于帮助来访者，结果往往事倍功半。

如果咨询师处理不当，来访者可能会在咨询中表现出不耐烦，如频繁接电话，东张西望等，甚至可能找一个借口说有"急事"而提前离开，导致咨询中断。来访者内心可能会认为"咨询不过如此，太不值钱了，不能立刻解决我的问题，还浪费我的时间"。咨询如同博弈，古语有云："随手而应者，无谋之人；不思而应者，取败之道。"这正是教导我们，随意应付他人是缺乏谋略的，不假思考即回应对方必成败局。

2. 非语言信息

语音、语调、语速。来访者预约时可能语音很强，语调很高，语速很快，可能伴有声泪俱下和呼吸加快的表现。这些都在传达一个信息：他们内心积压了很多情绪，需要得到及时的关注和帮助。

面部表情。来访者可能会有面容慌张的表情，仿佛在说："我的不幸都写在脸上了，我多无辜呀，你们看看呀！”

肢体语言。来访者可能会有步态紧张、来去匆匆的表现，或手指相交、摩拳擦掌的动作，好像在说：“你快说呀，我听你的，我都准备好了，我会立刻行动的。”

### （二）冲突型来访者

1. 语言信息

来访者可能会对负责预约的工作人员说：“我在家想了很久，权衡了各方面，还是不知道是来好还是不来好。”

咨询师或接待员不应与他讨论是否应该咨询，可以说：“你能来到这里就已经说明你做出了明智的决定。咨询本身就是给有各类心理问题的普通人服务的，解决的是普通人的发展问题。这正如你所愿，不是吗？你不正是希望由好变优秀，再变卓越吗？”咨询师通过强调咨询的正向作用与来访者求助动机的契合来强化来访者对咨询的认同，从而帮助来访者学会多注意事物的积极方面，削弱对消极方面的关注，促进个人的成长。心理咨询在这个时候其实已经悄然开始。冲突型来访者是心理发展水平较高的个体，咨询师通过恰当应对来访者的问题，帮助来访者避免将过多的时间和精力浪费在强迫性的权衡上。冲突型来访者与有边缘性人格的来访者表现很不相同，后者可能会因为咨询师对自己的认可而对预约咨询师和咨询产生理想化的极好印象，随后短时间内又出现贬抑，出现两极化的快速翻转。

当咨询师能够理解来访者的语言信息，并能与来访者共情时，来访者会感觉得到了久违的对自己及自己决定的认同，体验到前所未有的自信，从而踏出自我探索和成长的第一步。

2. 非语言信息

附加语音。来访者可能在语言表达中夹杂着“啧”或“嘶”之类的拟声词，咨询师应该对这些附加语音给予足够的关注。这些词可能传递了下面的意思：“怎么办呢？是这样好还是那样好呢？是都好呢还是都不好呢？”这些声音形象地表达了来访者内心的冲突状态。

面部表情。来访者可能会愁容满面、眉头紧锁做思索状。较典型的表现如头可能一会儿向左上方、一会儿向右上方地摆动，眼球也可能左右转动呈思索状。对于右利手者来说，头、眼球向左转时可能表示他在回忆，这是习惯性表现；头、眼球向右转时可能说明他在编造理由说服自己，这正是冲突的力量在对抗与较劲。对于左利手者而言，情况可能相反。

肢体语言。来访者可能在接待室外徘徊很久才走进来询问咨询的事情，脑子里在思考是去还是不去。来访者首次进入咨询室，可能会感觉坐这个座位不对，坐那个座位也不好。

## （三）控制型来访者

1. 语言信息

来访者可能会问：“你们有开业资格吗？咨询师有经验吗？”预约登记基本情况时可能会说：“你们这样可不行啊，你们登记我的信息要干什么？”他们的话中似乎隐藏着这样的含义：“你们行吗？你们治得了我吗？我可是个难缠的角色。即使你们记录了我的信息也拿我没辙。”

咨询师或接待员在回应这类质疑时应保持冷静和自信，可以说：“心理咨询遵循助人自助的原则，我们相信来访者自己就是解决自己问题的专家，只不过你目前还没有发现自己的内在资源。心理咨询的过程是咨询师协助来访者带着自己的问题进行自我探索的过程，你是否愿意让咨询师协助你共同寻找自己的内在资源呢？”这样的回答不仅避免了直接反击来访者的质疑，还借机向来访者解释了咨询师的工作方式。如果直接回答“我们当然有资格了，我们很有咨询经验，像你这样的问题我们都帮助解决过”，就等于变相地告诉来访者咨询师的水平确实不高。如果来访者得到类似后者那样直接的信息反馈，他们的期望值就可能会迅速提高，也会对咨询师提出更加苛刻的要求，这会影响咨询的效果。另外，来访者有足够的智慧感受到咨询师这样回答的心理学意义，即自信不足，他们可能会在心里想“你的技术还没展示出来就先露出了短板，恐怕没有能力给我咨询”。

2. 非语言信息

语音、语调、语速。来访者在语言表达中可能会加重语气，常用升调，带有轻蔑、指责、怀疑或命令的意味。

面部表情。来访者可能会呈现出轻蔑、挑剔、俯视的眼光和面部表情，左看看、右瞧瞧，打量咨询室里的一切，随时准备对咨询师提出批评和挑战。

肢体语言。来访者进入咨询室后可能会立即坐在通常是咨询师坐的正对门的位置上，以占据有利地形，获取控制的优势。

以下是一位控制型来访者和咨询师的对话节选。

（咨询师伸出手很友好地想与来访者握手。）

来访者：甭握手了。

咨询师：您请坐吧。

来访者：你平时坐哪把椅子？

咨询师：没有特别的规定。

来访者：你平时坐哪个比较多？

咨询师：不一定。

来访者（指着其中一把椅子）：你是不是坐这个比较多？我要先了解咨询

师的情况，才能决定坐在哪里。

咨询师（指着A椅）：通常我坐这把椅子。

（来访者选择A椅坐下。）

在这段对话中，咨询师伸出手想与来访者握手却被来访者拒绝。来访者多次询问咨询师平时坐哪把椅子并选择咨询师通常坐的椅子坐下，这是来访者想要夺取控制权的象征性肢体语言。

（四）依赖型来访者

1. 语言信息

来访者可能是由家长或类似家长角色的朋友陪同前来，或者独自前来。当他们独自前来时，可能会在心理咨询中心的门外询问："您好！这里是心理咨询中心吗？我可以来咨询吗？"进入咨询室后，他们可能会表现得非常小心谨慎，依赖咨询师的指导，被动地填写基本情况表，只提出简单的问题，或者等待咨询师指示后才填写相应的信息。这种表现暗示着来访者具有小心谨慎、依赖、被动、缺乏主见的性格特征。

咨询师或预约者可以回答来访者的问题，并介绍心理咨询中心的作用。在接待此类来访者时，咨询师需要特别小心，尽量避免给予过多的指导，而是采用与来访者相呼应的方式，模仿他们的行为。这样做可以达到共情的效果，启发来访者认识自己的个性特质，并可能隐含部分面质功能。咨询师可以表现出相对弱势的状态，如询问来访者是否舒适，水温是否合适等，让来访者形象地看到自己的状态，并找到改进自己言行的方向。

以下是一位依赖型来访者和咨询师的对话节选。

咨询师（指向两个座位中间，比较模糊的方向，而不偏向其中一个）：请坐。

来访者：我坐哪里啊？

咨询师：你坐哪里舒服就坐哪里。

来访者：我听您的，您让我坐哪儿我就坐哪儿，我心里没数。

咨询师：随便坐吧。

来访者：我的位置不重要，您说怎么着就怎么着。

来访者说“我听您的，您让我坐哪儿我就坐哪儿”，这表现出他的依赖型性格，他的内心可能充满犹豫和不安，希望咨询师能够给予明确的指示。当来访者说“我的位置不重要，您说怎么着就怎么着”时，他可能觉得做决定很麻烦，希望咨询师能够替他做出决定。通过来访者进入咨询室入座的过程，咨询师往往能够清晰地分辨出来访者的依赖型性格。

2. 非语言信息

语音、语调、语速。来访者可能语音较弱，语调较低，语速较慢，仿佛怕吵醒睡着的人一样。

面部表情。来访者的眼神可能比较迷离，面部表情刻板或堆满防御性的笑容，仿佛在表达“我是无能的，全靠您了”的意思。

肢体语言。来访者的动作可能较小、较慢，仿佛怕碰着别人或给人带来疼痛一样，走路轻飘飘的没有声响。当来访者进入咨询室看到两个座位时，可能会左顾右盼、犹豫不决，不知道该坐哪里好，然后询问咨询师自己的座位在哪里。

对来访者进行分型只是为了方便我们理解和帮助他们，但不能陷入无休止的思考和讨论中。因为咨询师要面对的是活生生的人，而不是简单的类型。否则，我们可能会只见类型而不见人，陷入“理论反移情”或“经验反移情”的误区。这一点与我国古代哲学家老子的思想相呼应。他在《道德经》中指出：“道可道，非常道；名可名，非常名。”意味着给事物命名后，它可能就不再是永恒不变的事物本身了。命名只是为了方便我们总结和归类，只有不受名字的影响，才能透过现象看到事物的本质和奥妙。因此，在心理咨询中，我们需要关注来访者的个体差异和独特性，而不是简单地将其归为某种类型。

## 三、初始访谈技术的运用

心理咨询的开始阶段，即初始访谈阶段，是建立咨访关系、收集资料和提出假设的关键时期。咨询师需要通过试探性咨询来验证和推翻假设，从而确立咨询方向，并为制订后续的咨询策略和方案奠定基础。这个阶段的技术也是咨询的基本技术，适用于咨询的任何一个阶段。此外，咨询师在初始访谈阶段应秉持一个信念：任何一次咨询片段都是建立关系的首次互动。因此，咨询师应始终保持一种“无欲无忆”的“零”状态，即不受先入为主的改变愿望和过去理论、经验及前次咨询小结的记忆影响，保持客观中立。

### （一）初始访谈技术

在首次会面甚至整个初始访谈阶段，来访者可能会自由地描述自己的情感困惑，对自我或他人的问题进行一番数落，并做出一些有意识或无意识的自我评价。这是来访者的初步自我描述。咨询师在首次访谈的前3～4分钟应特别集中注意力，对来访者形成大概的判断，对其所说内容有大致的了解，对其情绪体验有基本的把握，即进行个案概念化，并通过内容及情感反应技术与来访者产生共情。咨询师在首次会面时给来访者留下的正面“首因效应”至关重要，这关系到来访者对咨询师的信任以及咨询师对咨询进程的推进。

当来访者感受到被理解和接纳后，他们可能会进行更深入、具体的表达。随着对咨询师的信任感增强，良好的咨访关系将逐渐建立起来。在收集来访者的临床资料时，咨询师应尽量保持全面，但并非资料越多越好。过多的资料可能会导致信息混乱，影响判断。实际上，这些繁多的信息可能只是同一类信息的不同表现，这也是来访者感到困惑的原因之一。通常来访者在表达时会在潜意识中拟定一个主题，然后通过各种形式和方式来体现和诠释它。在咨询师看来，来访者所描述的似乎是不同的人、新鲜的事和异样的情境，但实际上只有一个核心主题。为了帮助来访者聚焦并提高话题控制感，咨询师可以采用具体化技术，适当澄清来访者的叙述，提示其觉察更深层的信息，并进行更深入的探讨，协助来访者适当地整理思绪。

通过这些方法，来访者将感受到更强的方向感和控制感，对自己问题的了解也将加深，从而更坚定地朝着积极的改变目标前进。

1. 理解性倾听

来访者随意性的描述或自由联想属于意识流的表达方式，脑海中想到什么就说什么，想到哪里就说到哪里。这种表达方式旨在倾倒出一切困惑。无论来访者的表达是否伴有情绪波动，他们的脸色、呼吸、眼神、坐姿和手势等非语言信息都能更真实地反映其内在体验。在倾听来访者的故事时，咨询师应捕捉这些方面的信息并传达对来访者的理解。

（1）跟随来访者的表达。在聚集式倾听的过程中，咨询师可以通过点头、示意来访者“接着说”，对其描述内容及情绪部分给予适当、及时的反应以及对来访者人格给予正面评价等方式来鼓励来访者继续表达。更重要的是，通过这样的反应或技术告诉来访者：咨询师理解他们本人、尊重他们的人格、关注他们提出的问题并对他们描述的故事感兴趣。当来访者感受到这种接纳和理解时，他们的内心将变得更加开放并愿意积极参与到咨询中去。然而，这些接纳与理解也可能引发来访者对自己潜意识中焦虑的觉察，从而导致情绪反应的出现。来访者的表情可能会变得痛苦甚至出现低头拭泪的情况。

（2）咨询师恰当的反应。在这种情况下咨询师不应立即递上纸巾，因为这可能会打断来访者的情绪表达和宣泄。相反，咨询师应该继续关注来访者所描述的内容，对其情绪化的哭泣表示理解并鼓励其宣泄情感，在来访者眼泪不止、说话较困难之前递上纸巾，表示支持和理解并示意其适当调整呼吸，恢复理性，这是一个较自然的“阴极必阳”的过程：情绪出现时任其表达，情绪宣泄至顶点之时也是自我意识开始增强之时；咨询师在需要让来访者恢复理智时恰当地递上纸巾，这个过程就好比法国球星齐达内在球场上的精彩演绎——他总会在恰当的时候站在恰当的位置运用恰当的力度以恰当的角度朝着恰当的方向伸出那恰当的一脚，让足球进入对方球门的恰当的角落。

2. 一般化技术

对于内向型性格的来访者来说，他们往往较少与人交流自己的问题，因此容易对自己的问题产生过度的担忧。他们可能认为自己的问题是独一无二的，从而感到不知所措并产生过多的幻想和歪曲、夸大的解释。咨询师可以通过向来访者说明这种现象的普遍性来缓解他们的不良情绪。咨询师可以告诉来访者很多人都出现过类似的问题。这样的说明可以带给来访者一种归属感，让他们感到自己并不孤单，当来访者了解到这样的实情后，他们的不良情绪往往能够得到迅速缓解，精神面貌也会有较大的改观；焦虑的减轻有助于增进理智的力量，让智慧重新发挥作用，增强自我的力量。

3. 对非语言信息的观察与表达

咨询师通过观察和解读非语言信息能够更深入地了解来访者的内心世界。当咨询师将这些非语言信息所包含的意义表达出来时，便能传达出对来访者的理解、尊重和接纳。来访者关注到这些信息后能够增进对自己的了解，从而实现意识与潜意识的沟通和交流以及有限与无限的联系和转化，来访者可能会发现尽管自己觉得事情是这样，但身体上却产生了不同的反应。这种身体的反应可能是久违的心声让他们感到心里很畅快。通过对自己的非语言信息的关注，来访者能够对自己有更深的了解，这也证明了咨询师提供的帮助是有效的，因此来访者自然会更加信任咨询师。

### （二）分析与初级评估

来访者在每次咨询前都会怀着焦虑和盼望的复杂心情来到咨询室。在咨询过程中，他们的情绪逐渐由焦虑转向轻松。然而，在咨询结束前，他们又会产生对咨询师的依恋和对外界某些事物或关系的害怕，这些情绪变化表明来访者已经开始认可咨访关系。

在建立了良好的咨访关系后，咨询师可以进一步运用提问、澄清和解释等技术，以获取来访者可能遗漏或混淆的重要信息。这不仅有助于咨询师进行个案分析和初级评估，也能促进来访者的自我探索。

在信任的基础上，来访者在咨询师提问和澄清的引导下，能够更深入地探索自我，暴露出更多被忽略的重要信息。这个过程使来访者获得了更大的自我改变的力量，并增强了他们对自我的关注。

1. 提问

在描述问题的过程中，有些来访者会有意识或无意识地重复一些自己认为重要的信息，过分强调负性情感，或者干脆回避任何情绪反应，还有些来访者会直接得出结论而没有提供相应的推理过程。这些信息往往是片面的，存在盲点。

咨询师通过运用提问技术，可以了解与来访者问题紧密相关的具体事件、来访者对此事的看法及当时的情绪反应、日后对此事的认知和推理过程等。这些资料对于进一步分析和评估来访者的问题至关重要。通过提问，咨询师可以引导来访者停止散漫或重复的描述，将谈话的重点放在特定情景或体验上，关注一直被忽略的信息。这有助于来访者对问题产生新的认识，获得新的体验，并最终学会从多方面、多角度、多维度观察和思考问题。

2. 解释和隐喻

有时来访者的描述会陷入自相矛盾的境地，他们在以自我为中心的怪圈中循环，导致自我体验混乱、模糊，缺乏良好的自我觉知。尽管来访者明知自己所坚持的东西说不通，但由于没有更好的解释或不接受他人的说法，他们仍然坚守在自我的怪圈中。

（1）引导来访者从新的视角看待问题。在倾听的过程中，咨询师可能会觉察到来访者的叙述中隐约透露出某些信息。此时，咨询师可以将这些来访者自己隐隐约约感觉到的东西用语言表达出来，这就是解释的过程。解释能帮助来访者超越个人已有的认识，以一种新的方式或从另一个参照系重新看待他们自身的问题。这不仅能使来访者对问题有更好的理解，还可能使他们的世界观发生改变。通过这个过程，来访者能够跳出自我的框架，以他人的视角去看待自己和问题。他们可以真正体会到“不识庐山真面目，只缘身在此山中”，并以“会当凌绝顶”的境界来厘清事件脉络，体会各种感觉，进行深入的自我探索，整合问题与情绪体验，从而升华出智慧之光。

（2）启发来访者领悟隐喻背后的意义。为了避免来访者产生不断向咨询师寻求解释而放弃独立思考能力的倾向，咨询师有时会采取隐喻的方式来揭示问题的内涵和事件的因果循环。例如，咨询师可以适时地讲述一些饱含哲理的典故、寓言、成语、故事或诗句等，以点拨来访者从中参悟、顿悟。这些典故、寓言等是中华民族集体无意识的一部分，它们以隐喻的形式实现古圣先贤、咨询师与来访者潜意识之间的沟通，可以让咨询达到事半功倍的效果。相比之下，名人名言多为现代人所述，与潜意识和意识都有联系，但可能过于口语化，缺乏意境和寓意。它们属于意识层面甚至意识浅层，并与超我相联系。

因此，在使用名人名言时，应该慎重考虑其可能带来的超理智化或情感隔离等负面影响。

3. 鉴别诊断

在首次会面时，来访者可能会描述发生在自己身上的各种症状表现。这些症状可能涉及心理状态、精神病理改变、躯体化症状以及自杀风险等方面。因此，咨询师必须在咨询的早期阶段及时进行鉴别诊断。

（1）生物医学主诉。如果来访者的主诉是生物医学症状，如胸前短暂疼痛、呼吸困难、呕吐、出血等，咨询师应及时让其到临床医院进行治疗。只有在生物医学疾病得到治愈或很好的控制后，来访者才可进一步探察可能存在的心理原因并进行心理咨询。

（2）精神症状。如果来访者的主诉中出现幻觉、自相矛盾或偏执性妄想等精神症状，或者咨询师判断来访者处于严重的抑郁、焦虑或恐怖中，应让其到精神疾病专科医院进行相应治疗。待症状得到控制后，来访者方可考虑进行心理咨询。

（3）自杀风险评估。如果来访者表现出极度痛苦、抑郁、绝望等情绪状态，或谈及自杀意念、自杀计划，或有过自杀行为史，咨询师应对其进行自杀风险评估，旨在识别和预防可能的自杀行为，确保来访者的安全。一旦发现来访者存在自杀风险，咨询师应立即采取适当的危机干预措施。

### （三）初级目标的建立

来访者在初始访谈中因求助的缘故与咨询师建立了较为松弛的初步咨访关系。然而，随着咨询的逐步深入，咨询师与来访者对其本人及问题的探讨也越发深入，双方逐渐达成共识，确立了经过努力能够达到的初级咨询目标。这一目标的确立标志着来访者与咨询师之间牢固的合作联盟形成。

1. 全面、深入地了解来访者

尽管心理问题可以根据一定的标准进行分类，但每个来访者都是一个独特的个体。正如希波克拉底所说，了解一个什么样的人生病比了解一个人生了什么样的病更重要。在制订咨询目标之前，咨询师需要对来访者有充分的了解，不仅包括了解他们的年龄、职业、文化程度、健康状况等一般信息，还要全面、准确地把握其心理问题的性质、严重程度、持续时间，深入了解他们的认知、行为、情绪和个性特征等特点。不同的性格与发生心理问题的种类、原因、过程等有关，会影响咨询师所采取的咨询策略。

咨询师还应了解来访者的成长过程、兴趣爱好、行为能力等，以及来访者对自己、对别人和对现实生活所持的态度，因为这有可能是来访者心理问题的内在原因。咨询师还应了解来访者的成长环境、家庭背景以及目前的生活状况，如现有家庭关系、工作、学习、婚恋、经济收入、人际关系状况等，因为它们往往是来访者发生心理问题的背景因素。

2. 制订有效的咨询目标

一个有效的咨询目标应该具备以下特征。

（1）积极性。这个特点容易被人们忽视，但其意义重大。目标的有效性在于它是积极的，符合人们的发展需要。

（2）具体性。如果目标不具体，就难以操作和判断。目标越具体，就越容易见到效果。例如，“消除初次约会的焦虑，能正常入睡”就是一个具体的目标。有时候，来访者的目标可能比较模糊、抽象，咨询师就应该和来访者共同讨论，通过分析使来访者的目标逐渐清晰起来。

（3）可评估性。如果目标无法得到评估，则不能称其为目标。及时评估目标有助于看到来访者的进步，鼓舞双方的信心，还可以发现咨询中的不足，及时调整目标或咨询方法。当然，咨询目标的实现有些是直观的行为改变，有些则可能是观念的转变和情感的调整，后者可以通过心理测验量表得到评估。

（4）双方接受性。一般来说，咨询目标应该由双方共同讨论、制订，最好双方都能接受。如果双方的目标有差异且无法协调，应以来访者的要求为主；如果咨询师不能认可，也可考虑中止咨询或把来访者转介给别的咨询师。

（5）属于心理学范畴。对于不涉及心理问题的来访者，一般不属于心理咨询的范围。心理咨询主要涉及的是心理发展和适应问题。对于有躯体疾病又有心理问题的来访者，心理咨询的目标并不是解决躯体疾病本身，而是针对躯体疾病引起的心理不适去开展工作。

（6）多层次统一性。所谓的多层次，是指既有短期目标又有长远目标，既有特殊目标又有一般目标，既有局部目标又有整体目标。有效的咨询目标应该是多层次目标的协调统一。

3. 确立咨询目标过程中可能遇到的情况

咨询目标的确立需要来访者和咨询师共同参与、配合，这就既要考虑到来访者的问题和需要，又要考虑咨询理论；既要有具体的小目标，又要有立足于发展的大目标。在确立咨询目标的过程中，可能会遇到以下几种情况。

（1）心理咨询的目标不等于来访者的要求。来访者到咨询室来求助可能带有非理性的要求或者不可操作、不现实的咨询目标，例如想通过咨询由平庸变得伟大，或要求咨询师帮助他们做出离婚还是复合的决定，帮他们选择工作的去留等。这些要求不能成为心理咨询的目标。

（2）咨询目标应直指核心问题。有些来访者由于自身问题的复杂性、隐私性，或者由于个性较内向，对咨询师还没有充分信任，所提出的问题可能不是最核心的。随着咨访关系的巩固和发展，来访者才逐渐揭示出真正的问题所在。

（3）咨询目标要有重点。在咨询的过程中，来访者可能提出多个问题，如焦虑问题、失眠问题、人际关系问题等。如果咨询师通过谈话发现人际关系是最重要的问题，咨询就应该集中在人际关系的问题上。

（4）解决问题的顺序选择。咨询师可以先解决主要问题再解决次要问题，这样咨询效率可能比较高，甚至解决了主要问题之后次要问题迎刃而解。这种方式的不足是一旦咨询不成功或进展缓慢，可能会影响来访者和咨询师的信心。先解决容易的问题再解决困难的问题，好处是难度小容易见到效果，有助于提高双方的信心和积极性。但是，改变实质性问题的时间可能会长一些。

（5）来访者与咨询师目标的差异。来访者与咨询师之间咨询目标的差距多半是因为来访者的关注点局限于现实问题，咨询师则希望帮助来访者实现心理成长和转变，也可能因为咨询师没有了解清楚情况或者对情况把握不够准确，制订的目标偏离了来访者的实际需求。

来访者和咨询师协商、确立咨询目标之后，就可以开展进一步的咨询工作，即中期阶段的咨询。

# 第四章
# 收集资料阶段

分析体验式心理咨询的第一个阶段为收集资料阶段，此阶段收集的资料，是后面形成假设、评估以及制订干预策略的重要依据。在这个阶段，咨询师的首要任务是营造一种安全、信任的交流氛围，确保来访者能够在一个无拘无束的环境中开放自我。通过与来访者逐步建立并深化咨访关系，咨询师鼓励来访者分享自己的故事，将那些隐藏在内心深处的想法和情感逐一展现。与此同时，促进来访者情感的唤醒与释放，为咨询师提供一个深入了解来访者的窗口，使其能够更为精准地把握来访者的内心世界，为后续的咨询工作奠定坚实的基础。

## 第一节　倾听性技术

作为心理咨询领域的核心技术之一，倾听性技术是每一位咨询师都必须精心磨炼与掌握的基本功。它是一个借助语言与非语言信息，深入探索来访者内心世界的复杂过程。在这一过程中，来访者被鼓励详细叙述所遇困境，充分表达深沉情感，完全展现所持观念，从而使得咨询师能够全面、准确地把握其心理脉络。繁体字的“聽”，以其独特的字形，生动地揭示了倾听的深层含义：真正的倾听，远不止于耳畔捕捉到的字词与语气，还要求咨询师用锐利的目光去观察，用细腻的心灵去体会。倾听的过程绝非单向接收，而是包含了丰富多样的反馈机制——对非语言信号的敏锐捕捉、通过澄清与提问等方式的语言引导，以及咨询师自身反移情的参与。因此，真正的倾听，要求咨询师不仅能够“听”到来访者的语言，而且能够“感悟”到语言背后所隐藏的事实真相、情感体验与观念、立场。这是一场心灵的对话，是一种情感的共鸣，是一种对人性深刻理解的体现。

## 一、倾听的态度

作为一名合格的咨询师，首要的素质便是成为一名出色的倾听者。倾听在心理咨询中占据着举足轻重的地位，原因有三：其一，通过倾听，咨询师展现了对来访者的积极关注，使来访者感受到被尊重，从而为来访者留下良好的第一印象，有助于双方建立互信的咨访关系；其二，倾听为来访者提供了一个畅所欲言的渠道，倾诉本身就具有宣泄或治疗的作用；其三，通过耐心的倾听，咨询师能够获取详尽而直接的个案资料，进而深入理解来访者的心理问题及其根源，与来访者共同探寻解决之道。

倾听性技术可分为选择性倾听和非选择性倾听两类。选择性倾听是指咨询师在倾听过程中，聚焦于来访者诉说的重要内容。非选择性倾听则意味着咨询师在会谈中较少发挥主导作用，而是让来访者掌握主动权，充分表达自己的想法和感受，咨询师则通过关注来鼓励和激发来访者的自由表达。这种倾听方式主要用于初次会谈或需要深入了解问题的场合。

在运用倾听性技术时，需注意以下四点。

首先，倾听应建立在心理学框架之上。这一框架通常包括三个方面：一是来访者的经历，即事情发生的经过；二是来访者的情绪反应；三是来访者的行为表现。例如，当来访者谈到自己无故受到老师批评时，咨询师不仅要了解事情的经过，还要关注来访者委屈和愤怒的情绪，以及他当时的应对行为。

其次，倾听要与关注紧密结合。咨询师在倾听过程中，不仅要理解来访者的语言信息，包括表面含义和深层含义，还要密切关注其非语言信息，如表情、姿势、动作等。只有将倾听与关注相结合，才能形成完整、准确的理解。

再次，倾听应保持客观，避免偏见。咨询师应对来访者保持无条件尊重，在倾听过程中不表现出惊讶、厌恶等情绪反应，不打断来访者的叙述，也不过早做出判断。带有偏见的倾听容易导致信息过滤和选择，使倾听内容不全面、不准确，从而影响双方的信息交流。

最后，倾听者应具备敏锐的反应能力。在倾听过程中，咨询师要注意观察来访者的犹豫、停顿、语调变化以及伴随语言出现的各种表情、姿势、动作等，以便做出更准确的判断。同时，咨询师要通过语言和非语言的反应来引导倾听，如口头应答、表情动作、提问、鼓励等，以表达接纳、理解、同情。倾听是一个积极的过程，要求咨询师对来访者传达的全部信息——包括目光接触、身体语言、空间距离、沉默、语言反应——做出反应。缺乏这些反应，会谈和倾听将难以继续。然而，敏锐的反应并不意味着越多越好，而是要求咨询师在倾听过程中机智、灵活、自信、果断、适时地做出反应。

## 二、专注的体态

专注是指将时间、精力集中于某一特定任务，从而最大限度地发挥个人的积极性、主动性和创造性，努力实现既定目标。在心理咨询中，专注是一项至关重要的技术。下面将主要从目光接触和声音特征来探讨专注的体态。

### （一）目光接触

在心理咨询的情境中，咨询师与来访者之间的目光接触被视为非语言交流的重要组成部分，在交流过程中往往发挥着先导作用，它能提供丰富的情感信息，甚至能传递最微妙的情感变化。目光接触在心理咨询中的主要作用包括：作为认识手段，表明对对方的话题十分感兴趣并希望深入理解；控制和调整互动节奏；表达个人的情感投入以及在特定情境中的参与程度；作为提示、告诫以及监视对方反应的信号。在心理咨询活动中，咨询师应当让来访者从自己的眼神中感受到温暖、信心、理解、共鸣和希望。咨询师在咨询过程中应始终保持亲切、自然和善解人意。

在心理咨询会谈中，咨询师的目光在大多数时候应聚焦在来访者双眼连线的中点稍下方，保持在约20厘米的范围内自然活动。咨询师应当保持自然的注视以及轻松的表情，这样能给来访者带来舒适感和被关注的感觉。在与来访者交谈时，咨询师应避免频繁眨眼、眼神飘忽、怒目圆睁、目光呆滞或过度注视、盯视、逼视、斜视或瞟视等，这些都可能让来访者感到不适和不信任。来访者可能会因为感到被尖锐地审视或分析而产生不快和焦虑，觉得咨询师只是在研究他们，从而心生提防。

咨询师需要特别注意避免两种情况：一种是与来访者完全没有目光接触，这会让来访者感到被忽视和不被关心，有时甚至传达出咨询师内疚、害怕、回避或羞愧的信息；另一种是用不自然的眼神凝视来访者或目光在来访者身上无序地扫视，这会让来访者感到困惑和不安。这些行为都违背了有效倾听的原则，可能导致来访者关闭自己的心门。

在心理咨询过程中，咨询师通常坐在来访者的侧面，以避免直接对视给来访者带来过重的心理负担。在咨询过程中，咨询师一般占据主导地位，无论是在说话还是倾听时，他们的目光通常都会注视着对方。如果来访者感到郁郁寡欢，他们看人的时间可能会少于不看人的时间；如果来访者认为自己地位较低，在看人时可能会更加仔细地打量对方，注视的时间也往往更长。理解这些细微之处，对于咨询师实现对来访者的共情和关注至关重要。

在一个例子中，来访者第一次来到咨询室，没有马上入座，也没有询问咨询师该坐哪里，而是看了看两把座椅，然后选择了咨询师的位置（在一般情况下，处于保护来访者的考虑，咨询师会选择对着门的位置，把侧对门的位置留给来访者）。咨询师没有说什么，也落座了。一分钟之后，来访者好像想到了什么，他询问咨询师是否可以和他换一下座位。此时咨询师没有立即起身，而是决定和来访者讨论一下他刚才观察到的内容。

咨询师：虽然我们还未开始交谈，但我观察到了一些事情并产生了一点联想。我想我先把我看到的和想到的反馈给您，然后我们再讨论换座位的事情可否？

来访者：嗯。

咨询师：我注意到您进入房间后先观察了一下座位，然后选择了现在的位置坐下了。这似乎能看出您有比较多的独立自主性和自己的想法。但落座后，您又提出要与我交换位置，您好像推翻了刚才自己的想法。我虽然不了解您为什么改变了主意，但我感到了您似乎有些矛盾：一方面比较自主，另一方面有些犹豫和怀疑。不知道我观察到的是不是您的特点，我也猜想是否和您来咨询的目标有关。

（来访者对咨询师的分析表示认同，他说很想自己做决定，不想被外界打扰，但常常做完决定后自我怀疑，不断推翻自己的想法。）

尽管来访者与咨询师尚未开始口头交流，但咨询的实际过程在来访者踏入咨询室的一刹那就已经悄然展开。在此期间，咨询师通过细致地观察来访者的非语言信息，如来访者选择座位、更换座位时的动作，洞悉其特有的行为反应模式，并将这些观察结果转化为初步假设，进而将其反馈给来访者。

### （二）声音特征

声音，也被称为副语言，它是语言表达的重要组成部分。声音涵盖了音质、音量、音调以及语言节奏等多个方面的变化。在这些元素中，音质相对较为稳定，而其他方面则具有较大的变化空间。人们在日常交流中，通过调整音量、音调和语言速度，能够表达丰富、复杂且细微的情绪和情感变化。

1. 音量

音量即声音的强度。声音的大小，或者说声强的变化，会影响语言中词语、句子或段落所表达的意思。一般来说，当讲话声音放大时，往往传达出警告、急躁或厌烦等情绪；声音减小或变弱则可能表示心情不悦或失望。

2. 音调

音调指的是声音的高低。音调的提高通常表示强调或烦躁的意味；音调的降低则可能传达出亲近感或怀疑的态度。此外，在交谈中音域的扩大或缩小往往暗示着对交谈内容的夸大或淡化；同时，音调中夹杂的摩擦音可能揭示说话人的紧张和不安，而语言流畅、欢快则可能反映出说话人的轻松和快乐情绪。

3. 语速

语速即语言的速度。语速的快慢体现了语言的节奏特征和表达方式。在通常情况下，语言节奏的加快往往表示紧张、焦虑、急躁的心情或情绪的激昂、兴奋；语言节奏的放慢则因具体情况而异，可能表示心平气和、深思熟虑、表达确切或遇到心理上的阻碍等。

史密斯对伴随语言产生的声音现象进行了深入分析和描述。他认为，我们通常可以借助日常生活的经验来辨识人的声音大小的变化所反映的情绪特征。

同时，说话节奏的快慢可能揭示了每个人的个性特征。在语调和语速的变化中，蕴含着更为丰富的情绪波动。要准确分析这些声音成分，既要结合当时的谈话内容，又要考虑整个对话的前因后果。非语言行为所传递的信息尽管有时不能立即被理解，但只要细心观察，我们总是可以逐渐明晰其含义。

除了上述几种声音特征外，声音的停顿也不容忽视。停顿通常被认为是喉部肌肉变化所引起的现象。这些肌肉的僵硬、紧张与放松的交替变化，导致声音和音调出现短暂的间歇。这可能暗示了说话人强烈的情绪反应。如果来访者在谈话中故意停顿，这可能意味着他们希望刚刚所述的内容能引起咨询师的关注。还有一些停顿是为了观察咨询师对前述内容的反应，以便决定接下来该谈论什么。对于学习咨询的人而言，我们并不缺乏理解和运用声音特性的能力，关键在于提高对这种特性的敏感度，并有意识地去解读其意义。

在心理咨询过程中，上述各种声音特征不仅展现了来访者的个性特征和语言表达风格，还反映了他们当时的心情和情绪状态。因此，咨询师应密切注意来访者讲话的声音特征，特别是要捕捉声音特征的突然变化。这种突变往往能够提供真实、有效的信息，暗示着来访者内心深处的秘密被触及。咨询师应对此保持高度的警觉和敏感性。

## 三、常用的倾听性技术

在咨询过程中，来访者可能会进行随意性的描述或自由联想，这是一种意识流的表达方式，他们往往脑海里想到什么就说什么，思路随着心意游走。通过这种方式，来访者尝试倾诉自己所有的困惑。无论来访者的语言表达是否伴随着明显的情绪波动，他们的脸色、呼吸、眼神、坐姿、手势等非语言信息都能更深刻地反映其当时的内在体验。咨询师在倾听来访者的故事时，需要捕捉这些方面的信息，并准确传达对来访者的理解。以下是一些常用的倾听性技术。

1. 澄清

当来访者在讲述内容时，他们对内在体验的表达可能会不完整，或者感觉难以找到恰当的词语来描述当前的内心感受。因此，他们的思想、情感常常是模糊、混乱、矛盾甚至不合理的，有时还可能引发歧义。在这种情况下，来访者可能会显得愁容满面，不知所措。澄清技术的运用就是为了帮助来访者更清晰地表达他们的体验。

澄清，即咨询师通过进一步询问信息来揭示来访者内心的矛盾。这要求咨询师从来访者的表达中提炼出主题，然后沿着这条主线逐步深入，像顺藤摸瓜一样逐渐暴露来访者的潜意识冲突。为了实现这一目标，咨询师可以采用的最有效的方式是询问。他们会根据来访者的情况提出一些特定的问题，以促使来访者更准确地描述其所面临的情境及对该情境的反应，从而获取具体而准确的含义。

在进行澄清或询问时，咨询师常常会使用一些封闭性的提问来缩小讨论范围，集中探讨某些问题。例如，“是不是”“有没有”“喜不喜欢”等。这类提问有助于来访者从混乱的描述中找到一个明确的方向或焦点，并围绕这个方向或焦点进行更准确、更详细的叙述。通过这种方式，来访者可能会感觉头脑更加清醒，表达更加流畅，用词更加贴切，思维更加理性和富有逻辑性。

2. 释义

释义，也被称为内容反应，是一种重要的咨询技术。在咨询过程中，来访者往往会陷入自我逻辑的怪圈，他们可能自己感觉理解了某些东西，在表达出来时却显得含混不清，甚至让他人感到困惑。这种自我逻辑有时可能是来访者为了自我保护而采用的一种合理化防御机制。

为了帮助来访者更清晰地表达他们的思想和感受，咨询师需要运用释义技术。具体来说，释义就是咨询师用自己的话语重新阐述来访者的表达内容，以揭示其深层含义。在释义时，咨询师可以询问来访者："你是不是想说……"这样的提问方式有助于来访者确认咨询师是否准确理解了他们的意思。

当来访者听到咨询师的重新阐述后，如果他们感觉这正是自己想要表达的意思，就会体会到咨询师对自己的困惑有了深入的了解。这样一来，来访者对自己所传递信息的关注度也会增加。同时，咨询师可以提醒来访者注意重新诠释的意义所适用的情境，让他们意识到自己的逻辑可能并不完全适用于所有情况。这有助于来访者认识到自己的道理可能只是个人化的、合理化的产物，而非普遍适用的道理。

在这个过程中，来访者可能会产生矛盾心理，意识到自己一直坚持的所谓"真理"可能是站不住脚的。失去方向感的来访者可能会开始对照公认的逻辑来修正自己的认知和行为。正如《诗经·小雅·鹤鸣》中所说："他山之石，可以攻玉。"咨询师的释义帮助来访者重新审视和理解自己的思想、信念和行为，并做出必要的调整。

与此同时，来访者可能会对咨询师产生一种信任甚至依赖的情感。这种情感在初始访谈阶段是必要的，也是良好咨访关系建立的体现。然而，在后续的咨询过程中，这种情感需要得到妥善处理。咨询师需要通过恰当的释义和循环互动来帮助来访者逐渐减少对咨询师的依赖，增强他们独立解决问题的能力。

3. 情感反应

当来访者描述事件时，他们可能会被唤起对过去事件的原发情感体验。这些体验可能因认知偏差而产生继发情绪，还有可能受到心理防御机制的影响。这些体验加上随着事件发展可能出现的情感波动，这使得来访者在咨询室中的情感体验和表达变得复杂和混乱。这种混乱状态本身也会给来访者带来新的情感体验，并通过语言和非语言的方式表现出来。

咨询师需要敏锐地捕捉到来访者情感体验和表达的混乱信号，并深入理解来访者的情感状态。情感反应技术就是咨询师用来反映来访者叙述中情感内容的一种方法。例如，咨询师可以说："听你的描述，好像你的情绪很复杂，百感交集。"这样的话语能够反映出事件对来访者产生的深层情感体验，并与来访者的内心情感产生共鸣。同时，咨询师可以通过表达如"这件事情可能让你……我也有同感"来弱化继发情感和防御性情绪，进一步突出来访者在这个事件中的积极作用，强化其思考力、表达力、行动力和控制力，弱化其消极或不作为的一面。

需要注意的是，情感反应与情感表达是不同的。情感表达是咨询师表达自己的情感，是一种自我开放或暴露的方式，可以针对来访者，也可以针对自己。情感反应则是咨询师对来访者情感的理解和反馈。

当来访者感受到咨询师所表达的情感正是自己内心的混乱时，他们可能会感到一种深刻的共鸣。如果咨询师对事件的情感反应能够触及来访者的内心，那么来访者的情感闸门就像被突然打开一样，他们对情绪的体验和表达会变得更加强烈和准确，更能反映事件的原发感受，并随着事件的发展而变化。同时，这也开启了来访者意识与潜意识间沟通的新篇章。

4. 总结

来访者在深陷痛苦与迷惘之时，往往语言随性而发，不经理性思索便直抒胸臆。这些无意识的表达常显得混乱，并伴随着强烈的情绪反应，这也是来访者感到困难重重的一个重要原因。

咨询师在耐心倾听来访者的表达后，会做出精准的反应，并提纲挈领地总结出来访者叙述的核心主旨。通过传递这一基本结论，咨询师帮助来访者对其所描述的内容形成一个总体的把握，从而达到统摄全局的效果。总结不仅能够弱化和规避负性情绪对来访者的影响，还为来访者进一步分析问题根源和自我反思提供了新的可能。

当来访者听到咨询师的总结时，他们往往会立刻感到恍然大悟，思维变得更加清晰和有条理，表达也更具逻辑性。这使得来访者能够对自我苦恼形成一个整体性的理解和概念化的认知。同时，他们开始围绕事件的主旨进行深入分析，探索可能影响事件发展的主要因素和矛盾。

## 第二节　观察性技术

在心理咨询过程中，咨询师不仅要关注来访者的语言内容，还必须细心观察他们的谈话态度、姿势以及面部表情和动作。有观点认为，在整体信息交流效果中，仅有7%的信息来自使用的词汇，38%的信息源自说话的语气，高达55%的信息则来自身体的语言。因此，在咨询中获取的信息不仅来源于对话的文字内容，而且来源于非语言的表情和动作。基于此，咨询师在进行咨询时，必须特别注重观察来访者的面部表情和动作，以洞察其内在情感、动机和欲望的真实状态。这就要求咨询师掌握一定的观察技巧。

### 一、面部表情

面部表情是反映人的情绪状态的最重要的方式，也是一种广泛使用的无声语言。相较于其他部位，面部所传达的情感信息更为丰富。人类的面部肌肉能够呈现出多种多样的表情，据估计有25万多种，这使得面部成为反映人情绪状态自然特性的最关键部位。在心理咨询中，面部表情所传递的信息量非常大，其重要性不言而喻。实际上，面部表情所传递的情绪反应信息在咨询交流中往往起着决定性的作用，引领着交流的进程和方向。

在心理咨询过程中，来访者的面部表情可能会经历多次变化。咨询师需要敏锐地察觉这些变化，并据此引导深入的交谈。虽然面部表情能够真实地反映个体的感受，但个体在一定程度上能够控制自己的表情，甚至做出与内心感受不符的表情。因此，咨询师在咨询过程中必须警惕面部表情可能存在的虚假成分。

通过观察来访者的面部表情，咨询师可以判断其情绪是消极的还是积极的。例如，来访者出现额肌紧缩、鼻翼扩张、眯眼、嘴巴颤抖、嘴唇紧闭、目光锁定及脖子僵硬等，可能表明他们有不愉快、厌恶、反感、恐惧或气愤等消极情绪。这些面部表情线索可能转瞬即逝，尤其是微表情更是难以捕捉，需要咨询师在咨询中保持高度的敏感性和警觉性。相比之下，积极表情通常更容易得到辨认，但有时这些非语言信号可能会被抑制或隐藏。

眼睛被誉为“心灵的窗口”，能够透露出个体的思想、情感等大量有用的信息。眼睛可以发出想要说话或暂停谈话的信号，瞪眼或凝视则可能表示思维的僵化或全神贯注。眼球的快速运动可能与兴奋或愤怒有关，而眨眼过多（成人正常眨眼频率一般为每分钟6～10次）可能与焦虑有关；人在集中注意力和思考时，眨眼频率通常会降低。来访者与咨询师目光接触的频率能够反映其感情投入和舒适的程度。较少的目光接触或来访者看向别处可能意味着回避、尴尬或不安，这通常是在掩饰其表达某些涉及文化或社会禁忌的情感时的羞愧。

除了眼睛之外，嘴巴也能提供很多有价值的信息，但其同样受到大脑的操纵，有时也会传递一些虚假信息。笑容就有真笑与假笑之分。真笑是由颊肌肌群和眼轮匝肌肌群两个肌肉群共同控制完成的。颊肌为主的肌肉群可以使嘴巴微咧，双唇后扯，露出牙齿，面颊提升，然后再将笑容扯到眼角上；眼轮匝肌肌群则通过收缩使眼睛变小，眼角出现皱褶（即常说的“鱼尾纹”）。为了显示友好或谦恭，个体可以有意识地收缩颊肌为主的肌肉群，但无法控制眼部周围的眼轮匝肌的收缩，因此只能呈现出虚假的笑容。

个体承受很大压力时可能会把嘴唇藏起来，这会导致嘴唇的消失。嘴唇的挤压往往是消极情感的反映，清楚地表明个体遇到了麻烦或某些地方出了问题。当个体有不同意见或准备转换话题时，他们总是会把嘴唇缩起来。此外，当个体感到焦虑、悲伤、专注、担忧、不知所措或气愤的时候容易皱眉头，面部表情显示出慎重和集中；当个体情绪高涨时，则会表现出鼻孔扩张。咬指甲的动作通常是压力感、不安全感或身心不舒适的信号，与个体的不自信和压力感受密切相关。

## 二、身体语言

身体语言作为一种非语言交流形式，主要由手势、躯体姿势、腿脚的动作以及点头或摇头等构成。它在很大程度上受到文化传统的影响，通常是通过模仿家长或其他重要人物而习得的。在交流中，手势、躯体姿势以及下肢的动作尤其能够发挥关键作用，传递出丰富的信息。

人类的手具有独特的表达功能。它不仅能够抓握、刺打、握持物体，还能感受、衡量和改造周围的世界。手势不仅可以辅助语言表达，有时还能够单独地讲述故事或反映个体内心深处的想法。与身体的其他部位相比，手腕、手掌、手指等灵敏度更高。手能够非常有效地表达个体的情绪、思想和感情。当个体将手放在显眼的位置时，通常会给人留下大方、友善和正直的印象；当手被隐藏起来时，则可能给人留下畏缩、保留、鬼祟甚至虚伪的印象。通过观察手部的特征，我们甚至可以推测出个体所从事的职业或经常参加的运动项目。手心出汗可能与热度有关，也可能与紧张或压力等情绪状态有关。值得注意的是，尽管个体可能会因为压力或紧张而手心出汗，但是手心出汗并不一定意味着个体在说谎。当个体感受到压力、高度兴奋或紧张时，手掌可能会出现颤抖。如果这种颤抖伴随着抚摩颈部或抿嘴唇等安慰性动作，则可以进一步判定这种行为与压力或其他消极事件有关。当个体表现自信或强调某些事情时，可能会张开双手的手指，做出类似“合掌式”的动作，但十指并不交叉，手掌也互不接触，形成“尖塔手势”。竖起拇指通常被视为高度自信的非语言信号。在说谎时，人的双手可能会显得僵硬，人会减少做各种手势和接触，并且四肢的移动也会变得很慢。在遇到重大事件或变化，感受到压力或缺乏自信时，个体可能会做出十指交叉紧扣的动作。当处于怀疑或低压力状态下时，个体则可能会搓手或抚摩颈部。手部动作的突然转变往往反映了个体思想和感觉的急剧变化。例如，将手突然从桌上放到桌下可能意味着个体感受到了压力或紧张。手的隐藏动作能够非常准确地揭示个体的内心感受。由于手具有如此丰富的表现力，许多影视作品都非常重视记录当事人的手部动作，导演会通过拍摄人物的手部动作来刻画人物的性格和心态。

除了手之外，躯体也是身体语言的重要组成部分，包括肩部、胸部、腹部和臀部等。躯体姿势同样能够很好地反映出个体的思想、情绪和感情。当面对令自己不舒适的人、没有吸引力的事物或令人厌恶的情境时，个体的躯干会倾向于远离，出现前后倾斜的姿势。当个体感觉到事情不妙，关系发生变化或遇到不喜欢的话题时，他们可能会出现腹侧否决行为，即转换姿势或转身离开。相反地，个体会将身体的腹侧展示给自己喜欢的人或事物。腹侧前置通常是个体在最热情、最舒适的状态下才会出现的动作。如果现实情况不允许远离不喜欢的人或物时，个体可能会下意识地用手臂或其他物体为自己筑起一道壁垒。当受到奉承、尊敬或表扬时，如受到掌声时，个体可能会做出弯腰动作以表示对别人的尊重和谢意。躯干的伸展可以被视为一种感到舒适的信号，也可能被视为在表达一种霸道的态度。例如，当青少年受到父母的责罚时，他们可能会四肢伸展，坐在椅子上以示对抗。挺起胸膛、露出部分躯干和大口喘气通常与承受巨大压力，准备反击有关。耸肩则蕴含着丰富的含义。当咨询师问来访者："关于我布置的家庭作业，你认真做了吗？"如果来访者回答说"做了"，但随后耸耸他的半个肩，这可能意味着他并没有说实话。如果来访者双肩敏锐地向上做出一致的耸动，那通常说明他是诚实的。当来访者处于消极状态，缺乏信心并感到非常不自在时，他们可能会慢慢地将双肩提升到耳朵的高度，仿佛要把头藏起来一样。

下肢的动作与其他形体动作一样，也能够很好地反映出个体的思想、情绪和感情，并且通常被认为是最诚实的身体语言。但需要注意的是，腿脚的动作有时可能只是表示不耐烦。例如，当个体感到高兴时，他们的双腿和双脚可能会一起摆动或颤动。个体会将身体转向自己喜欢的人或物，而转身远离那些不喜欢的人或物。当想要离开当前位置或已经做好了结束此次见面的准备时，个体可能会先用双手按住膝盖，使躯干前倾或降低身体转向椅子的一侧。当感到高兴或幸福时，个体可能会出现脚跟着地而脚的其他部位向上翘起的动作，脚趾指向天空。当感到压力、烦乱或受到威胁时，个体可能会叉开双腿站立。双腿交叉则是一种交流积极情感的重要方式；当个体感到高度舒适时，可能会出现双腿交叉的姿势。然而，当正在承受压力或出现情绪波动时，个体不停地摆动和弹动的双脚可能会突然停下来。当感到不安全、焦虑或受到威胁时，个体可能会突然将脚趾转向内侧或使两只脚互锁。

咨询师在观察来访者的形体动作时，应将其与其他非语言行为一样放在具体环境中去理解。咨询师自己也要有形体动作。在咨询过程中，来访者也可能把咨询师当作研究对象。咨询师在咨询时应微微前倾、放松，而不要正襟危坐、身体僵直，其中的基本要领是保持一种开放的姿态。

## 三、综合印象

综合印象是对一个人总体、概括性的看法及观点。在咨询过程中，语言和非语言行为所传递的信息远不止上述提及的几种。因此，综合印象在整个交流和观察过程中形成，具有统领全局的作用。当人处于静止和无声状态时，服饰以及不同的站、坐、倚的姿势都会传递出一定的信息。简单来说，来访者与你所保持的距离可能反映了他们对同性或异性的某种态度、看法，以及他们自身的教养、习惯和社交经验等。在迎送来访者时，起身站立的位置也会给善于观察的人传递出一定的信息。此外，人的装束、眼镜及发型等也都在传递着一定的信息。这些信息与人们的言谈举止等能够在很大程度上反映出一个人的修养和气质。

在心理咨询的初期，咨询师会根据对方的表情、姿态、身体、服饰等形成初步印象。社会心理学中所讲的首因效应在这里往往起着很大的作用。咨询过程虽然以帮助来访者解决其所面临的问题为主，但了解来访者是一个什么样的人，其人格特征如何也是非常重要的。据此，我们有可能找到问题的起因。然而，人们的第一印象往往并不准确。咨询师需要根据会谈后的情况，不断地调整自己对来访者的看法与评价，切不可仅凭第一印象行事，犯先入为主的错误。

对来访者的综合印象实际上还包括综合后抽象概括形成的整体印象，如来访者成熟老练或单纯幼稚、追求完美或自卑心重等。不同的来访者会有不同的表现。有的来访者在会谈过程中表情丰富、言谈夸张，所述内容类似情节曲折的故事，其语气、语速的变化引人入胜。结合其谈话内容和个人生活经历等分析，咨询师可能会发现来访者并没有什么迫切想解决或求助的问题，他们来心理咨询仅仅是为了寻求关注。还有些人显得自信能干、知识渊博，在咨询中谈起话来滔滔不绝，并不太注意咨询师会给予什么样的指导，但对咨询师能否理解他们极为关注，这种人也许仅仅是为了寻求理解而来。还有些来访者明明有严重的心理问题，自己尽了很大努力仍表达不清，却可以说出许多躯体上的不适症状。他们也许是不善于表达的人，把心理问题躯体化了。咨询师需要采取一定的方法将其问题引导出来。

总之，非语言行为的观察远不止上述几个方面。一个人的仪表、习惯、气质、行为举止以及与人保持的空间距离等都在传递着信息，都是需要留意观察的内容。在心理咨询中，非语言行为传递的信息往往是一条通向人们内心真实世界的桥梁。它如同书面语言中的标点符号那样栩栩如生，可以表示停顿、感叹、强调和完结。因此，非语言行为的表现力是非常生动的，它可以是肯定或否定、加强或减弱、复杂或简化、控制或调整、显示或隐蔽、真诚或虚假等。

综上所述，对于非语言行为的观察能力是咨询师必须具备的。作为一个咨询师，在观察人的非语言行为上一定要下工夫，要在生活中的每时每刻都有意识地模仿或观察非语言行为。就好像人常常能从镜子里看到自己一样，如果咨询师平常经常注意观察自己在不同心境时的身体语言的变化，就常常会在咨询时发现来访者在某种情况下也会有相似的反应出现。如果能在以上几个观察方面达到很高的水平，那么咨询师对来访者的共情也有可能达到更高一级的水平。

## 第三节　表达性技术

### 一、提问技术

在心理咨询的微妙互动中，倾听来访者的叙述是咨询师的首要任务。咨询的主要形式是对话，其中提问技巧显得尤为关键。一个巧妙的提问能引人深思，启发灵感，甚至带来瞬间的领悟；一个不当的提问则可能让人感到受到指责或贬低，从而阻碍咨询的进展。

在一次咨询中，来访者非常详细地描述了自己被领导误解、被同事孤立的经历，然而他的语气却异常平静，也没有流露出任何情绪。这让咨询师心生疑惑。

咨询师：你在描述这些被不公平对待的经历时，内心有什么感受吗？

来访者：没有什么感受。

咨询师：那在这个“没有什么感受”的背后，隐藏着什么样的感受呢？

（来访者陷入沉默。）

这个对话片段揭示了咨询师在发现来访者情感隔离问题后的处理困境。尽管咨询师试图通过提问来深入探索，但当触碰到核心问题时，来访者的防御机制被激活，导致交流受阻。这个例子提醒我们，当来访者出现阻抗时，咨询师应更多地理解其阻抗的原因，而不是机械地继续提问。因为提问并非总能打开咨询的空间，有时静默的理解和共鸣反而更能促进对话的深入。

### （一）开放式提问

开放式提问是心理咨询中的宝贵工具，它避免了一两个字的简单作答，鼓励来访者提供详细的解释、说明或补充信息。这种提问方式被广大咨询师视为非常有效的沟通手段。开放式问题通常以“什么”“怎样”“为什么”“能不能”“愿不愿”等形式呈现，每种形式都有其独特的功能。以“什么”为开头的提问，往往能引导出来访者提供事实性的资料；“怎样”则更多地涉及事件的过程、顺序或情感层面；“为什么”则深入挖掘原因、理由和合理解释；至于“能不能”“愿不愿”这类提问，则有助于来访者进行自我剖析和反思。

在咨询的开始阶段或话题转换时，开放式提问尤为常用，它能够促进来访者更加主动、自由地分享自己的感受、想法和经历，而无须费尽心思地回忆或仅用简单的“是”或“不是”来回答。

咨询师在使用开放式提问时，不同的开头词会引导出不同的来访者回应。例如：

包含“什么”的提问（如“当时发生了什么？”）有助于获取与特定问题相关的事实信息。

以“怎样”或“如何”开头的提问（如“你如何看待这件事？”）则倾向于引出对事件的描述、思考和情感反应。

“为什么”类提问（如“为什么你觉得这样不公平？”）能够揭示来访者对特定人或事的看法、行为和情绪背后的原因。

以“能不能”“可不可以”开头的提问，则是极具开放性的，能够鼓励来访者进行深入的自我探索和分析。

尽管开放式提问为来访者提供了广阔的回答空间，但其核心目标始终聚焦在来访者问题的独特性上。通过这种方式，咨询师能够收集到关于来访者问题的重要信息，包括具体事实、看法、推理方式和情绪反应等。

然而，成功运用开放式提问的前提是建立良好的咨访关系。否则，来访者可能会感到被审问、被窥探或被剖析，从而产生抵触情绪。因此，咨询师在提问时要注意语气、语调和词汇的选择，既要避免过于随意的态度，也要杜绝咄咄逼人或指责。在涉及隐私问题时，咨询师更应谨慎处理。如果咨询师采用辩论式、攻击性或语气强硬的提问方式，来访者可能会误解为咨询师对自己抱有敌意。相反，咨询师若采用共情式、疑问式以及语气温和的发问方式，来访者则会倾向于认为咨询师是出于真诚关心，想要了解事实真相以提供帮助。这两种截然不同的提问方式会让来访者有截然不同的情感体验。

咨询师应时刻提醒自己，向来访者提问是出于心理咨询的专业需要，绝非为了满足个人的好奇心或窥探隐私的不当欲望。此外，在提出开放性问题后，要给来访者留出足够的思考时间。如果来访者感觉到咨询师急于求成，可能会降低对咨询师的信任度，甚至可能为了迎合咨询师而提供不真实的回答。

咨询师：你先给我介绍一下你的情况吧。

来访者：我是一名大二的学生，现在我退学了，退学后我有一些困扰。因为我在学校里有一个女朋友，她对我很好，我离开学校后也没有珍惜和她的感情。后来我和另一个女孩子好了，但是我发现第一个女友才是我生命中最珍惜的人，可我之前对她忽视或者没有珍视这段感情。现在我的脑海里一直有这样一个声音，那就是我失去了她，就失去了整个世界。因为我现在没有办法回到大学里学习，所以我就不能和她在一起，我现在觉得没有动力和意义。

咨询师：我理解，本来有个女友挺不错的，后来因为一些原因就离开对方了。后来想“再找一个不就好了吗”，可是找的新的这个又觉得不太对劲儿。现在又很想念原来的女友，这我能理解。

来访者：在这个过程中，因为我的无力感、对生活消极的态度，我的父母也抱怨我，让我提不起精神，我每天除了玩手机就是上网玩游戏。但是我也认为我应该找个方向，可是我不知如何处理，和女友、父母的关系交织在我的心里，我现在觉得生不如死。

咨询师：嗯，我理解。在这种情况下，你学业无成，感情受挫，未来渺茫，让家长担忧，你现在不知所措，沉溺于游戏，找不到动力。

来访者：而且最让我感到不舒服的是我的妈妈是一个非常强势的人，她成了我在家里的压力源，让我有冲出去不回家的想法。

咨询师：要是妈妈很强势，是挺压抑的，你希望冲出去，我特别理解。

来访者：这次让我越陷越深的是我玩的这个游戏，我知道这样不好，但是放下游戏，我就觉得特别不舒服。

咨询师：是，你觉得现在的年龄不能老玩游戏，但是你要是不玩游戏的话，干点什么好呢？你要是不出去学习，不又得受强势妈妈的管控？被指责、批评又挺让你难受，想找点乐子，于是又开始玩游戏，陷入恶性循环。

来访者：我也知道如果这个状态持续下去，我这个人就全完了。我不知道是回到学校好，还是继续这样下去好。

咨询师：对啊，这确实是个问题。这可怎么办呀？我特别理解你的心情。

来访者：我也试图让自己走出来，可是当我努力的时候，比如上周我挣扎着拿出英语卷子准备做题的时候，我发现我的注意力和记忆力都不如从前，这让我更加痛苦和不知所措。

咨询师：是，经历这么多坎坷，情绪受到严重困扰，这时候进行智力活动，效果确实不好，我能理解。

来访者：而且现在我不玩游戏的时候，以前和女友交往的美好回忆经常浮现在眼前。每当这个时候，我都会感觉我失去她就失去了整个世界，感觉无望。

咨询师：我注意到你说这些话的时候，眼睛根本不看我，我不知道这是为什么。

来访者：因为我的视线里只有她，现在每天我的爸爸妈妈说我每天就像行尸走肉一般，除了游戏外，没有任何让我开心、感兴趣的事情。

咨询师：我觉得你还有更多烦恼，你还可以说，索性就说个痛快。

来访者：其实我想起在学校的时候这个女孩对我那么好，我都没有珍惜她。直到现在我才发现这个女孩对我很重要，但是我没有珍惜她。就在我离开学校三个月的时候，她还给我打电话鼓励我重新振作，但是我没有好好珍惜，这让我很悔恨和懊恼，感觉失去这个女孩就失去了整个世界，也让我失去了再成长的机会。

咨询师：光懊恼不行啊！为什么当时那个女孩找你，你不理她呢？

来访者：后来通过和另外一个女孩接触我才发现她对我的重要性，但是后来当我再一次联系她的时候，她就不理我了，不接我的电话，也不回复我的任何信息。这让我进一步感到懊恼和无望。

咨询师：当初为什么她和你打电话你不理她呢？

来访者：我觉得她一定会对我好，一开始是我追的她，后来我觉得她对我好是应该的，慢慢地我就认为她一定会对我好，我就习惯了，再后来我就觉得她在我心里可有可无了。

咨询师：我打断一下，我听得有些糊涂了，你说的是她对你好让你觉得不重要了，你能和我解释一下背后的逻辑吗？假如我很喜欢一个女孩，我会很珍惜，我不会认为她不重要，反而会认为她很重要，咱们的差异是怎么回事？

来访者：刚开始我也很珍惜她，但是不知怎么的，当她对我无微不至的时候，我就慢慢觉得她没那么好而且可有可无了。

咨询师：为什么当她无微不至的时候，你就觉得她没那么好，变得可有可无呢？

来访者：我也不知道自己为什么会进入这个状态，反正就稀里糊涂进入了。

在上述咨询对话中，来访者触及了多个议题，包括学业、情感、过度使用网络以及与父母之间的矛盾冲突。在咨询的初始阶段，来访者的思绪比较混乱。此时，咨询师并未急于通过提问来深入挖掘某个特定议题，而是巧妙地运用了内容反应、共情等技巧，逐步协助来访者厘清思绪，使其逐渐聚焦于问题的核心。后面在发现来访者自相矛盾的地方时，咨询师温和发问，顺势引导。最终，来访者将情感问题选定为本次咨询的主要议题。这是一个很好的示范，充分展示了如何在咨询中恰到好处地运用开放式提问推进咨询的进程。

## （二）封闭式提问

### 1. 定义与应用

封闭式提问是一种在对话中采用的具有明确范围和限制性的提问方式。当提问者使用这种提问方式时，他们会为对方提供一个框架，对回答的内容进行一定的限制，或者让对方在有限的几个答案中进行选择。在咨询过程中，当会谈内容逐渐深入，需要进一步澄清事实、缩小讨论范围或集中探讨某些特定问题时，咨询师可以适当地采用封闭式提问。

### 2. 封闭式提问的利弊分析

封闭式提问通常以“是不是”“要不要”“有没有”“对不对”等词语开头，如“你是否喜欢学校？”“你来这里是因为婚姻问题吗？”“你确实有过这样的想法吗？”。来访者通常会以“是”“否”或其他简短的语句作为回答。这种提问方式可以用于收集特定的信息，以便澄清事实。

封闭式提问限制了来访者的回答范围，可以有效地制止来访者无休止、离题的叙述。例如，当来访者偏离主题时，咨询师可以适时地提问“我们能否继续讨论刚才的问题？”。此外，在问题探索阶段，当咨询师和来访者已经探讨了大量的问题和事实后，咨询师可以利用封闭式提问来补充、证实一些存疑的信息。这种提问方式能够帮助咨询师高效地利用时间。

在咨询会谈中，尽管封闭式提问在某些情况下是必要的，但它限制了来访者进行内心探索和自由表达的空间，使对话趋于机械化和非个人化，因此应当审慎使用。频繁地采用封闭式提问，往往会让来访者陷入被动、困惑和沉默的境地。过多的这种提问方式可能会让来访者感受到被审讯的压力，从而抑制他们自我表达的愿望和积极性，甚至对咨访关系产生潜在的破坏性影响。来访者参与咨询的一个重要目的，就是能够向咨询师自由地表达自己的感受和思考。

如果他们在对话中总是处于被动回答的状态，那么他们的求助动机可能会逐渐减弱。此外，咨询师在提问时还需注意，避免一次性提出多个问题，因为这样做可能会使来访者感到混乱，最终可能只回答了其中最不重要的问题，从而影响咨询的深度和效果。

3. 副语言与接话技巧

在咨询提问的过程中，副语言和简短接话的运用同样至关重要。副语言可以被视为一种介于纯语言沟通和非语言沟通之间的独特沟通手段。研究显示，在面对面交流中，高达38%的沟通效果源自以语气为主导的副语言元素。副语言所传递的信息主要关乎双方的关系、说话人的情感状态、意图和态度。相同的语句，如“小张，你把这件事情解释一下”，因语气不同，可以传达出截然不同的情感。因此，在咨询会谈中，咨询师应善于运用副语言，表达对来访者的情感支持、安慰、鼓励、信任，从而增强语言沟通的感染力和深度。此外，与前文提到的非语言行为相似，副语言也是咨询师展示自己全心投入咨询、认真倾听来访者的重要方式。

关于接话，它指的是咨询师紧接着来访者的话题，用尽可能简洁的语言进行回应。接话有双重目的：一是为来访者提供一个探索与厘清思绪的空间；二是向来访者表明咨询师在认真倾听并鼓励其继续分享。在接话时，咨询师要避免引入新的话题，而应专注于来访者刚才的表述，保持与其同步。此外，咨询师在接话时应暂时搁置自己的观点或解释，努力设身处地地理解来访者的处境，因为此时的重点在于倾听和理解，而非过早地给出解释或建议。

### （三）提问的技术要点

在心理咨询中，无论是为了深入了解来访者的情况，还是为了有效地控制咨询的方向和内容，提问技术都扮演着至关重要的角色。一个巧妙的提问不仅可以促进咨访关系的建立，加强双方之间的交流，还能让来访者深切感受到被咨询师所理解和关注；不恰当的提问则可能损害咨访关系，破坏信息的有效传递。以下是运用提问技术时需要把握的几个要点。

1. 优先使用开放式提问

通过开放式的提问方式，咨询师能够更全面地了解与问题相关的具体事实、来访者的情绪反应、观点以及推理过程等。在提问时，咨询师要注意语气和语调的把控，避免给来访者造成咄咄逼人的印象，从而确保来访者能够在轻松的氛围中开放自己，分享更多信息。

2. 给予适当回应

在咨询的互动过程中，咨询师应善于运用一些简短的回应，如“嗯”“噢”“是这样啊”“还有吗”等，或者复述来访者谈话中的关键词或语气词，以及通过点头、注视等表情动作来传达自己的关注和支持，鼓励对方继续表达。

3. 巧妙运用积极性提问

积极性提问是一种能够引导来访者以积极心态进行回答的提问方式。例如，当来访者表示“我无法集中注意力学习”或“我不敢在人多的场合发言”，但又说不清楚具体原因时，咨询师可以尝试这样提问：“如果你能够集中注意力学习，你觉得会有什么不同呢？”或者“你觉得有哪些因素可能妨碍了你在人多的场合自如发言？”这样的提问能够激发来访者产生一系列相对积极的内心体验和行为意象，有助于他们以全新的状态去思考和回答问题。

4. 谨慎使用的提问类型

（1）封闭式问题。封闭式问题应尽量少用，因为这类问题只需来访者用“是”或“否”来回答，容易限制对话的深入。特别是在咨询初期，连续使用封闭式问题可能会让来访者感到咨询师在主导会谈，将解决问题的责任转移给咨询师。此外，封闭式问题还可能导致来访者变得沉默，停止自主探索，不利于其开放内心，甚至可能降低对咨询师的信任度。

（2）“为什么”的问题。这类问题有时可能让来访者感到困惑或难以回答，尤其是当他们对问题的原因不清楚或涉及敏感隐私时。在咨访关系尚未成熟时，直接询问“为什么”可能无法保证来访者回答的真实性，反而可能为后续的咨询带来困难。此外，这种提问方式还可能暗示来访者的情绪、想法和行为是错误的，从而引发逆反心理。作为替代，咨询师可以尝试重复来访者的语言并以升调结尾，或用其他方式委婉地询问原因。

（3）多重问题。多重问题是指同时从多个方面提出问题，这种方式可能会让来访者感到不知所措，例如“老师如何看待这个问题？你自己又是怎么看的？”这种问题可能会使来访者难以集中精力回答。咨询师应保持耐心，逐一提出问题，以便来访者能够有条理地思考和回答。

（4）解释性问题。解释性问题是指咨询师在提问时直接给出自己对问题的看法和理解，而不是推动来访者进行自我探索，例如“你所提的这个问题，从心理学角度讲是……”这类问题对来访者的自我探索作用有限。咨询师应鼓励来访者表达自己的看法和感受，而不是直接给出解释或答案。

（5）责备性问题。责备性问题是以反问的形式对来访者进行责备，这可能会让来访者感到受到威胁并立即产生心理防御。例如“你凭什么这样认为？”或“你原来干什么去了？”这类问题对推动咨询进程没有任何积极意义，应避免使用。咨询师应保持中立和客观的态度，避免对来访者进行评判或指责。

（6）评判性提问。评判性提问包含了咨询师对来访者的某种评价或判断。例如“你父母代你填写理工科的志愿是关心你，有什么错呢？你应该这样对他们发脾气吗？”这种提问方式可能会让来访者感到咨询师不理解自己，甚至站在对立面进行教训，从而产生不满情绪，又如“这种想法是错误的，我认为应该……你说是不是？”这种直接否定来访者谈话内容的问法更是不应该出现。咨询师应避免使用评判性提问，而应以开放、接纳的态度引导来访者进行自我探索和表达。

5. 避免过度提问

在选择问题时，咨询师应剔除与咨询内容及来访者成长无关的内容，仅保留核心和必要的问题。然而，在实际咨询中，有时由于咨询师对来访者的心理问题或表达内容理解不足，或不擅长运用语言交流技巧，可能会出现提问过多的情况。这种过度提问可能会产生以下消极作用。

（1）责任转移。心理问题的解决关键在于来访者自身的努力和探索。过多的提问可能会使来访者将解决问题的责任转移到咨询师身上，从而降低他们主动参与和自我探索的意愿。在这种情况下，来访者可能会等待咨询师来揭示问题，而不是主动地去挖掘和解决自己的问题。

（2）产生依赖。当咨询师提问过多时，来访者可能会在叙述自己的情况时产生依赖性。他们可能会变得被动，只在被询问时才说话，而不是主动地思考和表达自己的问题。这种依赖性可能会阻碍来访者的独立思考和自我成长。

（3）触发心理防御。过多的提问有时可能会让来访者感觉自己正在被“审问”，从而引发心理防御机制。特别是当咨询师提出质疑性的问题——“你怎么能这样做？”或“你为什么不努力？”——时，更容易触发来访者的防御心理。在这种情况下，来访者可能会首先为自己的行为进行辩解，甚至选择保持沉默。因此，在咨访关系建立之初，咨询师应避免使用这类可能引发对立的问题。

## 二、常用的表达性技术

表达性技术可以分为一般化、即时化、解释、面质以及自我开放等多种技术。这些技术主要用于咨询师向来访者传递信息、给予反馈、启发领悟、提供保证以及忠告等方面。值得注意的是，咨询师在运用表达性技术时，应始终以来访者的需求为中心，而非满足自身的表达欲望或情感宣泄。

### （一）一般化

一般化技术是咨询师在咨询过程中常用的一种技术，它通过提供与来访者所描述问题相关的专业信息，帮助来访者认识到他们的问题具有普遍性。这种认识有助于减少来访者的心理压力，因为他们开始意识到自己并不是唯一面临此类问题的人。

在很多情况下，人们感到心理失衡往往是因为他们觉得自己受到了不公平的对待或陷入了独特的困境，从而产生了“为什么偏偏是我？”这样的想法。这种想法常常使人难以摆脱烦恼。为了消除这种想法，咨询师通常会采用一般化技术。

通过告诉来访者许多人都曾经历过与他们相似的问题或困境，并最终都成功地走了出来，咨询师可以帮助来访者看到他们所面临的困境只是某一发展阶段常见的暂时性挑战，而非病态的、无法控制的灾难。这样的认知有助于缓解来访者的不良情绪，使他们更容易接纳自己的问题。运用一般化技术不仅可以协助来访者改变原有的认知模式，还能释放他们被恐惧和焦虑所占据的心理能量和空间。随着这些负面情绪的消散，信心、勇气、决心和行动逐渐取而代之，为来访者提供了前进的动力和方向。例如一位大学本科毕业生努力求职，但就是找不到工作，下面是他与咨询师之间的对话。

来访者：我从毕业到现在一直找不到工作，我想我一定是找不到工作了。

咨询师：如果你从毕业到现在一直找不到工作，那你觉得很失望就很正常。所有刚开始找工作的同学最初都会有你这种感觉，也会觉得希望十分渺茫。

来访者：现在工作不好找，一个工作机会有很多人去应聘。

咨询师：如果一个工作岗位有很多人去应聘，那确实工作不好找。大多数人都是这种感觉。

来访者：嗯，一直找不到工作，我都快绝望了。

咨询师：当一个人一直找不到工作的时候，很容易产生绝望的感觉。但值得注意的是，你只是目前还没有找到你想要的工作，并不等于一直就没有可做的工作。你要相信只要自己持续努力，总会有一份适合你的工作出现。

面对来访者反复倾诉的困境，咨询师以温柔而坚定的态度持续运用一般化技术。这种技术的应用如同一次次轻柔的抚慰，逐渐减轻了来访者的痛苦，并激发了他内心的新思考。咨询师告诉来访者长期找不到工作确实容易让人感到绝望，这是非常正常的情绪反应，随后，咨询师在一般化的基础上巧妙地为来访者点亮了希望的火花：“值得注意的是，你只是目前还没有找到你想要的工作，并不等于一直就没有可做的工作。你要相信只要自己持续努力，总会有一份适合你的工作出现。”这样的表达既让来访者感到被理解，又为他指明了前行的方向。

### （二）即时化

即时化技术是咨询师在咨询过程中，关注并实时描述咨询室内正在发生的事情的一种语言反应。它被视为一种真诚且直接相关的对话方式，尽管其中可能包含自我流露，但这种流露仅限于对当前情感的表达。来访者往往容易沉浸于过去的经历或未来的担忧，导致对过去的回忆和对未来的期望成为咨询的主导内容。因此，咨询师需要巧妙地运用即时化技术，帮助来访者将注意力拉回到当前，关注此时此地的想法和感受，从而更有效地揭示问题、澄清思路。

1. 即时化的类型

在咨询实践中，咨询师在运用即时化技术时，需要对以下三个方面做出迅速而准确的反应。

（1）咨询师即时化。当咨询师在咨询过程中产生某种想法或情感时，应及时、坦诚地表达出来，例如“请原谅，我刚才可能没有完全理解你的话，你能再重复一遍吗？”。这样的表达不仅有助于来访者感到被关注和理解，还能促进咨询的顺利进行。

（2）来访者即时化。咨询师需要敏锐地捕捉到来访者正在展现的行为和情感，并实时给予反馈，例如“我注意到，你在谈话时眼睛一直看着我，小腿也显得很放松、很舒服”。这样的反馈能够让来访者更加意识到自己的身体语言和情感状态，从而增强自我觉察和理解。

（3）关系即时化。咨询师还需要对当前咨访关系的状态进行实时评估和表达。这涉及对“此时此地”的相互作用以及咨访关系发展的观察和理解。例如：“我觉得这次的咨询与以往有些不同。记得我们刚开始咨询时，彼此都有些拘谨，难以敞开心扉。但今天我们的交流非常流畅，感觉也更加融洽了。”

2. 即时化的目的

即时化技术在咨询中承载着双重作用。首先，它旨在公开地传达咨询师对自己、对来访者或咨访关系的即时感受，涵盖了咨询师情感的分享，以及对正在发生且可能影响来访者的事件的敏锐观察，这些感受在以往可能未曾被表达。这种方式有助于避免因潜在问题被忽视而导致的咨访关系疏远。然而，若未经深思熟虑便轻率地表达相互关系的感受，特别是当这些感受带有消极色彩时，就可能会阻碍咨访关系的深入发展。

即时化的另一个作用是协助来访者深化对自己与他人关系的认知，以及探索这种关系出现问题的根源。来访者在人际关系中可能展现出朝向他人、远离他人或对抗他人三种风格。在通常情况下，来访者与咨询师之间的互动方式往往是他们在日常生活中与他人相处模式的真实写照。因此，即时化反应为来访者提供了一个学习和参考咨询师所展示的健康人际关系模式的机会。

3. 即时化的使用原则

为了有效利用即时化技术，咨询师应遵循以下指导原则。首先，咨询师应及时描述正在发生的情境，捕捉此时此刻的细节。其次，在表达即时体验时，应使用现在时态，以传达当前鲜活的感受。再次，时机的把握至关重要，以确保即时化干预的恰当和有效。最后，即时化技术的应用应聚焦于咨访关系中正在展开的动态，而非仅仅是对咨询师反移情的反应。

4. 即时化的步骤

即时化技术是一套相对复杂且要求高超的技巧，它不仅需要批判性思维来精准分析，还需要灵活巧妙地运用。实施即时化反应涉及五个关键步骤。第一步是培养一种敏锐的意识能力，即感知咨访关系中正在发生的微妙变化。这要求咨询师能够解读各种非语言线索，穿透来访者的表面表达，洞悉其背后的潜意识意义。第二步是具备与来访者共享此时此刻感受的能力，建立情感共鸣。第三步是以描述性而非评价性的方式，准确叙述所观察到的情境或目标行为。第四步是识别问题情境所带来的具体影响、关系问题或来访者的行为模式。第五步是细心观察并理解来访者在即时化反应后的回应，以便进一步调整干预策略。

### （三）解释

解释技术是心理咨询中至关重要的一个技术，它要求咨询师从自身的专业角度出发，对来访者的思想、情感、行为方式以及事件间的联系进行深入剖析，并揭示其中的因果关系。需要强调的是，解释更加注重挖掘来访者未明确表达或尚未意识到的信息。咨询师需要敏锐地捕捉到来访者隐约感觉到或未曾察觉的内容，并用精准的语言将其表达出来。

解释技术的影响力不容小觑。它能够帮助来访者超越原有的认知框架，以全新的视角重新审视自身问题，从而获得更深刻的理解。在某些情况下，解释甚至有可能引发来访者认知模式的颠覆性转变。然而，这也使得解释成为最复杂的影响技术之一。

在进行解释时，咨询师必须依据扎实的心理咨询理论，针对来访者的具体困扰做出恰如其分的阐释。灵活而富有创造性地运用理论是至关重要的，生搬硬套或牵强附会只会适得其反。咨询师需要根据不同来访者的问题性质和需求，在恰当的时机给予真正符合其情况的合理解释。

当来访者面临难以克服的生存困难或挫折，且无法自行找到合理的解释时，他们往往会陷入深深的困惑之中。这种困惑不仅会加重他们的心理障碍，还会阻碍他们改善应对方式。此时，咨询师的解释就显得尤为重要。通过解释，咨询师可以帮助来访者加深对自身思想、情感和行为的理解，从而让其产生深刻的领悟，提高自我认知，促进积极的改变。

解释方法在心理咨询中是多元且灵活的。不同的理论框架为解释提供了不同的视角，使得每个案例都能得到独特的剖析。即使是针对同一个案例，采用不同的理论观点也会产生多样的解释思路和干预策略。

以一位男性来访者为例，他在童年时期被寄养在农村的亲戚家，因姓氏不同而遭受欺负，导致他长大后与人相处存在困难，没有交往很深的朋友。在交谈中，他对自己感兴趣的话题还能应付，但一旦涉及不熟悉的领域，他就会感到乏味并选择离开。他渴望改变这种状况，但却不知问题所在。

针对这个案例，精神分析学派可能会追溯到他的童年经历，认为他从小与人交往就缺乏安全感，因此采取避开伙伴的方式来躲避欺辱。这种行为模式延续至成年，当面临自己不熟悉的话题时，害怕被排斥的心理占据上风，导致他选择离开。他的社交障碍源于潜意识中对安全感的渴求。行为学派则可能从条件反射的角度来解释他的行为，认为与人交往时产生的害怕、紧张和焦虑情绪促使他采取逃避措施以缓解这些负面情绪。这种行为最初可能是无意识的，但随着时间的推移逐渐形成了固定的行为模式。由于逃避行为得到了负强化的效果，他在类似情境下会重复这种行为以减轻焦虑。认知学派则更注重来访者的认知结构，认为来访者在面对他人时产生的特定想法导致了他选择离开的行为。例如，他可能会想："别人聊的东西自己不知道，如果他们发现自己不懂，会怎么看我？他们一定会看不起我，我无法忍受那种眼光。"这种想法引发了他的逃避行为。

需要注意的是，以上三种理论的解释和分析仅为示例，并非实际咨询中的原话。在实际咨询中，解释可能更为简洁明了。例如，精神分析取向的咨询师可能会这样解释："你从小到大与人交往时都缺乏安全感，这种内心现实一直影响着你现在的人际交往。"这样的解释将来访者的童年经历和心理体验与当前的行为紧密联系起来。

解释是借助咨询师的专业知识和经验，帮助来访者从全新的角度认识和理解自己及周围的世界。这一过程犹如为来访者揭开"庐山真面目"，使他们能够看清自己身处的环境并理解其中的含义。通过解释，来访者得以洞察自身问题及障碍的根源，这本身体现了咨询的高度专业性。然而，要实现来访者外显行为的真正改变，仅凭解释是不够的。咨询师还需指导来访者调整思维方式或行为模式，必要时还需通过模拟、角色扮演和训练等实践活动加以巩固。在使用解释技术时，咨询师需特别谨慎。过急或过多的解释都可能引发来访者的阻抗。为确保解释的有效性，咨询师在训练中需强调以下几个要点。

· 解释应在充分收集与来访者问题相关的资料并做出准确评估之后，通常安排在单次会谈的后期或多次会谈之后进行，同时要观察来访者是否表现出理解和接受解释的意愿。一旦来访者表现出拒绝的态度，解释应立即停止。

· 解释的基础是与来访者建立良好的关系。解释基于与来访者不同的参考系，可能导致来访者的阻抗。恰当使用解释技术可以降低阻抗，提升咨询师在来访者心中的可信度和权威性，从而巩固咨访关系。

· 解释旨在引导来访者从新的视角审视自己的问题，但在操作过程中需循序渐进。解释的内容应避免与来访者的信念、文化背景产生过大差异或严重冲突，措辞应贴近来访者的实际情况。

· 在解释过程中，咨询师需密切观察来访者的反应，尤其是非语言行为，如沉默、微笑等。一旦来访者表现出拒绝的态度，解释应立即停止。

总之，解释是咨询师运用自己的理论和经验，为来访者提供认识自身问题的新视角。在进行解释时，咨询师应充分考虑来访者的个体差异，包括文化程度、教育背景、个性特征、领悟能力以及心理问题的特点等因素。这些因素对来访者接受或拒绝解释具有重要影响。

### （四）面质

面质又称对质或对峙，是咨询师运用语言来揭示来访者在感受、想法和行为中存在的显著差异、矛盾冲突和含混不清的信息。在咨询过程中，面质通常触及来访者理想自我与现实自我、内在体验与实际行动、想象世界与现实世界之间的矛盾。由于内心矛盾的存在，来访者有时会有意或无意地回避某些关键内容，而这些内容往往正是问题的根源。来访者的心理防御机制阻碍了他们的自我表达。当面对来访者感受、想法、行为中的明显差异、矛盾和冲突时，咨询师会以来访者能接受的方式，委婉地指出其观点、态度或言行中的自相矛盾之处。这种温和的“以彼之矛，破彼之盾”的技巧，有助于来访者卸下防御的面具，直接面对理想自我与现实自我、内在体验与实际行动、想象世界与现实世界之间的矛盾。通过深入挖掘和认识新的自己或采取不同的行动，来访者能够实现自我成长。

1. 需要面质的情况

在咨询过程中，来访者的语言和行为中有时会展现出自相矛盾或不一致的信息，这些情况主要可以归纳为以下六种类型。

（1）语言和非语言信息之间的矛盾。例如，来访者在叙述父母离婚给自己带来的痛苦时，面部表情却显得欢喜。这种矛盾可能揭示了来访者内心复杂的情感状态。

（2）语言信息和行为之间的矛盾。这类矛盾体现在来访者的语言表达与实际行为之间。例如，一个长期与父母断绝联系的来访者可能会说“我早就想给他们打电话了”，但实际上却并没有这样做。这种矛盾可能反映了来访者在行动上的阻碍或内心的冲突。

（3）语言信息之间的矛盾。有时来访者的语言信息之间会存在矛盾。例如，一个受爱情困扰的来访者可能会说：“我很喜欢我女朋友，但是，我不愿她离我太近。”这种矛盾揭示了来访者在亲密关系上的困惑和挣扎。

（4）非语言信息之间的矛盾。非语言信息之间的矛盾可能通过来访者的面部表情、身体语言等展现出来。例如，来访者在叙述小时候被母亲打的经历时，先是表现出悲伤的哭泣，随后流露出释然的表情。这种矛盾可能反映了来访者在处理过去创伤时的复杂情感变化。

（5）两个人之间的矛盾。在咨询中，有时会遇到夫妻、父子、母女等两个人之间的矛盾。例如，一对家庭冲突严重的夫妻，尽管双方都表示不想再继续婚姻关系，但他们仍然为了寻求重归于好的方法而来咨询。这种矛盾体现了双方在关系中的纠葛和寻求改变的愿望。

（6）语言信息和背景之间的矛盾。这种矛盾可能出现在来访者的语言信息与他们的生活背景之间。例如，一个因父母离婚受到创伤而害怕与男朋友结婚的来访者可能会说："其实我很想早点嫁人，可是我男朋友不爱我。"这种矛盾揭示了来访者在面对婚姻时的恐惧和现实中的困境。

2. 面质的步骤

（1）仔细观察来访者。首先要对来访者进行细致入微的观察，以确定他们所展现出的矛盾类型。在这个过程中，要耐心地探查矛盾之所在，注意不要过早地进行面质。

（2）评估面质的目的与关系安全性。在明确矛盾之后，需要评估进行面质的目的。要确保这是因为来访者确实需要被挑战，以促进他们的自我觉察和成长。同时，要评估咨访关系是否足够安全，以便来访者能够从面质中受益而不受到伤害。

（3）总结并解决矛盾。当面质进行到一定阶段时，需要总结矛盾中的不同因素，帮助来访者厘清思路。解决这些冲突，可以促进来访者内心的和谐与统一。

（4）评估面质的效果并关注后续反应。在完成面质后，要及时评估其效果。来访者可能会有不同的反应，如否认、困惑、假装接受或真正接受等。需要注意的是，面质的效果可能并不是立即显现的。同时，要密切关注来访者是否出现更加防御的迹象，以便及时调整咨询策略。

以下是一个典型的面质案例。在这个例子中，一位大学生来访者向咨询师反映了自己在学习上遇到的问题。我们可以看到，随着谈话的深入，精神分析取向的咨询师如何从温和的面质逐渐转向坚决的面质，迫使来访者不得不反思自身的行为，从而揭示出内心的矛盾冲突。

咨询师：最近这一段时间你好吗?

来访者：不好，还是不好！临近期末我估计又有三门功课不及格。我上学期已经有两门课程没有及格了，再这样下去，学校可能让我退学。

咨询师（温和面质，揭示内容与情绪表达不一致）：你已经是大二学生，退学对于你来说肯定不是好事情，但从你的表情上看，你似乎很平静，并不着急。

来访者：其实我并不是不急，我知道这样下去的后果。

咨询师：你指的后果是什么呢？你这次如果再有三门课程不能通过期末考试，会有什么结果?

来访者：重修或者退学。事实上我有好几门课已经重修过但没有过关，退学也许难以避免。

咨询师：退学以后，你准备怎样安排自己的生活?

来访者：没想过。也许我会在成都租一间房子，继续接受您的咨询……我的意思是我即使不工作，也要接受咨询。

咨询师：那你的经济来源问题怎么解决？毕竟咨询费加上租房、生活费，对于你来说不是一个小数，你母亲靠打工负担你和你弟弟的学费和生活费，她有能力长期承受这样的开支吗?

来访者（低头不语）：没有能力。

咨询师：那你怎么办呢?

来访者：不知道！

咨询师：你说你可能面临退学，你也知道退学的后果，一方面你说自己其实很着急，另一方面你告诉我自己没有想过一旦退学该怎么办。你知道母亲没有能力负担你长期咨询的费用，却计划退学后在某某地方租房专门接受心理咨询，一个不现实的计划（中等程度面质）。你怎么解释自己的行为？

来访者：我在努力避免退学，也在认真复习，可我没办法学好。

咨询师：那你最近这十几天是怎么过的，在复习吗？

来访者：我学不进去，一打开书我就什么都不知道了，进考场脑袋里一片空白，所以有些课都没有去听，也没参加考试。我的状态很不好，一个人东走西逛，什么都没做，实在无聊就去打打电子游戏……没有办法。

咨询师：你知道课程考试不及格的后果，你说你在努力避免退学，但是你的行为告诉我，你什么都没做，什么都不想做，在临近期末考试的这一个星期里，你不复习，而是一个人漫无目的地游荡（尖锐面质）。你想一想，这种矛盾的行为究竟意味着什么？

来访者（沉思良久）：我想……我是在逃避，也在自我惩罚……或者……

3. 面质的目的和作用

（1）协助来访者更深入地了解自己的感受、信念、行为以及所处的境况；

（2）鼓励来访者放下有意识的防卫和掩饰，勇敢地面对真实的自己；

（3）推动来访者实现言行的统一，以及理想与现实的协调；

（4）帮助来访者认清自己的能力和优势；

（5）通过咨询师的示范，为来访者树立积极、正面的榜样。

4. 面质的注意事项

（1）在面质之前，咨询师应与来访者建立起稳固的咨访关系，这是进行面质的前提。

（2）面质必须有充分的事实依据。当事实不够明确或充分时，应避免使用面质。

（3）面质过程中，咨询师要保持专业和冷静，避免将个人情绪发泄在来访者身上。例如，避免使用“你怎么出尔反尔”等指责性语句。

（4）在咨访关系尚未完全建立时，可以尝试使用较为温和的面质方式，如使用“似乎”“好像”等不确定性词汇，为来访者留出余地。若来访者出现回避反应，咨询师应适时停止追问，以避免带来尴尬或伤害。

（5）面质技术具有一定的挑战性和应激性，因此在使用时必须审慎。要确保不会让来访者感到过度愧疚、窘迫或尴尬，以免影响其成长进程。合适的面质时机通常是在来访者对咨询师产生较高的信任度时。同时，面质应仅针对来访者表述中的矛盾点，避免在短时间内给来访者施加过大的压力。

（6）咨询师在使用面质技术时，还应考虑来访者的文化背景和性别差异等因素。在整个面质过程中，应让来访者感受到咨询师是站在他们这一边的同盟者，而非敌人。

### （五）自我开放

自我开放是指咨询师与来访者分享自己与其相似的经历、体验及感受，这也被称为自我暴露。

当来访者踏入咨询室时，他们往往怀揣着忐忑不安的心情，对自身问题感到无力和自卑。因此，许多来访者将咨询师视作救星，期望他们能提供解决之道，甚至替他们做出决定。在这种情境下，咨询师有选择地、适度地暴露与来访者讨论内容相关的个人经验，通过自我开放来表明自己的理解和共情，愿意与来访者共同分担情绪，这样做能促进来访者更多地开放自我。例如，当来访者提及考试前的紧张情绪时，咨询师可以分享自己曾经的相似经历：“我也曾有过这样的体验，每次大考前都会感到不安和烦躁，晚上难以入眠。”

自我开放技术在咨询中具有重要意义。过去，我们主要强调来访者的自我开放，但逐渐认识到咨询师的自我开放同样具有重要价值。通过选择性地向来访者暴露自己的相关情感体验与认知，咨询师能让来访者感受到被理解和支持，同时认识到咨询师也是一个普通人，从而有助于建立平等、互信的咨访关系。

然而，使用自我开放技术也存在一定风险，需要正确把握使用时机和开放程度。咨询师的自我开放内容应与来访者的经历相似，又不能完全相同。通过自我开放，咨询师可以表达对来访者经历和体验的共情，将自己相关的痛苦情感体验与思考暴露给来访者。这能使来访者感到在痛苦面前，他人的反应与自己基本一致，从而相对减轻其困扰。同时，来访者还能从咨询师的差异化反应中获得启发，找到克服困难的潜在力量。

在自我开放过程中，咨询师应注意避免两种偏向。第一种偏向是过度强调共情的重要性，夸大自己与来访者类似经历中的痛苦和沮丧状态。这样做虽然表面上给来访者留下感同身受的印象，但实际上可能会使来访者感到更加无力。第二种偏向是急于帮助来访者走出困境，夸大自己与来访者类似经历中的淡定和积极状态。这可能会让来访者感到自己与咨询师存在较大差距，进一步增强自卑感。因此，自我开放技术应在恰当的时机以合适的方式进行。

咨询师的自我开放的价值不仅在于使来访者感到自己的痛苦具有普遍性，还在于通过展示咨询师在类似情境中的应对模式，为来访者提供疏泄、开导和启发的机会，帮助他们找到继续前进的力量。

# 第五章
# 评估与假设阶段

分析体验式心理咨询的第二个阶段为评估与假设阶段。在这个阶段，咨询师要根据收集到的信息，对来访者进行评估，为下一个阶段形成假设奠定基础。

咨询师在评估阶段要把从来访者那里收集到的信息进行归纳和梳理，然后完成内容层面和历程层面的评估。内容层面的评估包括：对来访者心理精神状况的初步评估，即判断来访者是否适合做心理咨询，应优先考虑危机干预或是建议其到医院就诊；对来访者人格发育水平的初步评估，即对来访者进行个案概念化，评估来访者的问题属于“不知”还是“不行”，制订初步的干预策略；对于来访者处于偏执–分裂心位还是抑郁心位方面的评估，即来访者当下的状态更适合使用表达性技术，还是支持性技术。历程层面的评估内容包括和来访者建立咨询联盟，向来访者传递一种被理解和对未来抱有希望的感觉，让来访者“初尝”心理咨询是如何进行的，以及增强来访者改变的动机。在初步评估完成后，咨询师要告知来访者咨询的框架和设置，与来访者一起探讨并形成“恰当的”咨询目标。

关于来访者心理精神状况的评估，即对来访者是否存在需要前往精神科专业门诊就医的状态进行初步评估，可以参照《变态心理学》和《精神病学》等书籍的相关内容。本章将详细描述如何整理收集到的资料，如何针对人格水平和心位水平进行评估，以及如何完成历程层面的评估任务。

## 第一节　整理和归纳收集到的信息

很多咨询师特别是新手咨询师，常常苦恼于如何整理从来访者那里收集到的信息，尤其是当来访者滔滔不绝、叙述没有重点的时候，咨询师往往产生陷入重重迷雾之中的感觉。分门别类地整理来访者的信息是咨询师基本功训练中重要的内容之一。

咨询师可以尝试从以下几个方面来概括和梳理来访者提供的信息：基本资料；了解来访者为什么来咨询，为什么此时来咨询，与主诉相关的信息（诱发时间，持续时间，初发还是继发）；来访者与重要他人的关系，不同人生阶段与不同人的关系；来访者最早的记忆，越早越好；对来访者的印象。我们用《心理访谈》中“爱你恨你我的父亲”一期来说明如何使用上述问题进行概括和梳理。

1. 基本资料

小杨，女，25岁，中专学历，未婚；20岁离家来到北京工作，其间没有回过家，只见过父亲一面。

2. 为什么来咨询，为什么此时来咨询？与主诉相关的信息（诱发事件，持续时间，初发还是继发）

小杨主诉：我心里清楚，孩子不应该恨家长（父亲），这个问题一直困扰我（自从小学一年级回到父亲身边后），我不想恨他，我想把这种感觉变得平淡一些，希望心平气和地与他坐在一起说说话，发泄一下对他的怨恨。

咨询师的反思：小杨刚见到咨询师时表示想解决自己无法建立亲密关系的困难，但当咨询师询问关于她与父母的关系时，小杨情绪有些激动，表达出很多对父亲的怨恨。小杨对父亲的感受是矛盾的，一方面她怨恨父亲，另一方面她期望通过咨询解决和父亲的关系问题。小杨当下无法建立亲密关系的困难可能来自父女关系的困难。经过梳理和澄清，小杨愿意先谈谈与父亲的关系问题。

“为什么来咨询”这个问题一般记录的是来访者的主诉，即从来访者的视角，梳理他们想通过心理咨询解决的议题是什么。“为什么此时来咨询”这个问题是希望了解来访者咨询的动机水平以及他们对咨询的顾虑、担忧等。有些来访者已经被自己的议题困扰有些时日了，但是一直没有下定决心进入咨询，近期遇到了触发事件，才下定决心来咨询。大部分来访者前来咨询时都存在内心冲突，一方面想改变，另一方面对改变感到不确定，所以在初访时，咨询师要增强矛盾心理比较强烈的来访者的咨询动机，帮助他们减少对改变的不安感，让他们对改变抱有希望，鼓励他们接受咨询。还有的来访者对于自己为什么来咨询是“不太清楚”的，比如有的来访者的主诉是“近期睡不着觉，总做梦，休息不好，去医院看了医生，医生建议我来咨询”，但当被询问有什么“心理议题”时，可能回答不出来。此时询问“在出现症状之前有什么事情发生”“最近的生活、工作、人际交往、学习等方面有什么变化”“之前是否有过类似的症状”等这些问题，有助于帮助咨询师了解来访者需要解决的心理议题。

咨询师的反思是指从咨询师的视角梳理来访者可以通过心理咨询解决的议题是什么。关于要解决的议题是什么，来访者和咨询师的视角既有关联性又有不同。从上述小杨的例子可以看出，来访者最初想解决的问题可能不是根源性的问题，有经验的咨询师就如同有经验的医生，会带着来访者澄清并分析问题的成因，然后尝试与来访者一起共同定义心理咨询的议题。

3. 来访者与重要他人的关系，不同人生阶段与不同人的关系

父亲：小杨非常恨父亲，不想见面，也不想说话。在她的记忆中，20岁离家之前，没有一天不挨父亲的打。父亲希望小杨考95分，如果没有达到要求，他就会很生气，不问青红皂白就动手。因为害怕父亲的殴打，小杨会说谎，

但是被发现后还会挨打。就在小杨马上要离开家的前夕，因为打扫房间没有扫好，父亲就骂小杨，她顶嘴了，父亲一巴掌就打了过去。但是父亲在别人面前温文尔雅，从来不会随便发火。小杨对父亲好的记忆非常少，只记得在她很小的时候，父亲会让小杨骑在他的脖子上，就像骑大马的样子，小杨觉得自己很高，好玩，还挺神气。

母亲：在父亲打小杨的时候，母亲会保护小杨，但后来父亲连母亲一起打，把母亲吓得不敢保护小杨。父亲生气的时候，他会抓住小杨和母亲的头发一起往墙上撞。小杨有的时候想保护母亲，但是有心无力。

叔叔和爷爷奶奶等亲人：小杨从小没有生活在父母身边，之前一直在奶奶家，小学一年级才回到父母身边。爷爷奶奶对小杨非常好，叔叔的关心和爷爷奶奶差不多，他把小杨当成宝贝一样来爱护。

恋人：小杨交过几个男友，但是恋情一般只能维持几个月。一开始时的相处还不错，但是当男友有了想进一步亲近的举动时，小杨会觉得很不舒服，认为对方“耍流氓”。这样的经历重复了几次，小杨渐渐觉得是自己出了问题。

其他人际关系：小杨与同学和同事的关系都还不错。

从小杨对自己的人际关系的描述来看，我们能分析出以下几个特点。

特点一，小杨与父亲的关系是最为纠结的，在她的体验中，父亲像一个暴君，对她的要求很高，经常因为不满而对她使用暴力，如果不努力回忆，她甚至回忆不起曾经与父亲有愉快的经历。但是她清晰地记得，父亲在他人面前是温文尔雅的。小杨的母亲在她的体验中是一个想保护她但无力保护她的软弱形象。她甚至有时为了保护母亲想和父亲拼命。在小杨的原生家庭中，父亲强势、暴虐，母亲柔弱、无力，家庭的三角关系失衡；她对自己的体验是想反抗父亲但无法抗争成功，只能通过逃离来表达自己的愤怒。

特点二，小杨对在奶奶家的那段生活记忆是非常美好的，尤其是叔叔的形象非常正面，对待她像对待宝贝一样。

特点三，小杨建立亲密关系是有困难的，当男士试图与她亲近时，她的第一反应是不舒服，想逃离，但是她说不清楚为什么，只能归因于对方“耍流氓”。

4. 最早的记忆，越早越好

小杨最早的记忆里是没有与父母有关的记忆的，都是她在6岁前在奶奶家愉快的经历。与父母有关的记忆就是回到父母身边后，父亲对她要求高，她几乎没有一天不挨打。

小杨最早的记忆与她对重要的人际关系的描述是一致的，从中能看到一些不连续的特点。总之，在奶奶家的生活是“好的”，回到父母身边的生活是“坏的”。

5. 对来访者的印象

小杨个子中等，样貌姣好，看上去文静有礼貌。在谈到自己的经历时比较开放，不回避，情感很充沛，也比较一致。咨询师会有帮助她解决问题的愿望。

咨询师能与小杨共情，对小杨的反移情比较正面，能与她建立比较好的工作联盟，从这一点能感受到小杨具有比较良好的与他人建立关系的能力。她的议题虽然是人际关系，但是可能并没有泛化（咨询师也是与父亲年龄相仿的男性），只局限在与父亲的关系及其他亲密关系中。当然，这只是初始访谈阶段，还需要在后续的咨询中进一步观察来访者与咨询师的移情与反移情。

## 第二节　针对人格发育水平的评估

针对人格发育水平的评估主要参考了弗洛伊德的性心理发展理论。弗洛伊德认为，人格形成过程与性心理发育过程相互重叠，性心理发育过程出现问题，必然会影响到人格的形成。我们一方面要观察人格结构是否病态，即个体的心理发育程度如何（神经症性、边缘性、精神病性、“常态”）；另一方面要描述个体的人格特征类型（偏执型、抑郁型、分裂型等）。本节将主要讲述针对人格发育水平的评估。

## 一、评估人格结构的三个维度

我们一般会从个体常用的防御机制、身份认同、现实检验能力、自我反省等多个维度对个体进行人格发育水平方面的评估。本节将介绍现实检验能力、身份认同和防御机制这三个维度的评估。

### （一）现实检验能力

现实检验能力是一种基本的自我功能，是指个体区分自体与非自体的界限，区分内部和外部的界限，以及对社会约定俗成的客观事实是否具备理解与共情的能力。良好的现实检验能力可以帮助个体区别外在客观世界与内心主观世界，以及精确地判断自我与环境之间的关系。

现实检验能力严重受损的情况常见于比较严重的精神障碍，特别是当个体出现了幻觉、妄想等症状时。

一位患有偏执型精神障碍的来访者时常感到很恐惧，拒绝出门。当被问及原因时，他说有人要害他，对此坚信不疑，但是无法说出具体是谁以及要用何种方式害他。某天上午，他突然打开窗户，对着楼下正在聊天的邻居破口大骂，说自己知道他们对自己不怀好意，忍受他们已经很久了，今天终于逮到两人在楼下密谋将如何害他。但经过详细调查和确认，以上他所笃定的所谓事实不存在，他的主观判断与客观事实严重不符，他的表现源于被害妄想。

现实检验能力受损的严重程度可以作为判断个体的精神健康程度的重要指标，在通常情况下，精神健康状况越好的个体，现实检验能力就越完备。有些个体的现实检验能力介于疾病状态和健康状态之间，可称为现实检验能力不足或者受损。

一位具有偏执特点的来访者平时功能水平比较好，但当工作压力大的时候就容易与他人发生争执。当被问及原因时，他说自己可以承受高难度的工作，但是受不了同事之间的尔虞我诈和钩心斗角。他觉得在自己所处的环境人际关系险恶，稍有不慎就会被别人算计和构陷。实际的情况是，平时他与同事的关系还可以，但在工作压力大的时候，他的精神状态紧绷，害怕犯错，变得很有敌意，很容易把敌意投射到别人身上，与他人发生冲突。

现实检验能力是一种随着年龄增长而逐步获得的心理能力，与外界的环境关系密切。

一个2岁多的孩子从睡梦中哭着醒来，当他的妈妈询问原因时，他说有人把他的糖抢走了，妈妈问他是谁抢走糖时，他哭得更伤心了，他说妈妈知道是谁。原来是他在梦里也梦到了妈妈，所以他认为妈妈看见了拿走糖的那个人。

一个13岁的来访者因为人际关系苦恼前来咨询，咨询师请她描述一下自己遇到了何种困难。来访者很难说出具体的事件，只是觉得班里的人际环境不好，她在班里好像是一个透明人，很少和同学说话，总是一个人独来独往。咨询师有些不确定真实的情况是怎样的，希望进一步评估来访者的现实检验能力，于是约访来访者的母亲。当与她的母亲交谈时，咨询师发现来访者的母亲也无法描述具体的事情，她对来访者描述的情境一无所知，还告诉咨询师她相信孩子说的是真实的。因为她也觉得人心险恶，所以很少与周围人交往，经常把自己的想法告诉孩子，让她警惕周围的人。

从第一个例子可以看到，儿童的现实检验能力是有限的，他们有时无法分清楚现实和想象，无法区分主观世界和客观世界。后面的例子反映了现实检验能力的获得有赖于环境，环境是一面镜子，来自现实世界的客观反馈将有助于个体发展出良好的现实检验能力。

### （二）身份认同

身份认同是一个复杂的概念，它涉及个体如何定义和理解自己，以及如何在社会和文化环境中被认知和接受。这个概念包含了认知、情感、社会和文化等多个维度。在概念操作上，我们可以通过以下几个方面来理解和分析身份认同。

自我认知。个体需要对自己有深入的了解和认知。这包括认识自己的性格、价值观、信念、能力、身份等。这是形成身份认同的基础。

社会角色和期望。个体在社会中扮演着各种角色，如学生、职业人士、父母等。每个角色都有其特定的期望和责任，这些期望和责任会影响个体的身份认同。

文化认同。文化是一个强大的影响因素，它塑造了个体的价值观、行为方式、思维方式等。文化认同是指个体对自己所属文化的接受和认同程度。

群体归属感。个体都希望归属于某个群体，这种归属感可以来自家庭、朋友、社区、国家等。群体归属感对身份认同有重要影响，它让个体感到被接纳和被认可。

反思和重构。随着时间的推移，个体的身份认同可能会发生变化。这可能是因为自我认知的深化，也可能是因为社会角色和期望、文化认同或群体归属感的变化。个体需要不断反思和重构自己的身份认同，以适应不断变化的环境。

身份认同的发展程度与心理健康的水平高度相关。心理健康状况良好的个体，可以拥有“过去-现在-未来”时间轴的体验感，较好地用他人视角观察、反思自己，对自己的看法的连贯性较好，拥有比较整合的身份认同。身份认同受损的个体对自己的体验是不连续的，他们常常拥有不连贯的体验或者矛盾的体验。

一位在职业上感到迷茫的来访者前来咨询。他当初考上了自己并不了解的专业，自述对所学专业提不起兴趣，在大学时并没有很好地投入学习，反而在历史、政治等科目上投入很多精力。他大学毕业时觉得自己无法投入历史或政治等相关领域，于是找到一份和专业对口的工作，当时觉得还挺满意，但没过多久就开始抨击工作中不尽如人意之处。之后的十多年，他换了数十份不同的工作，每次都是热情地开始，失望地离开，在职业发展上面没有长足的进步，越发感觉到困顿，于是前来咨询。

这位来访者在职业上的困顿感受与不连贯的身份认同有关。他想搞清楚自己喜欢什么，适合做什么，但他在开始做一件事情的时候满怀热情（过于理想化），遇到困难或者只是了解到一些事实的时候，热情立刻就消失了，很快否定开始的想法（理想化破灭，贬低自我）。来访者时而觉得自己行（当出现理想化时），时而觉得自己不行（当理想化破灭时），那么，到底是“行”还是“不行”？来访者感到越来越迷茫，搞不清楚自己是谁。

更严重的身份认同障碍是身份认同碎片化。如果说身份认同不连贯的来访者苦恼的是自己“好”还是“不好”，那么身份认同碎片化的来访者并没有这种二选一的纠结，他们对自己的感受是碎片化的。如果咨询师请他们形容一下自己是谁，他们很大可能回答不出来，对这个问题感到无所适从。

### （三）防御机制

防御机制是指个体惯用的特定防御方式或防御方式的组合，是个体在体验周围环境时整体的、自然的、适应性的方式。防御方式具有很多有益的功能，当个体产生焦虑、悲痛、愧疚和其他复杂、痛苦的情感体验时，当个体的自尊受到威胁时，防御可以保护个体远离威胁。每个人都具有自己偏爱的防御方式，并以此形成稳定的、具有个人特色的应对方式。防御方式与以下四个因素有关：气质类型；早年经历；模仿重要客体的防御方式；使用特定防御后的获益。有学者从精神分析的视角总结出防御有以下几个特征：在潜意识领域运作；其发展与儿童的自我成熟度的发育一致；是正常人格的组成成分；应激情境会增加防御的应用；有助于减少消极情绪；受非自主神经系统的支配；过度使用可出现精神病理现象。以自我成熟程度为主要指标，防御方式可以分为初级防御过程（更原始）和次级防御过程（更成熟）。

1. 初级防御过程

初级防御过程以混沌、边界不清的形式存在于个体的感觉、认知、情绪和行为之中。初级防御过程具有两个特点：一是个体缺乏现实检验能力，二是个体缺乏对自身之外的事物的独立性和恒常性的鉴别。比如否认——当某个事物突然出现时，个体自动地认为“这不可能”——直接将事物排除到意识之外，此时个体的现实检验能力是不足的。

初级防御过程在本质上是婴儿本能地感知世界的方式，婴儿的“否认”，是他们保护自己的方式，即把内在精神世界处理不了的问题及时排除到意识之外。这种方式虽然有失客观性，但保全了婴儿，避免他们被淹没性焦虑“毁灭”。即使到了更成熟的阶段，当遭受很大威胁时，个体也会使用初级防御过程来抵御痛苦。因此，初级防御过程本身不是病理性的，只有当个体缺乏成熟的防御方式、大量僵化使用初级防御过程时它才是病理性的。

（1）否认。否认是拒绝承认负面体验的存在。当灾难降临时，个体的第一反应通常是“不，这不是真的！”。这像一种鸵鸟政策——我把头埋起来，没看到就代表事情没有发生过。这与乐观的心态是有区别的。乐观的心态是在充分了解到事物的“好”和“坏”之后，还能接纳“坏”的部分，并向往“好”的部分。否认是建立在歪曲现实的基础之上，即完全无视事物“坏”的一面，近乎偏执地认为只有“好”的一面，比如一对老年夫妇晚年丧子，他们完全没有悲痛之情，反而一味地向周围人宣扬孩子已经脱离苦海，到达了极乐世界。这可能就是否认的防御机制在起作用。个体对于无法抗拒的压力，常常会调动否认这种防御机制。

（2）全能控制。这是指相信自己能够影响周围的环境，个体具有自主能力，是个体自尊的核心。婴儿在最初的时候并没有发育出完善的现实检验能力，当他们感到饥饿时，如果养育者识别并满足了他们，他们会认为自己具备了控制外界的力量，这就是全能感的雏形。当婴儿逐渐发育成熟，这一幻想会发生转变，婴儿会意识到自己不是全能的，转而相信自己的养育者是无所不能的。个体终究会发现，全知全能的人是不存在的，这是成熟的过程。即使是成年人，也会保留一些婴儿期的全能感，以激活胜任感和效能感。如果个体将现实和伦理抛到脑后，一味地追求全能控制的感受，以避免内心焦虑和维持自尊，就可能达到病态的标准（反社会人格）。

（3）理想化和贬低。当婴儿意识到自己不是全能的时候，会对养育者产生全知全能的信念。这种信念可以让婴儿相信养育者可以保护他们远离所有的危险。随着婴儿逐渐发育长大，婴儿会逐渐失去对养育者的理想化，这是分离–个体化的必要程序。当停留在依赖理想客体努力使自己完美的阶段，发现理想客体并不完美时，个体就注定会贬低客体。此时个体在极度失望和愤怒之中最想做的事情就是抛弃客体，再去寻找一个新的理想化客体。具有理想化特征的个体也具有自恋型人格特征。只有个体忍受理想破灭后的幻灭感，接受客体不完美的事实，才能迈向更成熟的阶段。

（4）投射和投射性认同。在投射发生时，个体误认为内部心理过程来自外部。良性的、成熟的投射可以构成共情的基础。与他人心灵相通时的高峰体验包含将自我投射至他人的过程。当被投射的内容是非常消极的部分时，被投射对象会因为被误解而恼怒。比如个体将敌意投射给他人，笃定地认为对方是有敌意的，自己“理应”回击，这样的互动方式难免会造成人际关系的紧张或冲突。投射性认同是更为复杂的防御方式，需要被投射方的配合才能完成整个过程。例如，A 将强烈的敌意投射给 B，认为 B 很有攻击性，于是采用非常不客气甚至充满攻击性的方式与 B 互动，并且认为这是在回击和保护自己。对于 B 而言，此刻被 A 攻击仿佛是无妄之灾，于是做出保护自己或者回击的反应。当 A 接收到 B 的反应后，会笃定地认为，自己的判断没错—— B 就是在攻击自己。这便是投射性认同的过程。相反，当个体将乐趣、爱的情感以及美好的感受投射给他人时，投射带来的效应也会是正面的。

（5）见诸行动。见诸行动也被称为行动化，即个体不用语言而是用行动来表达内心的想法。个体通过见诸行动把无助和脆弱的感受转变为自主的体验，将自己从困顿的情境中解脱出来，变被动为主动。当个体处于某种缺乏足够安全感的体验之中，无法用语言清晰地描述自己的任何情感时，见诸行动可以比较快速地处理掉这些感受，让个体恢复平静。比如，来访者频繁迟到，于是咨询师与之讨论关于迟到的意义；在下一次咨询的前夕，来访者再次联系咨询师请假，咨询师立刻回复“好的”；当咨询师复盘时发现来访者的请假引发了他的愤怒，但当时这种感受未被咨询师意识到，并直接转化成了行动——立即答应来访者。有些青少年的自伤性行为也是见诸行动。当青少年处于极端负面的感受中时，他们的心灵系统已经无法处理这些过载的感受，但自伤的行为可以较为快速地舒缓情绪，还可能引发周围人的关注。

（6）解离。解离是人们面对创伤的“正常”反应，当个体面对超乎承受能力范围的重大灾难、痛苦或恐惧时，会通过解离的方式去应对，借此隔断痛苦、恐惧等感受。在解离发生时，个体仿佛“灵魂出窍”，从当下的情境中完全抽离，变得“麻木”或者“没有反应”。个体反复处于创伤性的情境中，会习惯性地以解离来应对刺激。一位小时候曾经反复目睹母亲情感爆发和自杀的来访者无法准确回忆儿时的经历，当咨询师试图和他讨论与母亲相关的事情或者尝试做与母亲相关的解释时，他常常双眼迷离，似乎听不到或者听不懂咨询师在问什么或者说什么。极端的解离会严重损害个体适应现实危机的功能，普通的压力也会被他们感知为严重的危机情境，使他们对自己和他人的认知出现混乱且无法有效地应对。

2. 次级防御过程

与初级防御过程对比，次级防御过程是成熟的，因为次级防御过程有更好的现实检验能力，个体具备对自身之外的事物的独立性和恒常性的鉴别。前文所述的“否认”——当某个事物突然出现时，个体自动地认为“这不可能”——直接将事物排除到了意识之外，并不符合现实，此时个体的现实检验能力是不足的，而“压抑”发生时，通常说明个体承认事物存在。所以，“否认”对现实的歪曲程度更高，“压抑”与现实的符合程度更高。

（1）压抑。压抑的本质是潜意识地遗忘或忽略，个体通过此种方式从意识上远离烦恼。压抑的对象可以是情绪体验，也可以是相关的幻想和愿望。当这些情绪体验、幻想或是愿望唤起个体的焦虑时，个体就会启动压抑。压抑对适应环境有着积极的作用。如果我们总是完全知觉自己所有的冲动、感受、记忆和冲突，精神世界将不堪重负。适度的压抑会保护我们。在下列情况下，压抑会产生一些不良的后果：压抑失败，但个体无法有效地缓解焦虑；过度使用压抑，歪曲了现实，从而妨碍个体的生活；压抑妨碍了个体使用其他更有效的防御方式。许多其他的次级防御方式也存在压抑的成分，比如在隔离这种防御机制中，与某种观点相联结的情感受到了压抑。我们可以认为，压抑是许多防御机制的基础。

（2）退行。人类的社会发展与情感发育并不是一条直线，个体在成长过程中会出现某种波动。无论个体发展到多么成熟的阶段，都会在某些情况下（应激）退回到心中熟悉的领域。在多子女家庭中，当弟弟或者妹妹出生后，家里比较大的孩子会出现退行，比如已经能控制如厕的孩子又开始尿床，或者对父母产生更多的依恋行为。

（3）情感隔离。情感隔离是指将情绪从认知中剥离开来，个体以此种方法应对焦虑和痛苦。情感隔离在现实生活中具有一定的价值。一些特殊职业的从业者，比如医生、警察和军人等，在工作中常要面对常人无法面对的情况，此时把情感从认知中剥离出来可以帮助他们有效地应对那些情况。但如果个体把这种处理情感的方式带到生活中，就可能会对家人带来困扰。家是需要情感的地方，没有情感的家可能“致病”。

（4）合理化。合理化是指个体用“可接受”的解释去理解周围的人和事物。当我们无法得偿所愿时，我们会劝说自己“想要的东西也未必那么好”，这就是“酸葡萄效应”；当我们面临某些不幸时，我们会告诉自己“其实也没有那么糟糕”，这就是“甜柠檬效应”。这些都是合理化。合理化可以帮助我们适应世界，让我们即使身处劣势也很少抱怨。过度的合理化会歪曲事实，比如当家长体罚孩子时，觉得自己必须这么做，这是为了孩子好，这种合理化的想法掩盖了家长面对愤怒时的无力感。

（5）攻击自身。攻击自身是指个体把对外部客体的负性情感或态度转移到自己身上。这种情况可见于儿童。儿童对他们的养育者处于绝对依赖的状况，如果养育者十分苛刻、严厉，那么为了躲避来自无法依赖的养育者的惩罚，孩子会采用攻击自身这种防御机制，因此产生一种错觉——“如果我再好一点，就不会被惩罚了”。

（6）置换。置换是指将驱力、情感、关注或行为从初始目标客体转向其他客体，这样可以缓解焦虑。比如踢猫效应，即男主人在单位受了上司的气，回家向妻子发火，接着妻子训斥孩子，孩子转身踢了家里的猫。咨询中的移情现象也是一种置换。

（7）反向形成。人的情感体验是具有矛盾性的，这是精神分析的基本观点之一。反向形成是指否认情感的矛盾性。个体可能在感受到A的同时，潜意识层面感受到的是B。使用反向形成的个体常常坚持认为自己的感受只有一种，但实际上是所有复杂情感反应的某一个方面。比如有些父母无法面对自己对孩子的恨意，于是把恨意压抑到潜意识层面，并把恨意反向形成为爱意，但这种爱意会给人一种虚假或者过分的感觉。

（8）认同。认同是指一种在潜意识中希望成为某人的过程。这种能力帮助个体吸收他人的性格特征，是心理发展的情感基础。认同本身是中性的，它的好坏取决于所认同的对象。在心理咨询的过程中，来访者对咨询师的认同是十分宝贵的康复资源，当来访者对咨询师表现出的同情、好奇、包容和责任感等认同后，来访者会向更健康的方向发展。还有一种认同是与攻击者认同，比如个体在儿童时期遭受家庭暴力后，慢慢模仿攻击者，最终学会了用拳头说话。虽然与攻击者认同在儿童时期帮助个体度过了困难，但是在成年期可能成为麻烦的来源。

## 二、评估人格结构的三个水平

### （一）神经症性人格结构

有神经症性人格结构的来访者（以下简称神经症性来访者）常被当代的咨

询师用于形容情绪健康者，他们称得上是理想的来访者。此类来访者主要使用次级防御机制，在应激情境下也会使用原始防御，但原始防御并不占据主导地位。神经症性来访者具有清晰的认同整合，能给咨询师带来深刻的印象，言行也往往是比较协调的。他们的内心体验是连贯而有序的，能够回忆过往的经历，也能谈论对未来的计划。他们对重要人物的描述是复杂多样的，既冲突又统一。

一位神经症性来访者可能会这样描述自己的父亲："总的来说，我的父亲是一位还算称职的父亲，他比较顾家，会主动帮助母亲干家务，也经常带着我出去玩儿，但是他的脾气比较暴躁，有时会和妈妈吵架，甚至动手，尤其是后来酗酒后，脾气变得更不好了。我觉得他在表达情感方面有些困难，他几乎从来没有直接表达过爱我，我也是在长大后慢慢体会到他对我的爱的，他的爱都包含在他的行动里了。"

神经症性来访者的现实检验能力完好，没有身份认同紊乱，与日常现实保持密切联系，一般不伴有幻觉或妄想，常常因无所适从而来寻求帮助，问题大多是自我不协调。

一位因为人际关系问题前来咨询的来访者可能会这样描述自己和自己的苦恼："我觉得我在人际关系方面是有问题的，具体表现为我不太会拒绝别人，比如我的同事想和我换班，其实我有自己的安排，不想换，但是就是觉得不能说'不'，答应他以后自己很纠结，心里对他也有怨气。同事发现我对他的态度有异样来问我怎么了，我只能说没什么掩饰过去。因为我知道是我自己不能拒绝他，我在生我自己的气，和他没什么关系。"

这类来访者在通常情况下有"不知"的问题，他们在咨询的早期便有能力形成"治疗性分裂"——使自我产生分离，形成观察性自我和体验性自我。观察性自我就是我们平时所说的获得"真知"的能力。他们常常能与咨询师结成有效的工作联盟：他们提供关于自己的材料，咨询师和他们一起进行分析获得“真知”，他们由“不知”到“知”，获得领悟。

### （二）边缘性人格结构

有边缘性人格结构的来访者（以下简称边缘性来访者）的人格介于神经症性人格和精神病性人格之间。他们更多地使用初级防御机制，自我体验不是连贯有序的，而是充满了不协调性和间断性。他们对自己的认同也是不连续、片段性的，对他人的感知常常是“非好即坏”的。他们缺乏“反省能力”，很难达成“心智化”，现实检验能力受损。

一位因为人际关系问题来咨询的边缘性来访者可能会这样描述自己的苦恼：“我发现自己和别人总处不好关系，有时候我觉得是自己的问题，有时候我觉得是别人的问题。比如我刚去单位工作时和同事甲的关系处得特别好，几乎是无话不谈。但在半年后的一次部门会议上，领导批评我工作没有完成好，甲其实知道我被冤枉了，但是她什么话都没说，我心里气啊，之后再也没有和她说过话。这样的情况出现过几次，我也纳闷，为什么我总遇到这种人呢？”

边缘性来访者主要在情感容忍和调节方面存在困难，在容易产生羞愧、嫉妒、悲哀或其他微妙情绪的情境下，他们会迅速爆发愤怒甚至攻击对方。边缘性来访者的人际关系往往存在一些困难，他们容易陷入两难的窘境——在试图亲近某人时，他们会望而却步，不断试探和破坏关系，因为他们害怕被对方掌控或抛弃；在独处时，他们又感到孤苦伶仃，渴望与他人建立关系。边缘性来访者很少主动希望转变人格以适应环境，他们对自己的异常往往毫无察觉，也不希望改变，只希望自己能不再处处树敌。

边缘性来访者通常是“不行”的问题，即便在咨询中咨询师分析出了他们的问题所在，他们也无法运用这些对自己的理解帮助自己改变。边缘性来访者与咨询师的关系通常是跌宕起伏的，在初期，他们可能迅速对咨询师产生正性移情，理想化咨询师，但这种理想化最终会被现实打破（咨询师不是完美的，来访者很快会发现咨询师的不完美）。一旦理想化被打破，边缘性来访者倾向于终止咨询，切断关系。建立和维护稳定的咨访关系是与边缘性来访者工作的重要内容之一。

### （三）精神病性人格结构

有精神病性人格结构的来访者（以下简称精神病性来访者）的内心体验比较极端，他们容易因为绝望、无助或难以理解的理由从咨询中脱落。他们大量地使用初级防御机制，自我体验和自我认同是碎片化的，现实检验能力较差。有的来访者会有幻觉、妄想及牵连观念，思维逻辑混乱，但在平时的接触中不一定会表现出来，只有在某种刺激情景下才会被激发出来。

一位因为人际关系问题来咨询的精神病性来访者可能会这样描述自己的苦恼："我觉得我周围的人处处针对我，给我出难题，比如今天早上我没有时间给女儿做饭了，就给她吃了一个面包，我妈看上去挺生气的，她肯定觉得我不是一个称职的妈妈。我和她解释，她还说没有，我觉得她肯定是生气了。今天到了单位也是，我领导的脸色不对，肯定是因为我昨天下班早走了 5 分钟。他就是一个小气的人，一点小事都会放在心里，处处挑我的毛病。而且他和我妈一样，从来不承认自己有问题，我去找他说明情况，他还说是我想多了。我觉得我的同事也不是很友好，总和我较劲儿，我在办公室过得特别压抑，得万分小心才行。"

从这位来访者的主诉里我们可以看到她有偏执的特点，还有一些牵连的猜测。这类来访者往往缺乏反省能力，对内外部体验之间的划分迷惑不清。他们经常把内心世界的敌意和攻击投射到外部世界，认为周围的人都是充满恶意的，所以他们必须时刻处于警戒的状态或者采取以牙还牙的应对方式。

精神病性来访者大多依恋关系不好，即在他们内心当中，自体表征（对自己的印象）、客体表征（对他人的印象）和关系表征（对关系的印象）都是“坏的”。这些“坏的”的表征会不断地被他们投射到外部世界和他人身上，使他们感到现实的世界危机四伏。由于现实检验能力不足，他们无法区分威胁是内心的体验还是客观世界真实的存在。当他们认定外界是危险的，有人想迫害他们的时候，他们会戒备或者产生敌意，远离或者攻击他人。当他人“被迫”地回应他们的戒备或者敌意的时候，他们会觉得自己的判断是对的，更加认为外界是危险的，有人想要迫害他们。

精神病性来访者最主要的原始冲突大都与存在议题——生命与死亡，存在与湮没，安全与恐惧——相关。他们深深困惑于自己到底是谁，不能完整地感受自己的存在。他们当中的有些人长期处于偏执–分裂样状态，即日常生活平静，工作效能颇高，但内心总透露出困惑和恐惧，思维混乱或偏执。

精神病性来访者有“不知”和“不行”的问题，他们比较难以与咨询师形成有效的工作联盟，很难形成对自己的“真知”，心理咨询对他们产生的效果比较有限。

## 第三节　针对偏执–分裂心位和抑郁心位的评估

“心位”这一个概念是由精神分析学家梅兰妮·克莱茵提出的。她认为在婴儿期，最原始的本能张力都与幻想有关，幻想就是婴儿对现实做出的原始解释。或许成年人会觉得难以理解，但是这些幻想对婴儿来说是如此真切。例如婴儿会将饥饿“体验”为一个满怀敌意的迫害者正在攻击他的胃，这是因为婴儿会用自己的理解去解释他们的躯体感觉。这就如同在科学尚未广泛传播的年代，人们会以某种具体的方式对疾病导致的躯体变化做出解释——生病是妖魔鬼怪在作祟。婴儿会将自己的体验区分为“好的”和“坏的”，进而把与“好的”体验相关的客体体验为“好的”客体，把与“坏的”体验相关的客体体验为“坏的”客体。婴儿要把“坏的”东西，即把来自所谓迫害者的攻击以及自己因抵抗这些攻击而产生的愤怒统统从心灵中驱逐出去，而想保留“好的”东西和与“好的”客体联结。克莱茵将婴儿这种倾向于分裂的状态命名为偏执–分裂心位，在此状态中，婴儿对自己的体验是分裂的（“好的”体验和“坏的”体验），对他人的体验也是分裂的（“好的”客体和“坏的”客体）。克莱茵认为在发展的早期，偏执–分裂心位是人格的某些部分为了逃避难以忍受的恐惧，便开始攻击能够觉察这些经验的部分心智。

婴儿在经历了生命最初6个月的偏执状态后，迈出了发展道路上非常重要的一步。随着生理功能的成熟完善以及与养育者的关系日趋紧密，婴儿逐渐发展出经得起挫折、可以延迟满足等能力，他们不再那么惧怕自身毁灭，具备了将“好的”和“坏的”这两个方面统合（整合）起来的能力。克莱茵认为婴儿此时的心态从害怕移到了关心。此时的婴儿突然“发现”：“好的”客体和“坏的”客体其实是一个客体，即一个客体既包含“好的”一面，也包含“坏的”一面。克莱茵认为婴儿是否能迈出这关键的一步，取决于他们是否能内化一个充满爱的好的客体，以及由此产生的内在幸福状态。如果婴儿与主要养育者建立了足够有爱的联结，那么他们心灵内部的“爱”的感受可以帮助抵御“恨”的感受，即“爱”可以整合“恨”，“爱意”可以包容“恨意”。随着婴儿能够开始为客体着想，并且变得较少地以自我为中心，最主要的焦虑变成了担心对所爱的客体造成伤害，此时与客体的关系能够出现更大的分离，控制客体的需要也减少了。

克莱茵使用心位来描述人的发展，是为了与弗洛伊德的发展阶段相区别。

克莱茵认为，心位并非某个静止的状态，人的发展也不存在清晰的阶段顺序。她认为外部世界和内部世界的互动造成了焦虑，让主体持续在恐惧（偏执–分裂心位）与关心（抑郁心位）之间摆动。这些来回的摆动比弗洛伊德关于阶段与退行的概念更具流动性。

我们用一个生活中常见的例子来加深对克莱茵心位理论的理解。假如您是一位家长，下班回到家看到孩子正坐在客厅的沙发上看动画片，此刻您可能直接开始质问他："为什么不写作业？"当孩子告诉您作业已经完成时，您可能会感到后悔，刚才不该那么冲动，并为刚才的举动向孩子道歉。复盘一下上述情景中发生的事情：当看到孩子在看动画片时，您被激发了焦虑并滑动到了偏执–分裂心位，此时您丧失了部分心智，在没有了解情况的前提下就直接发起了攻击，开始质问孩子；当孩子做了解释和说明后，您缓解了焦虑并回到了抑郁心位，此时您的理智恢复了，为刚才的攻击性行为感到抱歉，并想和孩子修复关系。由这个例子我们可以清楚地看到，外部世界与内部世界的互动导致我们的心位来回滑动，在不同的心位，我们对客体的感受、我们的情绪和行为不太相同。

该如何理解人格水平与心位的关系呢？人格水平描述的个体人格发展的成熟程度比较稳定和难以改变，心位描述的是个体当下的状态，比较波动和容易改变。人格水平与心位也有关联：人格成熟程度高的个人更容易保持在抑郁心位，而人格成熟程度低的个人更容易滑动到偏执–分裂心位。人格水平与心位两者之间的关系就好似"心境"与"情绪"的关系，心境更稳定，情绪更易变，情绪可能根源于心境。

在咨询里评估来访者处于哪个心位，有助于我们评估当下应该使用何种技术——支持性技术或表达性技术。当来访者处于偏执–分裂心位时，此刻需要被理解和提升安全感，因此咨询师应更多地使用支持性技术；当来访者处于抑郁心位时，此刻有好奇心，想从自己的体验去了解自己和他人，因此咨询师应更多地使用表达性技术。表达性技术和支持性技术将在第六章详细描述。

## 第四节　在历程层面的评估阶段目标

在初始访谈即将结束时，有的来访者会询问咨询师："我说了这么多，您说得那么少，咨询就是这么进行的吗？那我怎么才能获得帮助呢？"此时，不少咨询师会照本宣科地告诉来访者，初始访谈是为了收集资料，所以要以来访者的叙述为主，以及从经验或者研究的角度来看，心理咨询通常是怎么帮助到来访者的。这样的解释方式不一定能让来访者感到信服，甚至可能让他们对咨询是否有帮助产生怀疑。分析体验式心理咨询为了提升心理咨询的效果，强调每一次咨询都要有一定的效果，即使是初始访谈也应该让来访者"初尝"心理咨询是如何进行的，这就涉及评估阶段历程层面需要完成的任务。

与历程层面相对应的是内容层面，我们举个例子来说明这两个层面所包含的含义。一位父亲规定他的儿子每晚都必须在10点前回到家，某个晚上，儿子回到家中已经11点半了，父亲非常愤怒地质问他："现在几点了？"儿子看看墙上的挂钟，怯怯地回答："现在11点半了。"在内容层面，这对父子就"几点了"这个问题进行了一问一答。在历程层面，父亲表达的是"这么晚了，你还知道回来？"，儿子回应"爸爸，我知道错了"。

评估阶段历程层面的内容包括：和来访者建立咨询联盟，向来访者传递一种被理解和对未来抱有希望的感觉，让来访者体验心理咨询是如何进行的，以及增强来访者改变的动机。在初步评估完成后咨询师还要告知来访者咨询的框架和设置，与来访者一起探讨并形成"恰当的"咨询目标。在评估阶段，咨询师可以按照"了解来访者的主诉，辨别寻求帮助背后的动力，告诉来访者如何理解他所说的信息，总结如何理解他的冲突，提出合理的咨询目标并询问来访者是否同意”的操作顺序进行初始访谈。

在前文的案例中，小杨最初的主诉是希望解决亲密关系的问题，咨询师询问她为何被困扰，她谈到了自己已经离家5年，很少与家人联系。此时咨询师敏感地捕捉到了这一关键信息，请她多说一些。谈起原生家庭时小杨的情绪比较激动，说出了这些年与父亲糟糕的关系，坦诚自己对父亲是怨恨的。

咨询师建议小杨是不是可以把咨询目标锚定在探讨与父亲的关系上。一开始小杨是拒绝的，她认为自己就是为了摆脱和父亲的关系才想快速建立亲密关系，她不理解为什么咨询师建议她解决她不愿意碰触的话题。咨询师向小杨讲述了自己的理解，他告诉小杨，父亲是她生命中接触的第一个男人，与父亲的关系或多或少会影响她对男性的看法，并询问小杨与男友相处的困难是什么。小杨说自己找的男生看上去一点都不像父亲，这是她最重要的标准，但不知道为什么，当男友试图与她亲近时她很反感，认为对方在“耍流氓”。咨询师询问她在小的时候是否与父亲有比较亲密的接触，小杨告诉咨询师她和父亲的关系很糟糕，父亲动不动就会打她。

咨询师邀请小杨思考与男友的关系和与父亲的关系两者之间是否有某种关联。小杨询问咨询师，难道是父亲经常殴打她导致她无法忍受男友的靠近。咨询师告诉小杨可能存在某种关联，因为听上去她对男友试图亲近时的排斥反应是下意识的，好像在躲避什么，或许她自己不能理解为什么，于是认为问题出在男友身上（耍流氓）。但有过几次类似的经历后，小杨开始觉得问题在自己身上而不是在男友身上。小杨认为咨询师的分析有一定的道理，愿意尝试去探索父女关系议题。到此为止，咨询师帮助小杨改变了最初的目标，确立了以改善父女关系为咨询目标。

如何能更好地达到历程层面的目标呢？在初始访谈中应该注意以下几点。

第一，与来访者共情，让他们感受到咨询师可以给予情感上的理解与确认。“被理解”“被看见”“被确认”是人类亘古不变的心理需求，共情是最基础、最有效的心理干预技术之一。

第二，与来访者一起澄清他们的苦恼，让他们感受到咨询师可以帮助他们辨析心理议题，并一同寻求解决之道。在前文的案例中，小杨最开始提出的是亲密关系困难，咨询师不断与之澄清，梳理出小杨的核心问题是父女关系问题，并建议小杨从父女关系入手。

第三，鼓励来访者坚持咨询。来访者常常带着矛盾而复杂的心情走进咨询室，他们迫切地希望解决问题，但对改变具有不确定性；他们会对咨询师抱有理想化的期待，但对是否可以信任咨询师存在疑虑；他们希望咨询师能一针见血地指出问题并提供解决之道，但在面对核心议题的关键时刻又想逃避。来访者对于自己的矛盾心理往往一半是有意识的，一半是未察觉到的。这就需要咨询师非常仔细地辨别来访者是否存在矛盾心态并与之探索，并适时给予鼓励。

第四，向来访者“灌注希望”。希望的灌注和维持对所有的心理咨询都是重要的，来访者对咨询有信心本身就具有效果。即使在来访者最悲观的时候，咨询师也应真诚地指出，尽管来访者很多年来一直被心理问题所困扰，但始终没有放弃，或许这份执着就是最终带来访者走出黑暗的星星之火。

# 第六章
# 分析阶段

分析体验式心理咨询的第三个阶段为分析阶段。分析体验式心理咨询特别注重让来访者能够理解自己的问题的根源，因此在这个阶段，咨询师主要使用精神分析理论或认知理论模型，针对来访者问题中“不知”的部分进行工作。

在此阶段，咨询师主要使用心理动力学技术、认知行为技术，通过分析来访者的意识和潜意识内容，把来访者过去的经历和当前的苦恼建立联系，推动来访者用自己的方式达到领悟，这是将“不知”转化为“知”的过程。

一部分心理功能水平比较好、心理问题不严重的来访者从“不知”到“知”就可以达到较好的咨询效果；心理功能水平比较好、心理问题有些严重的来访者对自己的问题有了“知”后，还需要进入体验阶段，使用相应的干预技术进一步修通；心理功能水平比较差的来访者可能需要反复经历分析阶段和体验阶段，才能达到比较好的咨询效果。

## 第一节　使用精神分析技术进行分析

经典精神分析理论认为，来访者的异常行为表现和不适体验会被归因于早年生活的经历（创伤）以及由此形成的压抑在潜意识里的矛盾、冲突，来访者症状的存在或现在的困难是原发性获益或继发性获益的结果。分析的目的是分析潜意识欲望与反对这些欲望的防御之间的冲突，帮助来访者把潜意识的内容意识化，在被保护的咨询情境中重新面对创伤或情结，达到本我、自我、超我之间的动态平衡。

一位来访者因为被诊断为患有“惊恐障碍”而来咨询，基本信息如下：女，35 岁，已婚，育有一女。两个月前的某个晚上，她因为突发心悸被送入某院急诊，经医生检查未发现明显的器质性疾病。自此后她又出现两次心悸，深感不安，反复就医，后被诊断为惊恐障碍，并被建议服药同时配合心理咨询。

在心理咨询的过程中，咨询师发现来访者首次发病的触发事件是来访者的爱人接到通知，需要外调一年。来访者自述全力支持，希望丈夫安心工作。但自此后，来访者出现了惊恐障碍的症状，爱人担心她的健康，就决定不去外地工作了。在后续的咨询中，咨询师发现来访者从小就是听话的乖孩子，比较压抑，平时处处为他人着想，很难表达自己的诉求或不满。随着咨询慢慢深入，来访者逐渐发现了自己压抑的模式，她内心并不想让丈夫去外地。慢慢地她可以表达自己，也理解了压抑进潜意识的欲望转化成了惊恐障碍的症状，症状慢慢消退了。

在客体关系的视角下，来访者的症状来源于不断导致自我破坏模式的内部客体关系。早年生活中的不良客体关系被个体内化于心，形成了内部的关系模型，在随后的生活中，个体不断将内部关系模型投射至新的关系中，有问题的关系不断地被重复。分析的目的就是找到有问题的内部关系模型，打破强迫性重复。

在前文的例子中，来访者小杨把糟糕的父亲形象和糟糕的父女关系内化到心里，当男士试图与她亲近时，她的第一反应是不舒服想逃离（对男性的厌恶和认定男性靠近会带来危险），但是她说不清楚为什么，只能归因于对方“耍流氓”。

分析的过程包括将不同来源的信息结合到一起，咨询师要从来访者所说的有关其当前关系与过去关系（包括他与父母的关系）的叙事中找出多次出现的主题，也要观察咨访关系中正在开始显现的一些模式或主题。

一位来访者因为感觉自己在人际关系中比较疏离前来咨询。她感觉自己和父母、兄弟姐妹不太亲近，和爱人、孩子也不太亲近，为此而感到苦恼。在咨询过程中，来访者和咨询师的关系也是比较疏离的，每当和咨询师的关系有一点点亲近时，来访者都会请假或者推迟咨询，仿佛是在疏远咨询师，避免咨访关系的深入。

在下一次咨询时，咨询师试图指出这种“推开”模式，但来访者否认了，并坚称确实是因为有事才推迟了咨询。尽管当下来访者并没有接受这个解释，但经过一段时间反复的工作，来访者最终意识到了自己的模式。

使用精神分析技术进行分析前，需要先辨析来访者此时此刻的心理状态，然后再选择合适的方式。结合第五章涉及的内容，咨询师需要做好分析前的评估，即来访者的功能水平符合神经症性人格水平还是边缘性人格水平，来访者此时是处于抑郁心位还是偏执–分裂心位。当来访者属于神经症性人格水平且处于抑郁心位时，来访者此刻有好奇心，想从自己的体验中学习，有探索的需要。在这种情况下，咨询师可以使用表达性技术，如诠释。诠释是根据语言背后隐含的信息，对来访者的心理困扰做出说明，用以解释来访者语言及行为背后的动机，为来访者提供一种新的认识自己及其问题的视角。诠释的目的是将来访者的无意识的内容意识化。诠释技术分为两种，一种是“以咨询师为中心的诠释”，即将诠释的内容锚定在咨访关系上，点明来访者对咨询师的想法和感受，如“你好像担心我在你毫无防备的情况下中断咨询，你怕我会……你觉得我会……当我……的时候，你松了一口气，你把我体验成了……”；另一种是“以来访者为中心的诠释”，即将诠释的内容锚定在来访者身上，点明来访者内心的冲突、感受或幻想，如“那个时候，你好像没有什么可以做的，好像你是一个受害者，甚至你会认为是你自己导致了这一切”。以咨询师为中心的诠释适合此刻安全感更弱一些的来访者，而以来访者为中心的诠释适合此刻安全感更强一些的来访者。

当来访者属于神经症性人格水平，但处于偏执–分裂心位时，来访者此时对被理解和安全的需要较强。在这种情况下，咨询师可以先使用支持性技术，如共情、容纳等。当咨询师共情并肯定来访者的情绪状态时，来访者的痛苦感受得到了确认、接纳和共享，不可忍受的痛苦变成可以忍受的痛苦，来访者对心理痛苦的耐受力和其反思能力会得到提升。咨询师可以从语言层面容纳来访者，从来访者特殊的个人经历出发，确认他们的情绪感受和想法是有“内在逻辑性”的，比如可以说“你经历了那样的童年，有现在的心情，是完全可以理解的”，或“你可能对你目前所经历的一切感到困惑”，以及“在那种情况下，你似乎别无选择”。咨询师也可以从非语言层面，如稳定的咨询框架、开放的姿态、平静的语调以及目光接触等容纳来访者。总体而言，咨询师的在场、接纳、不防御的态度、对负性情绪的容忍能力、忍受来访者的攻击以及持久的稳定性等，构成了语言或非语言的容器，给来访者提供了必要的安全感。当来访者平复强烈的情绪，回到抑郁心位后，咨询师可以使用表达性技术继续完成分析工作。

当来访者处于边缘性人格水平及以下时，受到人格成熟程度的影响，接受诠释等表达性技术的能力不如神经症性人格水平的来访者，因此咨询师需要更加注意将表达性技术和支持性技术配合起来使用。

片段一

来访者：怎么说呢，如果咨询师让我感觉安全时，我会多说一点，但是我总觉得你给我的感觉很理性，有时还很严肃，有时我会有点害怕。刚进来的时候（来访者迟到了），我不断地躲避你的眼神，因为我觉得你在审视我，我不知道其他人是什么感觉，反正我有些害怕。我猜测，是不是我太敏感了，是不是我平时说话太无聊了。你一直不笑，我就会很害怕。

咨询师：你提到了我的严肃，被我审视的感觉，之前你也表达过。你觉得这种感觉熟悉吗？我记得你曾经说过，你父亲也给你这种感觉，这是不是一种重复的模式？

来访者：什么叫重复？为什么要提我父亲？我在说我很害怕你。

这位来访者之前被评估为处于边缘性人格水平，对咨询师的负性移情强烈。此时咨询师使用的是表达性技术，希望把来访者此刻的关系模式与过往的经历相联系，让来访者领悟，但来访者此刻并没有接受咨询师诠释的内容。仔细观察来访者所说的话，此刻来访者表达了很多不安的情绪，此时咨询师应该先使用支持性技术，先平复来访者不安的情绪，可以说“我此刻能感受到你很不舒服，你愿意再多说一些吗？”或“在此时，你想确认你的感受，而我转换了话题，这让你很不舒服”。在来访者强烈的负性情绪得到缓解后，咨询师再对来访者的移情做出分析，会更容易让来访者接受。

片段二

来访者：我上周经历了一件很让我害怕的事情。我参加了一个沙龙体验活动，在活动中，成员 A 突然对我很生气，指责我没有理解她的感受，还高高在上地评论她。我当时有些懵。怎么会这样呢？当时我感觉特别委屈，我没有做什么啊！有几个组员尝试调节气氛，气氛总算是缓和下来了。但是我整个人感觉非常糟糕，又生气又难过。

咨询师：听起来这次活动的过程让你有些受伤。我很好奇你们是如何互动导致了那样的结果发生。我记得你曾经说过，在生活中有人会评论你高高在上，与他人有距离，而我在想，会不会当时发生的情况，与你生活中的情境存在着一定的关联。

来访者（开始流泪）：听你这么说我很难过，难道都是我的错，是我做错了什么，才会被人这么对待？

这位来访者之前被评估为处于神经症性人格水平，但受到沙龙活动的影响，此刻处于偏执–分裂心位。咨询师发现来访者刚经历的事情与来访者要解决的问题有关，于是想引导来访者去探索。但此刻来访者还在难过、愤怒等强烈的感受中，咨询师的探索性问题让来访者感受到的是被质疑和被评判。咨询师应该先使用支持性技术，待来访者情绪平复后再带领其继续探索。

下面是运用精神分析技术进行分析的实例。

1. 基本资料

G先生，男，35岁，中专学历，已婚，育有一子，目前在一所民办学校做教师。

2. 为什么来咨询，为什么此时来咨询？与主诉相关的信息（诱发事件，持续时间，初发还是继发）

G先生主诉：G先生有远近闻名、点火就着的坏脾气，经常因为一些鸡毛蒜皮的小事而迁怒周围的人，每次发起脾气都会六亲不认，和领导打，和老婆闹，甚至和岳父都会翻脸，每次骂完后他都会后悔不已，可下次还是无法自控。G先生自己也搞不明白，那些永远也发不完的火究竟是从哪儿来的。G先生感到自己的暴躁脾气影响了生活，影响了他的每个社会角色。他来咨询的目的是找到有效控制情绪的方式。

3. 来访者与重要他人的关系，不同人生阶段与不同人的关系

父亲：G先生的父亲生活在一个穷苦的大家庭里，作为长子，全家的生活都要靠他一个人做农活、挣工资来维持。当父亲结婚从家里分出来单过后，奶奶想让父亲向家里交钱养活弟妹，因此母亲和奶奶之间产生了极大的矛盾。就在这种整天争吵不休的生活中，左右为难又无力处理的父亲患上了严重的

疾病，在G先生16岁那年离开了人世。G先生认为父亲完全是被自己的亲人逼死、气死的，由此对奶奶产生了怨恨。而父亲去世前对他说过的一段话让他一辈子也忘不了。在父亲去世前的一个星期，父亲喊G先生一起去地里浇小麦，父亲坐在地里跟G先生诉说他这一辈子过得很委屈，一直在夹缝中生存，一边是G先生的奶奶，一边是G先生的妈妈，另外还有贫穷压着他，他感到无比痛苦。

母亲：G先生的母亲经常和G先生的奶奶吵架，两个人一吵架就会波及G先生的小家。母亲和父亲也经常吵架，甚至母亲会被叔叔打。

奶奶和叔叔等亲人：G先生认为自己的父亲就是被奶奶和叔叔气死的，叔叔为了维护奶奶，经常打他的母亲和父亲。

爱人、儿子等亲人：G先生与爱人谈恋爱10年，结婚7年，从谈恋爱开始就一直争吵。G先生的儿子很在意G先生的情绪。当G先生在和朋友谈话时，如果孩子在旁边连续喊G先生，G先生就会发脾气。平时儿子问G先生要东西，如果一看G先生脸色不好，儿子就会说："爸爸，我不要了，但是你得笑才行。"G先生听到儿子这么说，心里挺难受的。

其他人际关系：G先生因为脾气差得罪了不少人，他曾经大闹校长室。岳父曾经说，如果他不是做了教师而是在家里务农，G先生可能早就杀了人，进监狱了。

4. 最早的记忆，越早越好

G先生从小生活在一个非常不和睦的家庭中。他的奶奶和他的母亲经常吵架，还会波及他们的小家，父亲和母亲也经常吵架。G先生认为他心中的火药包就是这么一天天地填充起来的。

5. 对来访者的印象

G先生个子中等，看上去面有愁苦或愤怒的表情。在谈到自己的经历时比较开放，不回避，情感很充沛。咨询师希望帮助他解决苦恼。

我们选择从客体关系的视角来分析G先生的个案。G先生的症状来源于重复性地导致自我破坏模式的内部客体关系。G先生的心里仿佛装着一个炸药包，这个炸药包就是他对奶奶和叔叔的恨意。G先生小时候生活在一个穷苦、充满争吵的大家庭中，奶奶和妈妈无穷尽的争吵一方面把父亲逼得走投无路，另一方面在G先生的心里种下了怨恨。G先生内化了很坏的奶奶和叔叔的形象。在生活中，如果有人做了“冒犯”他的事情，G先生心中坏的客体形象会立刻投射到对方身上，让他变得怒不可遏，恨不得“消灭”了对方，借此来消除心中的恨意。另一个可能的假设是，G先生的愤怒也是对自己的“过度”保护，因为他早年看到了父亲在夹缝中生存的痛苦、无助，内化了“弱小无助”的父亲形象，所以他在潜意识中希望改写这个形象，不断地用过度攻击来“修正”内心“弱小无助”的自我形象。

## 第二节　使用认知技术进行分析

埃利斯的合理情绪疗法认为，人的心理困扰或情绪与行为问题是由于不合乎逻辑或不合乎理性的思考所致。这些不合乎逻辑或不合乎理性的思考就是“非理性信念”，也就是我们所说的错误的思维方式。按照合理情绪疗法的思路，如果人们能够学会理性思考，那么大部分的情绪或心理困扰就不存在了。所以，咨询师应该帮助来访者发现不合理的思维方式，以合理的思维方式代替不合理的思维方式，对其行为进行解析，使其情绪性反应理性化，通过减少不合理的信念减轻来访者的情绪与行为问题。

我们可以使用“ABCDE”模式来描述合理情绪疗法的主要框架。“A”（activating）是指诱发性事件，即客观的现实；“B”（belief system）是指个人的信念系统，即我们内心的各种信念和想法；“C”（consequence）是指由信念产生的结果，即情绪性结果和行为性结果，“C”表面上是“A”产生的结果，但实际上并非“A”的直接结果，而是对“B”的一种反应；“D”（disputing）是咨询师指导来访者分辨和抵制他们的非理性信念的过程，在这个过程中，来访者学习与非理性信念进行辩论，并以恰当的理性信念取而代之；“E”（effect）是来访者评估他们抵制非理性信念后的结果，即达到认知、情绪和行为改变的结果。

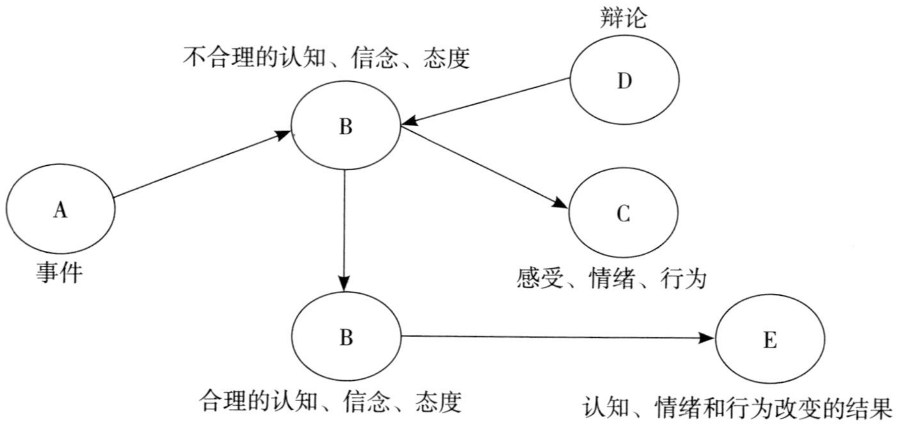


**图6–1　合理情绪疗法框架图**

咨询师要识别的不合理信念主要包括以下六条：武断推论，即没有充足证据就任意下结论；选择性抽取，断章取义地对事件下结论；以偏概全，从一件小事或事情的一部分，就得出一个关于全部的大结论；夸大与贬低，即夸大一些事情，贬低另一些事情；个人化，习惯于将外在的事件与自己联系起来；极端化思维，认为世界的一切只有黑和白两面，而没有过渡的灰色地带。咨询师需要耐心地与来访者讨论他们的不合理信念，使用各种技术帮助他们认识到这些信念给他们心理造成的影响。

下面是运用认知技术进行分析的案例实例。

1. 一般资料

L先生，男，30岁，大学学历，未婚，公司职员，目前做销售工作。

2. 为什么来，为什么此时来？与主诉相关的信息（诱发事件，持续时间，初发还是继发）

L先生主诉：L先生总感觉心里没着没落，一直也高兴不起来。上班就是过一天算一天的感觉，每天上班的时候都会想能不能不去了。虽然不喜欢这份工作，但是考虑到自己已经是快30岁的人了，如果放弃这份工作，那就意味着一切都要从头开始；不放弃又觉得工作很无聊，而且自己也越来越抑郁。他想通过咨询改善自己的抑郁情绪。

L先生总觉得自己倒霉，列举了一系列事情来验证自己的倒霉。L先生在公司是做测试工作的，有一次被分配去检测一个质量比较差的产品，检测了一万个产品，后来产品到用户手里，有两三千个产品出了一些问题，L先生感觉比较委屈，因为他的检测能力在公司是很强的。L先生怎么都没想到，自己在踏出校园的第一份工作中就遇上了这样的事儿，他觉得换个岗位也许就不会那么倒霉了，于是主动申请做了销售，可是万万没有想到，倒霉的事情又跟着来了。

L先生说销售工作的压力比较大，比如前三个月是100万的销售任务，如果完不成，第三个月降到80万元，如果还完不成，可能就得走人了。L先生每天快到下班的时候都要看今天还有多少没完成，这种销售压力几乎无时无刻不在。他老觉得自己好像完不成任务，以后永远也完不成任务，但他还得做，所以觉得自己挺倒霉的。

原来L先生在学校的时候虽然朋友不多，但朋友都是很要好、无话不谈的同学。参加工作后因为性格比较内向，他没有太多朋友。后来他遇到一个有点谈得来的同事，经常和他私底下骂老板，表达对销售的不满意见。有一天，公司的人事突然找L先生谈话，询问他是不是对公司不太满意。L先生只跟那个同事一个人说过公司的不好，所以他有一种被出卖的感觉。

3. 来访者与重要他人的关系，不同人生阶段与不同人的关系

略

4. 最早的记忆，越早越好

L先生自述小学从五年级开始一直不是特别顺，当时他参加了一个特训班，顺利完成培训对未来的升学有很大的帮助。但在一次课后活动中，班里的孩子们一起踢足球，L先生被本队的小伙伴踢倒了，导致右臂骨折，不得不休学。之后他就觉得很多事不太顺。

5. 对来访者的印象

L先生身材魁梧，看上去面有愁苦，内心抑郁、无助。他在谈到自己的经历时比较开放，不回避，但觉得自己很倒霉，似乎有个“倒霉”的标签牢牢地贴在他的脑门上。

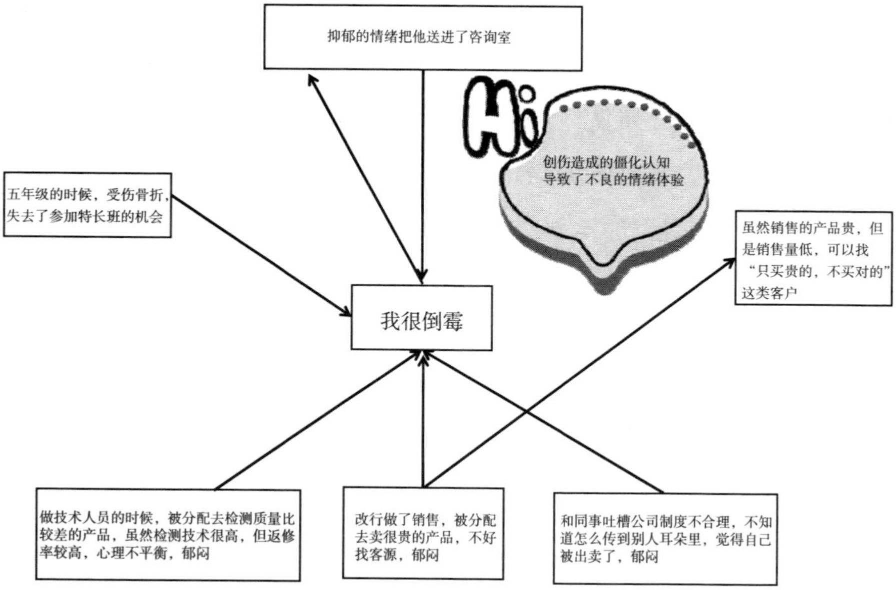


图6–2　L先生的思维导图

L先生因为五年级的时候受伤骨折，不得不从特训班中退了出来，从此之后，他就开始认为“我很倒霉”。这种认知有“选择性抽取”和“以偏概全”的特点。“我很倒霉”像是一个标签，牢牢地贴在L先生的脑门上。这个标签导致L先生的认知偏向“负半轴”，符合“我很倒霉”的事件更容易被他注意到，使得这个标签更为稳固地占据了他的认知，产生了泛化，导致了他产生抑郁。

## 第三节　使用行为技术进行分析

分析体验式心理咨询也会使用行为技术，基于条件反射原理和学习理论。

行为主义经典条件反射是指一个刺激和另一个带有奖赏或惩罚的无条件刺激多次联结，可使个体学会在单独呈现该刺激时，也能引发类似无条件反应的条件反应。如在恐惧症的形成中，某些原本中性的刺激（如特定的动物、场所或情境）可能因与令人恐惧的刺激（如疼痛、危险或恐惧的表情）多次联合出现，而逐渐成为恐惧对象。一个小孩子可能因为一次被狗咬的经历，而对狗产生恐惧心理。此后，看到狗时，即使这只狗并没有表现出攻击性，他也会感到害怕。

操作性条件反射强调通过奖励或惩罚来强化或削弱某种行为。在恐惧症中，个体可能因为害怕某种后果（如被嘲笑、被拒绝或感到尴尬）而学会回避某些情境或对象。这种回避行为在得到强化（如避免了恐惧的后果）后，可能会持续存在并加剧恐惧反应。例如，一个社交恐惧症来访者可能因为害怕在公共场合出丑而回避社交场合。当他成功地避开了这些场合时，他的恐惧反应可能会得到强化，因为他认为回避是有效的应对策略。

恐惧反应还可以通过观察习得，即间接学习。例如，一位母亲害怕蜘蛛的反应经常被孩子看到，孩子可能会通过模仿也患上了蜘蛛恐惧症。

下面是运用行为主义技术进行分析的案例实例。

1. 一般资料

YY，女，12岁，小学生。

2. 为什么来，为什么此时来？与主诉相关的信息（诱发事件，持续时间，初发还是继发）

YY主诉：特别害怕虫子，就连看到书上虫子的图片都会被吓哭。现在YY甚至用贴纸把自然书上的所有图片都贴了个严严实实。

妈妈说，YY和其他的孩子不一样，她看到虫子的时候就会特别害怕，浑身发抖。YY第一次出现这种情况是在小时候和妈妈一起翻杂志的时候，当时她一看到刊物上面蝴蝶幼虫的图片就尖叫起来，特别惊恐，而且把书扔到地上。直到把书的那一页撕掉扔了以后，她才能看那本书。妈妈觉得YY现在才上小学，怕虫子或许不会产生太大的影响，但以后YY上了初中、高中，如果连最基本的生物课都无法接触，就会影响学习。

3. 来访者与重要他人的关系，不同人生阶段与不同人的关系

略

4. 最早的记忆，越早越好

YY小时候特别爱看故事书，书上面的那种虫子图片，一个圆圈接着一个圆圈的，那时候YY一点都不害怕。大概7岁的时候，YY和姐姐一起去找同学，在上台阶的时候看到有一条虫子，大概15厘米长，一半红色一半绿色。YY觉得它可能会扑在自己身上，叫它的朋友来一起来攻击她。姐姐的同学也这么说，YY更相信虫子会扑过来攻击她了。

YY从一开始偶然怕虫子，到最后怕得不得了，连虫子的图片都害怕，和妈妈怎样帮助YY处理恐惧有关。YY看到虫子的时候，会情不自禁地扑到妈妈那儿去，妈妈也会把她紧紧地搂住。妈妈的本意是保护孩子别受伤害，但是这

也让YY对虫子的敏感性提高了。妈妈的保护方式在客观上加重了YY 对虫子的恐惧感。

5. 对来访者的印象

YY是个活泼可爱的小女生，对虫子的害怕很真实，咨询师有些心疼，想帮助她改善症状，重获健康心理。

YY被评估为单一恐惧症，她的症状可以用行为主义来分析。YY害怕虫子开始于和姐姐一起去找同学的经历，当时她在上台阶的时候看到一条虫子，YY觉得它可能会扑在身上，感觉有些害怕。这时姐姐的同学也这么说，进一步强化了YY在想象中感受到的恐惧，更相信虫子会扑过来攻击她。恐惧的症状是经典的条件反射形成的。而后，妈妈帮助YY处理情绪的方式助长了症状的固化。每次YY看到虫子的时候，都要尖叫着躲开，此时妈妈会把YY紧紧地搂在怀里。这种回避行为在得到强化（避免了恐惧的后果）后，可能会持续存在并加剧YY的恐惧反应。这是操作性条件反射的原理。所以，YY的恐惧症是由经典条件反射和操作性条件反射共同作用导致的。

## 第四节　分析技术的选择及注意事项

本章分别介绍了使用精神分析技术、认知技术和行为技术对个案进行分析的原理并列举了实例。在面对个案时，选择使用何种技术的依据仍然是基于对个案的准确理解。

在上述三个实例中，YY虽然害怕虫子的反应很强烈，但是从评估的角度来看，她的症状与成因之间的逻辑线索是最为清晰的（来源于一次经典条件反射），没有严重的泛化（没有产生害怕虫子以外的其他症状），症状并不弥散，对她个人的影响比较有限，或者说，社会功能受损的程度比较轻。缓解

YY的恐惧情绪可以从“制止”回避行为开始，在刺激环境稳定的情况下，恐惧的情绪会慢慢消退，“虫子是可怕的”这个认知就会被改变。

L先生的创伤来源于青春期的一次骨折经历，那次经历导致他产生了“我很倒霉”的认知。这种偏向负面的认知导致L先生在之后的生活经历中不断注意与之相符的经历，而忽略那些与之不符的经历，一段时间后，“我很倒霉”的认知不断被强化，形成了非常牢固的标签。在这种负面认知的长期影响下，L先生产生了抑郁的情绪体验，无法排解。总体来看，虽然L先生的问题起源时间比较早（青春期早期的骨折经历），但L先生的苦恼集中在职业领域的成就感方面，抑郁的情绪并没有显著影响社会功能。缓解L先生的抑郁情绪可以从寻找他的负面核心认知开始，当L 先生可以意识到自己的认知是片面的、负面的时，他就有机会通过改变认知来调节情绪。

G先生的问题是比较复杂的，特殊的早年经历影响了他内心更为核心的客体印象（奶奶和叔叔是坏的，爸爸是软弱无力、需要保护的）、自体印象（一方面脆弱和能力不足，另一方面强大、睚眦必报）和自体–客体关系印象（受害者–施暴者）的形成。他的症状有泛化（家人、同事、路人等都可以引发他的愤怒），社会功能受到影响（影响到他的每一个社会角色）。针对G先生的症状，咨询师需要先分析他暴怒背后的原因（内心的炸药包一点就着，是早年生活影响所致），然后使用体验技术处理积压多年的情绪（对叔叔的恨意），最后改变他的认知（他在保护自己的母亲，他的叔叔在保护他的母亲，谁都没有错）。

综上所述，如果来访者早年创伤比较严重，症状有泛化，社会功能受损，而且主要呈现的是关系方面的困难，那么咨询师可以先考虑使用精神分析技术进行分析。如果来访者的症状和成因之间的关系非常明确，或者导致症状的核心信念比较清晰，创伤比较单一，社会功能没有明显受损，那么咨询师可以尝试使用认知技术或行为技术进行分析。

# 第七章
# 体验阶段

随着心理咨询实践的不断发展，咨询师逐渐认识到，任何单一的学派或咨询方法都有其局限性，无法全面应对所有类型的心理问题。为了更好地满足来访者多样化、复杂化的心理需求，当代心理咨询更倾向于以一种基本理论为基石，同时吸收和融合其他学派的技术与方法，或者根据咨询中的共通因素整合多种理论和方法。这种综合性的咨询不再拘泥于某一特定理论，而是根据来访者的具体情境选择最为有效的咨询技术。

在分析体验式心理咨询的体验阶段，除了精神分析技术外，一些操作性强、自成体系的技术也被广泛地引入咨询实践中。这些技术运用起来灵活多变，对于促进来访者的认知和行为转变具有显著效果，能够有效地帮助来访者实现知行合一的目标。

# 第一节　认知疗法

## 一、认知疗法在分析体验式心理咨询中的运用

### （一）受不合理信念困扰的来访者

在困扰来访者的不合理信念中，有些是有助于他们应对外部环境的，有些包含了歪曲和非理性的元素。在日常生活中，这些念头不断在脑海中闪现，以各种方式微妙地影响着他们的心理状态。从阴阳平衡的角度来看，合理的思维可以被视为阳性的，而歪曲的思维是阴性的。根据阴阳平衡的原则，无论是阳盛阴衰还是阴盛阳衰，都会破坏整体的和谐与平衡。因此，当阴性的不合理思维远远超过阳性的合理思维时，阴阳平衡的原则便被打破，人们就更容易陷入各种心理困扰之中。

这类来访者的心理状态可以用“迷迷云雾生衣上”来形容，因为他们心中交错重叠的不合理思维就像一团团迷雾，从内心深处升起，最终将他们紧紧笼罩，使他们无法看清前进的方向。正是带着这些困惑和迷茫，他们走进了咨询室，寻求专业的帮助和指导。在咨询过程中，认知疗法被广泛应用，咨询师通过帮助来访者识别和纠正不合理信念，引导他们恢复阴阳平衡，从而解开心灵的迷雾，重新找回前进的方向。

### （二）理解来访者的咨询师

在咨询室中，许多来访者会向咨询师倾诉他们混乱的情绪、糟糕的生活和失控的行为，这有时会让咨询师感到困惑。中国文化强调中庸之道，人们往往喜怒不形于色，这使得来访者所描述的情境显得错综复杂，理解他们言辞背后

的深层含义变得棘手。咨询师作为一位训练有素的专家，需要在来访者混沌的叙述中抽丝剥茧，逐渐还原事情的真相。

在咨询过程中，咨询师的理解和接纳成了最有力的咨询工具。它们使咨询师和来访者之间建立起一种亲密无间的伙伴关系，仿佛二人并肩前行。来访者会拉着咨询师的手，引导咨询师深入他们的故事，共同体验他们的喜怒哀乐。但咨询师并不是被动的听众，他们在倾听的过程中，会敏锐地捕捉到来访者故事背后的歪曲信念和认知。在适当的时机，咨询师会引导来访者走出自己的故事，进入咨询师的体会、感受和辨析之中。这种顺水推舟的做法，既巧妙又高效。

更为重要的是，咨询师的理解具有一种"水归沧海意皆深"的深远意境。就像大海以宽广的胸怀接纳四面八方奔腾而来的流水，咨询师的理解给予来访者一个机会去感受那份包容与宽广，进而成为这个治愈过程的一部分。咨询师的理解所起到的包容作用，对于来访者来说是一种清新、温和的个人体验，让他们能够在被接纳的同时逐渐敞开心扉。因此，即使咨询师已经洞悉了事情的真相，他们也不会急于告诉来访者"你的想法错了"。尤其是对于那些自我非常脆弱的来访者来说，过早地纠正他们的错误可能会让他们感到深受伤害，甚至因此放弃咨询。咨询师会耐心地等待合适的时机，以更加温和、建设性的方式引导来访者走上自我成长和改变的道路。

### （三）学习"接纳"的来访者

在咨询室中，咨询师的理解营造出一种宽容与平和的氛围。在这里，来访者可以自由表达，即使犯错也不会受到指责。这种环境让来访者逐渐找回了那个更真实、更深层的自我。他们心中曾有一个由内在潜能激发形成的自我，但由于与外在的价值条件发生冲突，这个自我被遗忘了，就像一个在童年时期被迫背井离乡的纯真朋友。随着咨询的深入，当来访者重新接纳这个被忽视的内在自我时，那种感觉就如同多年后在明亮的月光下重逢老友，既令人感慨万分，又让人倍加珍惜。这种重逢让来访者获得了成长的力量。

因此，来访者学会了不再为自己的错误而过分苦恼，而是能够坦然面对并积极改正。他们变得更加开放，容易接受咨询师对他们问题的看法和建议。咨询师对来访者的无条件接纳为来访者树立了榜样，使他们学会了如何自我接纳。同时，由于能够接纳自己的不完美，来访者变得更加宽容，能够包容他人的错误，从而实现内心的和谐与平衡。

### （四）揭示真相的咨询师

咨询师在深入探索之后，已经揭示了隐藏在混乱背后的真相。当来访者准备好面对并改正自己的错误时，咨询师会向他们阐明这一切。这一过程对咨询师而言，犹如“海动山倾古月摧”般壮阔与艰难。撼动大海，颠覆青山，破碎古月，每一项都是艰巨的挑战，一旦成功，其带来的变革将是颠覆性的。咨询师揭示真相的过程也是如此，尽管充满挑战，但他们依然坚决地前行。

要改变来访者根深蒂固的观念并非易事，然而一旦实现，其效果就必然显著。咨询师的目标就是揭示那些远远超出合理范围的不合理信念，帮助来访者消除这些障碍，并以更具适应性的思维方式取而代之。通过这一过程，来访者能够实现内心的平衡与和谐，从而踏上自我成长与改变的新征程。

### （五）自我整合的来访者

在认知心理咨询中，咨询师的角色固然重要，但成功的咨询更依赖于来访者能否将新的观点和见解有效地融入其原有的认知体系中。来访者自我整合的最高境界可谓达到“人间何事堪惆怅”的豁达与超然。接下来，我们将探讨来访者如何能够达到这种整合的境地。

尽管来访者可能已经做好了改变的准备，但改变的过程往往比预想的更为复杂和艰难。来访者需要在改变与不变的挣扎中付出巨大的努力，唯有如此才能实现最终的目标。例如，一位来访者认为自己各方面都很差，职场中不受赏识，对家庭也没有贡献。当咨询师引导她思考是否有过被他人认可的时刻时，虽然她提到老板最近采纳了她的一个营销方案，但她仍然坚信这并不代表她真的做好了那份方案。在咨询师的帮助下，她逐渐意识到这种全盘否定的想法是不合理的。不过，她随后表示："我需要通过不断告诉自己不行来激励自己更加努力地工作。"

此外，即使来访者决定放弃原有的不合理信念，这些信念也可能在生活中无意识地出现，给他们带来困扰。这时，来访者需要时刻保持警觉，提醒自己避免重蹈覆辙。

来访者的改变呈现一种螺旋式上升的模式。在咨询师的引导下，他们可能会取得显著的进步，但随后可能因为犹豫和不安而有所退缩。然后，他们会再次向前迈进，再次后退，如此循环往复，逐步实现对某一理念的深度整合。当来访者完成了对某一问题的整合后，他们往往会发现新的问题和挑战，于是新一轮的整合过程又开始了。这种改变过程揭示了人生的真谛：人生不可能一帆风顺，也没有完美的状态可言。

## 二、认知疗法常用技术

埃利斯的合理情绪疗法指出，人的心理障碍、情绪问题以及行为困扰往往源于不合逻辑或不理性的思考。这些思考被称为"非理性信念"或错误的思维方式。如果我们能学会理性思考，那么大多数情绪和心理问题都能得到缓解。因此，咨询的目标在于帮助来访者用合理的思维方式替代不合理的思维方式。

咨询师通过解析其行为，使其情绪反应更加理性化，减轻其痛苦和忧郁。

咨询师在识别来访者的不合理信念时，主要关注以下五个方面：任意推断，证据不足时草率下结论；选择性概括，仅根据部分信息就对整体事件做出判断、以偏概全；过度引申，过度泛化，任意扩大事件的外延；夸大或贬低，对客观事件的意义做出歪曲评价；全或无思维，把生活看成非黑即白的单色世界，没有中间状态。咨询师需要耐心且反复地与来访者探讨这些不合理信念，并运用各种技术帮助他们认识到这些信念对心理健康的负面影响。

挑战来访者不合理信念的技巧丰富多样，以下介绍几种实用方法。

### （一）成本–效益分析

引导来访者审视某一信念所带来的积极与消极后果。若消极后果显著多于积极后果，显然该信念的成本过高、效益不足，因此不值得坚持。

### （二）检查证据

在呈现来访者的负面想法后，邀请他们列举支持该想法和反对该想法的证据。若大量事实均不支持该想法，则来访者应考虑放弃。若来访者找到的证据似乎都支持其负面想法，咨询师则需仔细审查这些证据的真实性和有效性。

### （三）区别行为和人

来访者往往容易将一次行为的性质泛化为对整个人的评价，例如认为做了一件坏事的人就是坏人。因此，要帮助他们明确区分行为与人的不同——一个人的单次行为并不能决定其整体品质。同时，启发来访者观察同一人在不同情境下的行为变化，以全面、客观地评价他人。

### （四）通过行为处理负性想法

有时，来访者的自动想法虽然真实，却给他们带来困扰。这时，咨询师应将焦点转向实际行动，例如与缺乏社交技巧的来访者探讨如何提高社交能力，以应对他们认为自己总是不能自如地与人打交道的真实想法。

### （五）记录功能失调想法

功能失调想法记录表（表7–1）是一个对大多数来访者都有益的工具。该表的底部列出了一些问题，可引导来访者发现适当的反应。通常，来访者若能正确完成此表，其痛苦程度会大幅减轻。在初次接触此表时，咨询师应与来访者共同完成，以确保其正确理解和使用它。

**表7–1　功能失调想法记录表**

| 日期/时间 | 情景 | 自动想法 | 情绪 | 适应性反应 | 结果 |
| --- | --- | --- | --- | --- | --- |
| | 1. 什么实际的事件或想法、白日梦或回忆导致你不愉快的情绪？<br>2. 你有什么（如果有的话）不舒服的躯体感觉吗？ | 1. 你脑子里有什么想法和画面？<br>2. 当时你对每个想法或画面的相信程度如何？ | 1. 当时你感到什么情绪（悲伤、焦虑、愤怒等）？<br>2. 情绪的强度（0～100%） | 1. 你做了什么样的认知歪曲？<br>2. 构想一种对自动想法的反应。你对每种反应的相信程度有多少？ | 1. 现在你对每种自动想法的相信程度有多少？<br>2. 你现在的情绪如何？其强度如何（0～100%）？<br>3. 你会做什么（或你做了什么）？ |

使用这个表的指导语是："当你察觉到情绪低落时，请自问'此刻我脑海中浮现了什么？'，然后，尽快将这些想法和画面记录在'自动想法'栏内。"

为了帮助来访者构想其他可能的反应，咨询师可以请来访者考虑以下问题：

支持自动想法正确的证据是什么？又有哪些证据显示它可能是不正确的？

是否存在其他可能的解释或观点？

最坏的结果会是什么？你是否有能力应对？最好的结果又会是怎样？最符合现实的预期结局是什么？

如果你相信这个自动想法，可能会导致什么后果。如果你调整你的思考方式，又会有什么不同的结果？

针对当前的情况，你应该采取哪些行动？

如果好友F置身于这个情境，并产生了类似的想法，你会如何劝解他？

### （六）自我功能比较

对于许多处于抑郁状态或带有抑郁情绪的来访者而言，这种技术尤为有效。通过引导来访者把当下与他们自身最差的时期进行比较，可以有效地减轻其无助感和自我责备。

### （七）调整潜在信念

在咨询过程中，咨询师可以采用多种方法来调整来访者的潜在信念，如权衡特殊信念的利弊，建立认知的连续性，发展更实际有效的信念，解释错误的信息处理过程，监控图式的运作等。当信念被激活时，咨询师可以帮助来访者建立对经验的替代性解释，并教导他们学会识别那些能够证明功能不良信念错误的证据。此外，使用隐喻或类比可以引导来访者发现新的观点，而应用理智-情绪的角色扮演也是一种有效的方法。

总的来说，咨询师以“知和处下”的态度来揭示真相是明智之举。这种谦逊、不争的态度有助于缓解来访者内心的紧张，消除他们的顾虑，使他们勇于抛弃陈旧、有偏差的思维方式，并采纳新的、灵活的思维模式。然而，在面对防御心理特别强的来访者时，咨询师必须直接挑战来访者所觉察到的问题，以打破他们的防御，揭示真相。

在咨询过程中，咨询师除了运用认知技术外，还可以综合运用其他咨询方法。例如，借助精神分析理论来理解来访者不合理信念的形成过程，这在咨询的某些时刻可能非常有帮助。在改变来访者的不合理信念时，可以将行为疗法作为辅助手段。这样的综合应用有助于提高咨询效果，促进来访者的积极改变。

## 第二节　行为疗法

### 一、行为疗法在分析体验式心理咨询中的运用

传统的行为主义心理学家曾激进地主张，通过塑造人的行为，他们就能够塑造出人们所期望的任何人。然而，随着时间的推移，心理学家逐渐认识到，单纯研究行为只能解释人的心理过程的一部分，而在探索人的心理时，必须考虑到文化、思想、意识、情绪等诸多因素的综合影响。因此，在分析体验式心理咨询中，行为技术的运用变得更加全面、更加人性化。

#### （一）来访者的非适应性行为

根据经典行为主义理论，人的行为，无论好坏，都是强化的产物。简而言之，如果一个人的某种行为能够持续为其带来某种利益，那么这种行为就会得以维持。这种观点在一定程度上解释了人的行为是如何形成的。然而，对于来访者来说，他们的行为背后往往隐藏着比行为本身更深层的含义。

以一个孩子为例，他因学习成绩不佳而经常遭到母亲的责骂。然而，这种惩罚并未使孩子的学习成绩有所提高，反而出现了下降。同时，孩子从母亲的责骂中解读出了更多的信息。他觉得自己不被母亲信任，认为自己是一个无价值的人，无法做好任何事情。从行为理论的视角来看，母亲的责骂与孩子的学习成绩之间存在紧密的联系。同时，母亲的这种行为显著地增强了孩子的自卑感，这无疑与孩子的学习成绩不佳有着直接的关联。因此，我们可以看到，来访者的非适应性行为并不是孤立存在的。咨询师只有在整体观的指导下，才能全面、深入地理解来访者的行为。

### （二）与来访者深入探讨既往行为模式

在识别出来访者的不适当行为并揭示其存在的根源后，咨询师的任务是将这一陈旧的行为模式清晰地展现给来访者，并全面阐述该行为产生的深层次原因。换言之，咨询师除了从行为主义的角度分析问题行为之间的关联外，还需深入挖掘来访者问题的本质。

在前面提到的案例中，咨询师洞察到母亲的责骂实际上是对孩子的一种关注，这在无形中强化了孩子逃避学习的行为。进一步的洞察揭示出，母亲的行为使孩子感受到母爱的缺失和自我价值的贬低，从而导致孩子按照母亲的“期望”逐渐变成一个不爱学习的“坏孩子”。咨询师需要与孩子及其母亲进行细致的讨论，运用心理学技巧对其深层次问题进行有针对性的干预。

显然，深入探讨既往行为模式在整个咨询过程中至关重要且充满挑战。如果说来访者的不适当行为模式是一艘迷失方向的孤舟，那么帮助来访者认识并改变这些行为模式就是引导他们找到归途的关键。这个过程意义重大。由于讨论既往行为的过程涉及深层次的心理问题，咨询师往往会遭遇来访者的明显阻抗，这一过程显得漫长而曲折。咨询师帮助来访者认识旧行为模式的过程，犹如在茫茫星河中探寻归途，是一个既漫长又充满艰辛的心灵旅程。

### （三）对旧行为的自我意识觉醒

在咨询初期，来访者可能无法完全接受咨询师对其问题的深刻剖析。然而，在咨询师营造的宽容和接纳的环境中，他们会逐渐开始认识到自己的问题所在。随着咨询的深入，来访者在咨询师的悉心引导下，自我觉察能力将逐渐提升，自我意识也会得到显著增强。

在这一阶段，来访者过去的问题行为如同渐渐隐去的残月，新的生活方式和态度则如同晨曦中升起的朝霞，充满希望和活力。这种转变象征着成长和进步，是咨询过程中一个重要的里程碑。

### （四）与来访者共同探索新的行为模式

当来访者开始意识到自身旧行为模式的不妥之处时，咨询师会适时地推动咨询进程，与来访者一起探讨如何构建更为合适的新行为模式。在之前的案例中，咨询师会建议母亲放弃对孩子的责骂，转而采取正向强化的策略，即在孩子取得一点进步时，给予适当的鼓励和认可，以此来强化孩子积极学习的行为。

同时，咨询师还可以运用观察学习的方法，引导孩子观察学习其他同学的有效学习方法和老师的教学技巧。通过这样的观察学习，孩子能够获得新的学习行为和技能，从而更好地适应学习环境。

在与来访者共同探索新行为模式的过程中，咨询师的状态就如同“皛皛行云浮日光”所描绘的景象。日光象征着希望，阳光穿透云层洒向大地，预示着新的一天和新的开始。同样地，新的行为模式对于来访者来说意味着一个崭新的起点，一个充满希望和可能性的未来。

（五）对新行为的深入思考

来访者对于咨询师所提出的新行为建议并不会立即接受并付诸实践。他们会经历一个“念此翻覆复何道”的心理权衡过程。这句话可以理解为，来访者会在内心对各种可能的情况进行利弊分析，反复思量，以寻找能够获得最大利益的路径。

具体来说，来访者会对咨询师提出的新行为模式进行深入的思考和评估。他们会考虑这种新行为可能带来的结果，以及这些结果对他们而言的价值和意义。以案例中的孩子为例，他可能会思考“如果我好好学习了，妈妈是不是就不会再骂我了？”“如果妈妈不再骂我，她还会像以前那样关注我吗？”。孩子会根据以往相似情境中的经验来推断自己好好学习后可能带来的结果。如果以前他努力学习但进步不大，妈妈仍然会责骂他，那么他现在就可能会怀疑好好学习是否能够真正改变妈妈的行为。

此外，孩子还会根据自己的价值观来衡量好好学习和妈妈关注之间的价值关系。如果他认为妈妈的关注对他来说更为重要，那么他可能就会倾向于维持现状而不是努力学习。总之，来访者只有在认为新行为对他们有利的情况下，才可能真正地接受它。

（六）接纳并尝试新行为

“尘埃忽静心悄然”所描绘的是一种瞬间的内心觉悟，个体仿佛经历了无数纷扰之后，心灵突然找到了明澈的出口。这种体验与许多来访者在心理咨询过程中最终接纳并开始尝试新行为的转变有着异曲同工之妙。

学习新行为之路并非坦途。这不仅因为掌握任何新技能都会遭遇挑战，而且因为旧行为模式往往为来访者带来了某种实际利益或心理满足，放弃它们意味着要割舍已有的习惯。因此，来访者在新旧行为之间反复权衡是非常正常的现象。在这种摇摆不定的过程中，他们可能会突然感受到“尘埃忽静”的刹那，从而自然而然地接纳新行为。

此外，当一个问题行为得到纠正后，来访者往往会意识到还有其他行为也需要改进。于是，咨询师和来访者便再次携手，共同踏上新的行为改变之旅。在这个循环往复的过程中，来访者逐步成长，逐渐构建起更健康、更适应的生活方式。

## 二、行为疗法常用技术

### （一）系统脱敏疗法

系统脱敏疗法又称为交互抑制法，是建立在对抗性条件反射理论基础上的常用行为疗法之一，它的核心理念是两种相反的行为或情绪相互抑制，无法同时共存。该方法通常分为三个主要步骤：

1. 评定焦虑等级。

咨询师首先会深入了解来访者的情况，协助他们识别出导致焦虑的触发因素，并将这些因素按照从低到高的顺序排列，通常划分包括5，7，9等级。

2. 肌肉放松训练。

咨询师指导来访者学习放松或收缩不同的肌肉群，区分放松和紧张时的不同感觉。此外，咨询师还可以借助催眠术或想象放松场景等技巧来加强放松训练的效果。

3. 脱敏过程。

在来访者达到肌肉松弛的状态后，咨询师从最低层次的焦虑场景开始，让来访者想象这些场景，并在感到焦虑时立即进行放松训练。一旦放松，来访者将继续想象同一层级的场景，并在焦虑再次出现时重复放松过程。这样的循环治疗将持续进行，直到来访者能够完全放松地想象该层级的情景为止。

系统脱敏疗法在临床实践中应用广泛，主要用于治疗焦虑症、恐惧症以及其他伴随焦虑的心身疾病。

### （二）厌恶疗法

厌恶疗法是一种利用惩罚手段引发厌恶反应，从而阻止和消除不良行为的治疗方法。其原理基于操作条件反射中的惩罚效应，即通过建立不良行为与痛苦刺激之间的条件反射，使个体为避免痛苦惩罚而主动放弃不良行为。

在实施厌恶疗法时，咨询师首先需要明确靶症状，并与来访者共同商讨选择适当的厌恶刺激；在不良行为出现时，随即施加厌恶刺激。在临床上常用的厌恶刺激包括药物刺激、电击刺激、橡圈弹腕刺激以及想象刺激等。在选择厌恶刺激时，应该选择那些易施加、易定量和易撤除的刺激，以确保将来访者的不良反应降至最低。

厌恶疗法在临床应用中主要针对各种癖症，如酒瘾、烟瘾、药物依赖和异食癖等。此外，它还可用于治疗肥胖症、强迫症和性变态等。然而，必须强调的是，厌恶疗法的应用需严格遵循医学适应证，所使用的厌恶刺激必须在法律允许范围内，符合人道主义原则。

### （三）模仿法和角色扮演

模仿法又称示范法，是将认知观点引入行为疗法而产生的一种认知行为疗法。该方法通过电影、幻灯展示或实地实习等方式，引导具有异常行为的人去模仿和学习正常的良好行为，以替代其原有的异常行为，从而达到治疗的目的。这种方法对于儿童孤独症、恐惧症等有较好的治疗效果。

角色扮演与自信训练的核心理念一致，即通过实际扮演和练习自己期望发生的行为，来塑造新的行为模式。在角色扮演的过程中，有时需要互换角色，比如让父亲扮演儿子，儿子扮演父亲，这样做可以增进相互了解，展现对方所期望的行为。角色扮演在夫妻治疗、家庭治疗以及人际关系训练中都被广泛应用，它能够通过实际演练建立起所希望的新行为模式。

## 第三节　心理剧

心理剧是一种富有创造力的团体心理疗法。在心理咨询过程中，主角不仅与导演建立联系，而且与剧中的成员形成紧密的互动关系。通过团体成员的生动扮演，现实生活的场景得以再现，团员们则依靠自身的创造力和自发性，共同探寻问题的解决方案。心理剧能够助力来访者以更积极、更愉悦、更有力量的姿态，按照自己的愿景去规划和塑造人生。

心理剧对于发生在一个月以前的一次性创伤事件，或是反复出现在来访者生活中的类似事件所造成的心理创伤，具有显著的效果。这些创伤事件在来访者的生活中强迫性重复，使其一次次重温创伤体验，可能导致来访者感到困惑、麻木，或者变得异常敏感，这成为促使他们寻求帮助的重要动因。心理剧通过情境再现、行为学习、角色互换等技术的综合运用，专注于处理来访者的创伤情结，帮助他们疗愈深层的创伤，打破这种强迫性重复，使他们能够重新拥抱健康、快乐的生活。

## 一、情境重现

在团体氛围中，来访者坦诚地表达内心的哀伤、痛苦、无助等负面情绪。咨询师则以倾听和共情的方式，引导来访者详细叙述一个具体的事件——无论是令其感到困惑和痛苦，还是令其振奋、感动或感激的积极经历。叙述内容包括事件发生的具体环境、场景布置、人物、对话、动作、表情以及情感流露等细节。在来访者叙述的过程中，咨询师不仅倾听其语言，而且观察其肢体语言，并留意在场团体成员的反应。

咨询师会询问来访者是否愿意在团体的支持下处理自己的困扰，并通过起身迎接的动作向来访者传达出咨询师和整个团体愿意提供帮助的意愿，最终的决定权在于来访者，由其决定是否愿意接受这份帮助。

若来访者接受咨询师的邀请，就可以坐到咨询师旁边的椅子上。此时，咨询师会进一步引导来访者表达他们解决创伤事件的愿望，从而强化其改变的动机。当来访者表达出肯定的意愿时，咨询师首先会对来访者的勇气与决心给予肯定，随后向在座的其他团体成员强调心理剧的基本规则：保密，保持安静，自愿选择是否参与帮助来访者等。

在准备工作完成后，来访者被邀请凭感觉从团体成员中选出能够代表事件发生情境中的重要人物、自己的代表以及任何重要的陈设物的代表。咨询师会请来访者再次叙述事件的发展过程，让选出的代表按照各自所代表的角色进行扮演，重新呈现事件的经过。如有需要纠正或重新演绎的地方，来访者可以随时提出。

在重现创伤情境的过程中，咨询师要求来访者仔细观察代表们的表演，并重新体验其中的人物情感。来访者坐在咨询师旁边观看自己的故事被重现，这往往能激发起他们对过去情境或事件的强烈情绪体验，进而产生更强烈的求助动机和改变的愿望。咨询师和团体为来访者营造的信任和安全氛围为情绪的宣泄提供了可能。根据来访者的情绪状态，咨询师会引导其宣泄在事件发生时未能表达出来的情绪，或者从局外人的视角审视自己在事件发生时的情绪表露和语言表达是否恰当。这一过程使得来访者的情感体验和内心冲突达到高潮，为接下来的创伤咨询和突破做好准备。此时，来访者内在的正气和自愈力量已经蓄势待发。

例如，一位在团体中勇敢向咨询师求助的女士分享了她与丈夫之间的困扰。她丈夫的弟弟一家最近搬到了他们所在的城市，丈夫对弟弟一家的生活状况格外上心，频繁地去探望他们。然而，来访者感到每次探望时，丈夫都倾向于“教育”和“指导”弟弟和弟妹。她认为弟弟家应该自己决定他们的生活方式，丈夫的这种“指导”行为让她感到不适。为了深入地探索这个问题，咨询师邀请来访者在团体中挑选出各个人物的角色代表，再现一段丈夫探望弟弟时的典型情景。通过角色扮演和情境重现，团体成员将有机会更直观地理解来访者的感受，并为她提供支持和建议。

咨询师：现在我们找找，看谁像你丈夫？

来访者：他挺强势的，我试着找吧。

咨询师：你看着差不多就行，不用完全像。再找一个你自己的代表，看谁像你。

（来访者分别找出了代表自己、小叔子、弟妹，还有他们孩子的演员。）

咨询师：请你设置一个场景，小叔子在哪里？弟妹、孩子都在哪里？他们在干什么？

来访者：小叔子上网，弟妹缝衣服，孩子玩。

咨询师：他们俩（来访者的代表和老公代表）从外面来了，你现在做导演。请他们演，你觉得不合适就做调整，演到像为止。

（来访者及其老公的代表敲门。）

小叔子代表：谁啊？（开门）哥、嫂，你们来啦！老婆，哥哥、嫂子来啦！

弟妹代表：哦，请进来。

老公代表：忙什么呢？

来访者代表：你在这边过得还习惯吗？

小叔子代表：挺好的，就是这孩子不懂事。

来访者代表：长大了就好了。

老公代表：你们又教训孩子了？孩子怎么哭成这样呢？孩子可不能这么教育啊！

小叔子代表：幸亏你们来啦，你跟嫂子要好好帮我们教育孩子。我这个人没什么文化，就靠你们来了教育教育。

来访者代表：哪有，我们来就是大家一起聊聊天，挺好的，不是吗？

咨询师：哥哥太温和了，没有那么凶。哥哥你不是要训他们吗？

老公代表：怎么总这样呢？我上次过来就这样。我上次说过你，你怎么还不改？

小叔子代表：我这个劲儿一上来就忍不住了。

老公代表：小孩就是小孩，你总训他能行吗？你是不是又在玩电脑？我看着你就着急，你能不能干点正事！

咨询师（对来访者）：你就像她这样，不怎么跟你丈夫吵，是吧？

来访者：对，挺像的，我都是忍着不说话。

咨询师：你现在是希望你改变，还是他改变呢？

来访者：我来改变吧。但我还是希望他能改变。

经过来访者的叙述，角色扮演者在咨询师的协助下，生动地再现了来访者与丈夫一同探望弟弟家人时的场景。在这一过程中，来访者再次深切地体会到了自己当时的感受：被束缚，尴尬，强烈不适。通过亲自导演或参与角色表演，来访者有可能触发自我反思，重新审视自己在当时情境下的行为，从而为后续问题的解决奠定基础。

情境重现作为心理剧的初步应用，咨询师有时仅凭此环节便能引导来访者通过自我反思解决部分问题。然而，在更多的情况下，如果咨询师仅停留在情境重现层面而不进行后续处理，可能会使来访者再次经历创伤事件的困扰，从而造成二次心理伤害。因此，为了真正帮助来访者解决问题，咨询师还需稳步推进后续的咨询步骤。

## 二、相同角色的多元展现

每位来访者都有其独特的性格和过往经历，可能在特定情境下采用不同的应对方式。有时，他们自身的应对可能并不尽如人意。然而，团体中的其他成员面对相同的情境往往会有截然不同的看法和应对策略。这种集体的智慧为来访者提供了宝贵的成长机会。

咨询师会邀请代表来访者的成员，按照他们自己的方式来应对模拟的情境。有时，咨询师还会进一步让其他几位团体成员也加入其中，以他们各自的方式应对这一情境。这些多元的行为和应对策略，为来访者揭示了新的可能性和希望，激发了他们内在的潜能。

当来访者原有的应对模式与团体成员所展现的新行为方式产生碰撞时，冲突便会产生。旧有的模式，尽管让人感到不适，却因熟悉而难以舍弃；新的方式，虽然陌生，却让人感觉舒适，更贴近内心的真实。这种冲突，虽然带来短暂的困扰，却是来访者实现自我改变的契机。

在这一过程中，咨询师始终密切观察着现场的表演，并留意来访者的每一个反应。当代表们的表达不足以触动来访者更深层次的自我暴露时，咨询师会适时地给予指导，或者替换代表，以激发更丰富的互动。咨询师还会鼓励代表们表达出他们互动中的内心潜台词，从而更深入地触及来访者的内心世界。

对于来访者来说，观看自己曾经经历的事件情境以全新的方式呈现，是一种极为深刻的体验。特别是当伴随情境发生的情感表达正是他们自己未曾觉察或是想要表达却被压抑的内容时，他们内心积压已久的能量和情感便会暗流涌动。场上的互动，不仅帮助来访者实现了情绪宣泄，还在一定程度上驱散了其内心的阴霾，激发了正向的力量。在这一过程中，来访者内心的正邪两方逐渐达到对立的高潮，情绪情感的闸门也随之打开。我们可以透过来访者在座位上不同的姿势、表情或行为窥见这种内心的变化。

接下来，我们将继续借用之前的案例，探讨另一个来访者的代表在相同情境下的不同表现，以及这是如何引发来访者深入思考的。

（另一个来访者代表敲门。）

小叔子：哥、嫂，今天怎么有空？

来访者代表：我跟你哥正好有空就过来啦！

老公代表：孩子怎么这样呢？

来访者代表：来，先坐下喝杯水。

老公代表：一进来就看见孩子腿伤成这样！

来访者代表：来，我看看宝贝怎么了。

老公代表：孩子又去哪里玩了？当父母的怎么这么不用心呢？

来访者代表：咱们过来聊天的，你着什么急啊？

老公代表：再不着急就出大事了！

来访者代表：我陪宝贝坐会儿，还疼吗？

孩子代表：不疼了……

老公代表：下次一定要注意了！如果是其他的事情呢？一定要考虑周全点，万一出了大事呢！

来访者代表：你看你哥说得多对，多好啊！刚才我们俩路上有点饿了，弟弟，你那个锅包肉做得最好了，能不能做一个让我们饱饱口福？让弟妹陪我们聊会儿天？

小叔子代表：好嘞，我听嫂子的！

老公代表：那你做饭去吧！

（小叔子代表去厨房做饭。）

来访者代表：老家那边父母怎么样？

弟妹代表：挺好的，我们经常往家打电话。

老公代表：我上次都跟你们说过的，怎么老是这样呢？

来访者代表：来喝点水，老生气可对身体不好啊！

进行到这一步，谈话的氛围已经发生了显著的变化。咨询师决定暂停表演，引导来访者回顾并思考这一系列变化是如何发生的。咨询师对来访者说道："你丈夫在别人家中指手画脚，这种强势行为是否让你感到不适？但你看，这位嫂子似乎并未因此显得怯懦，反而成功地调动了家人的积极情绪。你在观察她的做法时，有什么感触吗？"来访者沉思片刻后回答道："这位嫂子不仅巧妙地化解了我丈夫的强势，还提升了弟弟在家庭中的地位。同时，她对丈夫的关心也使得他的态度有所缓和。"

在这个案例中，来访者所体验的冲突并未达到需要立即宣泄的程度。经过对来访者的评估，咨询师认为其自我功能相对良好。因此，在代表展现出不同行为之后，咨询师为来访者提供了一些解释，并提出了几个具有启发性的问题。来访者作为旁观者，内心已经有了一些领悟，再加上咨询师的引导，开始思考自己可以做出哪些积极的改变。

## 三、新行为的塑造

新行为的塑造是一个既微妙又复杂的过程。过于急躁可能会阻碍新行为的稳固建立，错失良机则可能导致新行为的建立被延缓。我们可以归纳出以下几种策略。

### （一）顺势而为

咨询师需要敏锐地捕捉来访者的细微变化，并顺势引导来访者建立新的应对方式。在这一过程中，来访者不仅可以学习和使用新行为，而且可以突破情绪表达和宣泄的障碍，将长期积压的创伤性情绪彻底释放出来。

### （二）循序渐进

有时，来访者可能渴望将伤口完全敞开，以期一次性清除所有痛苦。然而，这种做法有可能造成二次心理创伤。为了避免过度宣泄带来的负面影响，咨询师需要适时地输入正向力量，“缝合”伤口。咨询师应根据来访者当前的情绪状态，调整其呼吸节奏，限制过度的宣泄，同时强化来访者对当下的觉察能力，提高其利用现有认知和智慧来表达内心情感和宣泄情绪的能力。这样，来访者可以在咨询师的指导下有条不紊地排解内心的创伤情绪，既确保了负面情绪的彻底释放，又保证了正气的恢复和充实。来访者会感到自己重新焕发了生机和活力，身心都得到了极大的放松。

### （三）为所当为

在整个过程中，咨询师应尽量让心理剧自然发展，体现一种无为而治的精神。如果来访者在模仿他人行为时出现阻抗或情绪表达不到位，咨询师可以将来访者当下的内心感受表达出来，并让来访者复述。虽然这个过程可能带有一定的被动性，但咨询师所说的每一句话都触及来访者内心深处的呐喊或情绪表达，因此来访者会感到非常轻松和释然。这可能会促使来访者深深地吸一口气然后呼出来，好像全身都得到了放松。

### （四）欲擒故纵

在处理亲子关系等问题时，咨询师可以在来访者完全表达和彻底宣泄后采取推波助澜的策略，通过仪式化的语言宣布互动对象的永久消失，使来访者突然置身于一种丧失依恋对象的境地中。这种突然的丧失会让来访者开始珍视自己过去所拥有的关系——即使这些关系并不够好。来访者将心中压抑的怒火完全宣泄出来的当下，就是咨询师进行引导的最佳时机。在咨询师的引导下，来访者会对互动对象由恨转变为爱。

### （五）物极必反

当来访者听到咨询师宣布亲人离去后，会因为重要情感的丧失而激起对亲人的强烈需求。爱之深则恨之切，原来有多少恨，现在就会转变成同等程度的爱，瞬间实现了爱恨能量的转化和正邪双方的改头换面。来访者在这种强烈的内心冲突之后迅速接纳亲人，相当于接受了现实并悦纳了自己。以下案例将展示爱恨转化是如何在实际操作中发生的。

来访者自幼在外婆家长大，直至8岁才回到父母身边。她的父母重男轻女观念严重，尤其是在初三那年她被禁止踏出家门半步，一旦违反规定便会遭到严厉的体罚。来访者因此渐渐习惯了孤独，身边仅有一位朋友相伴。她的恋爱也遭到父母的明确反对，甚至曾因此对她施以暴力。在描述这段经历时，来访者用“像狗一样被踩踏”来形容自己当时的处境。在处理与母亲的关系时，她与咨询师展开了以下对话。

咨询师：你能用一个形容词来说说负面的情感是什么样的情感吗？

来访者：对母亲是讨厌、至恨。

咨询师：讨厌、至恨。

来访者：讨厌，达到了恨，这样子。

咨询师：你能看到母亲吧？

来访者：能看到。

咨询师：看到她，那种讨厌、至恨，是不是就马上浮现出来了？

来访者：是。

咨询师：那你现在最想跟她说什么？

来访者：我真的很讨厌你，我没办法去爱你，我没办法当好女儿，我很自责。

咨询师：不要自责，因为在你很小的时候，就受到这样的待遇，你有什么好自责的？你可以理直气壮地把自己的讨厌和恨说出来。

来访者：那我……我真的很讨厌你。（开始哭泣）对不起，我真的很讨厌你，讨厌你……

咨询师：不用说对不起，直接说“我讨厌你”。

来访者：我讨厌你。你不配……真的不配……你真的不配做我的亲妈，你不配……不配……

咨询师：你是什么母亲啊！

来访者：你……在我的生命当中……你真的跟魔兽一样……魔兽……真的是魔兽……你怎么会那样子对待我？为什么那样子对待？

咨询师：你说“你怎么可以这样对待我”。

来访者：你怎么可以这样对待我？

咨询师：“你怎么像一个恶婆？”

来访者：你怎么像一个恶婆？

咨询师："我讨厌你。"

来访者：我讨厌你。

咨询师："我不想要你了！"

来访者：我不想要你。

咨询师：冲过去，把她推出去，推到门外。用力！连推带捶打。推出去，推出去，推得越远越好。再不要她。站住，站住，你现在什么感觉？

来访者：她走得越远越好。

咨询师：还要把门关上吗？再也不要看她。

来访者：那不要吧，那样太过了。

来访者代表：我觉得母亲出去了，挺舒服的，两只手臂很沉。

丈夫代表：我很心痛，但是当她把母亲推出去的时候，又有一些牵挂。

咨询师：你先生刚才说把母亲推出去的时候轻松一些，但是有对母亲的牵挂，你有什么感觉？

来访者：我感觉……会自责、悔恨，会有这些情绪出来。

咨询师：那母亲一个人在外头是不是有些孤单啊？

来访者：嗯，会的。

咨询师：你能不能邀请父亲出去陪陪母亲？反正他们是两口子。

来访者：可以吧。

咨询师：那你过去问一下，看看爸爸愿不愿意陪陪母亲？母亲一个人在外面挺孤独的。

来访者：我请父亲出去，还是很自私的，为了不自责，所以让他出去陪她。爸爸，可以请你去陪陪母亲吗？

在随后的对话中，来访者开始反思"如果爸爸妈妈都离开了，那不就只剩下我自己了吗？”。当咨询师询问她：“你觉得这是你最理想的状态吗？”来访者回答道：“虽然不是，但鉴于目前的情况，我暂且接受这样的状态。过一段时间，我可能会允许他们再次走进我的生活。”

在来访者开始反思父母离开后自己的状态时，咨询师敏锐地捕捉到了她内心的变化。咨询师没有强迫来访者立即面对与父母的关系，而是顺势而为，让来访者自然地表达出自己的感受和想法。

在处理来访者与父母关系的问题时，咨询师采取了循序渐进的方法。首先，咨询师让来访者充分宣泄对母亲的不满情绪，逐步打开她内心深处的伤口。然后，咨询师通过提问和引导，帮助来访者认识到自己与父母关系的复杂性和多面性。最后，当来访者准备好时，咨询师才尝试引导她处理与父母的关系问题，避免了过早介入可能带来的伤害和阻抗。

在整个咨询过程中，咨询师始终坚守自己的角色和职责，为所当为。当来访者表达出想要父亲去陪伴母亲的愿望时，咨询师立即给予了支持和鼓励。这种及时的回应和引导让来访者感到被关注和被支持，增强了她的自信和勇气。同时，咨询师也通过提问和反馈帮助来访者更深入地了解自己的内心需求和情感状态。

在处理来访者与母亲的关系时，咨询师巧妙地运用了欲擒故纵的策略。首先咨询师让来访者充分表达对母亲的不满和恨意，给予她足够的空间去宣泄情绪。然后，当来访者情绪达到高潮时，咨询师开始引导她反思自己与父母的关系，并尝试从新的角度去理解父母的行为和动机。这种策略让来访者在情感上得到了释放和满足，也帮助她实现了认知上的转变和突破。

在来访者充分宣泄恨意之后，她逐渐感受到了爱的存在。这一转变恰恰体现了“物极必反”的哲理。咨询师通过引导和支持来访者去体验这种爱恨交织的情感状态，帮助她实现了内心的平衡和整合。

## 四、角色互换

角色互换是一种富有成效的技术，它促使来访者转换视角，深入体验对方的情感和立场。在此过程中，咨询师会要求来访者继续以其习惯化的方式扮演与其互动的角色。

当来访者身处对方的角色时，他们往往会以一种较为轻松的心态来应对"自己"的表现。这种体验让来访者能够深切地感受到对方，即自己过去是如何表达和反应的，进而体会到与自己互动的对方所经历的不悦和困扰。随着体验的深入，来访者可能会陷入一种轻微的焦虑和自责状态。

重要的是，来访者开始认识到，在互动中所扮演的对方存在问题，而这些问题自己也负有一定的责任。这种认识进一步强化了改变的动机，使来访者更加坚定对新行为的模仿和采纳。为了巩固这一效果，咨询师会适时地让代表来访者的成员再次以自己的方式表达，同时让来访者继续扮演对方，体验新的应对方式所带来的积极效果。

来访者往往会发现，新行为不仅使自己心情舒畅，还能感受到沟通的愉悦、互动的和谐以及情感交流的满足。这样的体验激励着来访者在未来类似情境中采取已习得的新行为。通过这种方式，来访者学会了如何有效地与他人相处，深刻体现了"己所不欲，勿施于人"和"推己及人"的处世智慧。

随后，咨询师会鼓励来访者再次回归自己的角色，与对象进行模拟互动。在这样的互动中，来访者不仅能观察到对方的变化，而且会惊奇地发现自己的感受也发生了积极的转变——内心变得宁静而舒适。对方似乎变得更加可爱和易于接近，自己也更愿意与之建立和谐的关系。

在处理一个父亲与儿子关系紧张的案例中，咨询师巧妙地运用了角色互换的技术。这位父亲常常因为看儿子不顺眼而责骂甚至殴打他，对此感到十分苦恼。在咨询过程中，咨询师引导父亲和儿子互换角色进行模拟互动。通过身临其境地体验儿子的感受，父亲在角色互换结束后表达了自己在扮演儿子时所感受到的委屈、气愤和无法言说的苦闷。这次深刻的体验使父亲下定决心在今后的亲子互动中改变自己的态度和方式。

## 五、解释与总结

在咨询即将结束时，咨询师需要承担起解释整个心理剧关键环节的重任。这通常要求咨询师在与来访者建立共情的基础上，勇于站在那些被憎恨、被忽视、被遗忘者的立场上发声。来访者之所以仍然深受创伤事件的影响，往往是因为他们在内心无意识地吸收了伤害者的某些特质，使得伤害者在一定程度上成了来访者内心世界的一部分，或者说来访者在某些方面变得与伤害者相似。

因此，当咨询师选择与伤害者站在一起时，实质上就是与来访者并肩作战。通过对来访者内心那个制造创伤的客体给予共情和理解，来访者自身也能得到宽慰和肯定。这是来访者能够平息内心愤怒、遗忘痛苦并最终悦纳自己的关键所在。否则，他们将永远陷入对对方的憎恨、忽视和遗忘之中，无法真正实现自我和解。

在团体营造的安全环境中，来访者能够以平静的心态接受关于自己的解释。这些解释逐渐被内化为他们人格结构的一部分，使得他们的内在世界变得更加灵活、开放和包容。此时，咨询师可以鼓励来访者自己总结创伤事件中的积极因素，或者引导团体其他成员一同帮助来访者进行归纳。这一过程能够进一步强化来访者的理性思维和合理认知。

随着时间的推移，来访者将逐渐摒弃对创伤事件绝对负面的看法，学会从中挖掘积极的元素。这种全新的视角将帮助他们以更加乐观、积极的态度面对世界。当来访者眼前展现出充满希望的未来时，他们将重新燃起对生活的热情，充满动力地迎接每一个新的挑战。在这一过程中，来访者也能够深刻领悟到“顺其自然”的哲理。

## 第四节　焦点解决

近百年来，心理咨询领域主要由精神分析、行为主义以及人本主义三大理论流派所主导。对于同一个来访者的问题，精神分析学派会归因于早年经历的心理创伤，行为学派则认为是学习训练不足或奖惩不当所致，而人本主义则主张这一切源于来访者没有被尊重和接纳。然而，随着人们对于心理咨询“立竿见影”效果的迫切追求，这些基于科学决定论和因果论的心理学派及其漫长的“寻根溯源”咨询模式逐渐受到了挑战。于是，焦点解决咨询作为一个新的咨询方法应运而生。

焦点解决咨询是一种以寻找解决问题的方法为核心的短期心理咨询，它起源于20世纪80年代，由美国威斯康星州密尔沃基短期家庭治疗中心的创办者及其韩裔夫人共同开创。该模式通过对现代各种心理咨询流派的批判与解构，结合“系统论”并借鉴中国的“阴阳平衡观”，将重点放在寻求问题的解决之道上，而不是纠缠于问题的成因。焦点解决咨询体现了后现代主义的精神，同时融入了东方哲学的“整体观”，使整个咨询过程大为缩短，其具体技术操作也简便易行。这种强调合作的咨询模式显然更能适应现代社会，尤其与中国人“喜简去繁”的价值取向相契合。

接下来，我们结合中国传统哲学的观点，从来访者与咨询师的互动角度出发，按照咨询流程逐步示范与解读焦点解决咨询。

## 一、建构解决的对话阶段

### （一）正向的开场

1. 关注“阴”（问题）的来访者

来访者通常是带着问题或困难来到咨询室的，他们视咨询师为专家，详尽地描述自己的困境，期望咨询师能协助他们揭示问题的根源，并提供一套实用的解决方案。在此阶段，来访者深信自己的问题背后必然存在某个特定的原因，并且认为一旦找到这个原因，问题似乎就能迎刃而解。然而，问题往往是在互动中产生的，其发生的因果关系通常难以被准确界定。原先的“因”可能转化为“果”，而随后的“果”又可能变成新的“因”，如此循环往复。对“究竟什么是因，什么是果”的深入探究，经常使来访者陷入类似于“鸡生蛋还是蛋生鸡”的逻辑困境中。这种对问题的过度聚焦往往导致来访者沉溺于抱怨与无助的情绪中，最终可能丧失解决问题的机会。

2. 关注“阳”（解决之道）的咨询师

来访者的问题成因往往错综复杂，它们大多源于来访者的主观感受和认知，也是其个人成长经历和心路历程的综合体现。与其耗费时间和精力深究成因，不如锚定目标，直接探讨解决方法。因此，焦点解决短期心理咨询着重构建解决方案而非追溯问题成因。咨询的核心任务是协助来访者设想他们期望的情形会发生何种变化，有何不同，以及实现解决所必需的条件是什么。因此，在与来访者初次会面时，咨询师就需要根据来访者的具体情况和需求，从来访者希望讨论的部分入手，逐步引导其以更加积极的解决问题的导向来思考问题。咨询师以细致入微的技巧，逐步引导对话的进行，让来访者在不经意间从对困境的冗长叙述中抽离，激发内心深处对于行动与改变的渴望和坚定信念。

在这一过程中，咨询师如同一位巧妙的舵手，悄然无声地将会谈的方向引向积极、光明的航道，使来访者的思考逐渐聚焦于目标导向的解决策略。

## （二）目标架构的建立

1. 怀抱希望或充满抱怨的来访者

虽然咨询师在咨询开始时就已给出目标导向的提示，但来访者往往带着诸多抱怨、期望或明确诊断的需求踏入咨询室。在大多数情况下，来访者的初始目标并不明确，仅仅是倾诉自己的烦恼。他们可能抱怨痛苦、忧伤、愤怒与不满，指责命运的不公，对世事的无常感到沮丧；满怀憧憬地描述自己的梦想，充满激情地勾画渴望的生活；以刻板的认知或某位专家的诊断为借口来逃避现实。然而，这些表达往往仅停留在言辞层面，缺乏实际行动，也未产生有效的解决方案。这种状态使来访者过度聚焦于自身系统中消极的、“阴”的部分，从而无法激发改变的动力。

2. 不断发问的咨询师

在这个阶段，咨询师的主要任务是辨识来访者主诉中的目标、抱怨与希望，将来访者模糊、混乱的困扰变得清晰、具体。咨询师需要灵活地运用澄清、提问等技巧，引导来访者从过度关注负面情绪（“阴”）逐渐转向积极思考（“阳”），从自身的资源中寻找解决方案，并逐步聚焦一个积极、可行的明确目标。在整个咨询过程中，咨询师要给予来访者情绪上的支持，使用来访者熟悉的语言，理解和包容他们独特的想法与感受。同时，咨询师要持续发问，发掘并利用来访者回应中隐含的解决问题的可能性，以不露痕迹的方式将咨询引向解决问题的方向。

咨询师与来访者的一问一答看似平静，实则内含深层的互动与激荡。这一过程犹如太极拳中的“互推”，咨询师通过连续的发问，引导来访者自由回答，这并不仅仅是咨询师对来访者话语的被动回应，而是一个双方相互激发、共同推动的进程。咨询师与来访者之间的互动形成了一个循环往复的过程，其中一方的回应往往能引发另一方更深入的探讨，从而再次激发新的反应。咨询师在每次提问时所聚焦的重点、所忽略的细节以及所强调的特定字眼都蕴含着丰富的意义和认知角度。这些因素都在潜移默化地影响着来访者的直觉和感受，使他们对自己问题的认知逐渐发生变化，从而摆脱未完成事件的困扰，克服自卑感的束缚，摆脱非理性想法的控制。因此，咨询师的每一次提问都能激发来访者产生新的、更贴近现实意义的思考与行动。在不断变化的提问引导下，来访者开始思索如何调动个人的现有资源，建立积极可行的目标，以勇敢地面对并解决当前的困境。

### （三）例外架构的建立

1. 持有“非黑即白”观念的来访者

在确立了一个积极且可行的目标后，咨询师在与来访者的互动中开始引导他们关注问题出现的时段和未出现的时段，从这两者的差异中探索解决策略。然而，值得注意的是，在探讨的初期，来访者往往更聚焦于问题出现的时段。这种对“阴”的过分关注加重了来访者对问题出现的恐惧，使他们更倾向于用“非黑即白”的二分法来看待世界，由此产生的无力感和自卑感也使他们深陷“问题出现”的困境。

2. 运用“黑中有白”智慧的咨询师

如果说阴阳太极鱼形图中的“黑”代表“问题出现时的互动”，而“白”代表“问题未出现时的互动”，那么“阴鱼”中的“白色鱼眼”则寓意着任何事物都有例外，即问题也必定有未出现的时候。面对过分关注“阴”的来访者，咨询师无须进行说教或刻板地调整来访者的思考方向，只需巧妙地运用阴阳转化的原理，引导来访者自行寻找“阴鱼”中的“白色鱼眼”，即问题未出现的例外情况。问题的解决方法往往就隐藏在这些例外之中。

与中国积少成多、量变到质变的整体观思想相一致，焦点解决咨询师相信小的改变是成功的起点。小的目标能够激发来访者采取行动的信心和动机，尤其是当这些小的改变是基于以往成功的例外时，行动起来会更为容易。他们引导来访者思考例外发生的原因，挖掘并强化导致例外出现的积极经验。他们从小的改变开始，重视每一个小改变的价值，促进其发生和持续，最终带动整个系统的变革。因此，在了解个案问题性质的同时，焦点解决咨询师始终特别关注“例外”的存在。他们相信，尽管来访者所抱怨的问题看似普遍存在，但必定存在例外情况，只是来访者在困境中往往难以察觉，倾向于全盘否定自己。咨询师的责任就是协助他们找出这些例外，引导他们注意到在问题未出现或影响较小时所发生的事件，使来访者认识到自己具备解决问题的能力和资源。

在焦点解决咨询中，来访者与咨询师之间建立的是一种合作的关系。焦点解决咨询师借鉴太极拳法中“借力打力”的智慧，认为来访者本身是解决问题的专家，他们有能力自行解决问题。焦点解决咨询师认为问题的解决方案应来源于来访者自身；咨询师的任务是“引导”来访者运用自己的能力和经验来促成改变，而不是“制造”改变。通过赋予来访者积极的思维和行为目标，咨询师以“建构解决之道的耳朵”倾听来访者的故事，并通过恰当的语调、情感和用语逐步进入来访者的世界，进行积极的行动引导。他们强化来访者改善处境的成功经验（无论这些经验多么微小），帮助他们认识到自己对问题的控制力比想象中更大，从而促进来访者的进一步改变，并协助他们寻找和创造新的意义。这样，新的想法和行为便得以产生。

### （四）假设解决架构的建立

1. “阴云密布”的来访者

当来访者深陷对“阴”的过度关注，失败的阴影笼罩其思维，自卑情绪使其陷入自我放弃的境地时，探寻“例外”的经验变得尤为困难。在这种情况下，咨询师在运用例外解决架构时可能会遇到一种如交通拥堵般的停滞感。来访者的阻抗显示出他们正处于挣扎和焦虑之中，这提醒咨询师要有耐心，放慢节奏，尝试不同的方法。

2. “播撒阳光”的咨询师

拥有某种理想的感受，往往需要等待一段时间。越急于追求快乐和平静的正向感受，越容易受到负面感受的束缚。行动的改变通常先于感受的改变。因此，“行动后产生新的感受”比“从感受发展到行动”要容易得多。引导来访者想象问题已经不存在的生活，可以帮助他们发现新的可能性，并进入行动的预备状态。为此，咨询师会运用各种预设性的问句，如奇迹式提问、水晶球提问、拟人化提问、结局式提问及转化提问等，给予适时的“振奋性的鼓励”，来改变来访者的认知，引导他们从不同的角度思考。在问题不存在的情境中发现意想不到的解决方法，可以激发来访者新的行动、新的自我对话以及新的思考。假设解决架构能够拓宽来访者的视野，使他们在“问题可能被解决”的认知中找出问题解决的线索。这也是最容易引发正向语言描述的架构。当来访者开始描述“问题解决”的理想状态时，他们实际上已经在发展建构解决的方法了。假设解决架构引导来访者由关注“问题麻烦”转向关注“解决状态”，并最终由“问题被解决”的理想状态激发正向的思考，使他们从“黑暗”走向“光明”。这种架构的运用就像一缕阳光，照亮了来访者原本阴云密布的世界。

建构解决的对话阶段是会谈的核心部分。在正向开场的基础上，它包含目标、例外、假设解决三个架构。与经典的咨询模式不同，这是一个需要咨询师和来访者共同构建的阶段。焦点解决咨询不从问题的成因入手，而是特别强调问题之外的例外经验以及来访者已经拥有的力量和资源。它采用正向的、面向未来的、以解决问题为目标的积极观点来促成改变的发生。咨询师与来访者之间的合作与互动就像跳“双人舞”一样，虽然看似其中一人在带领另一人跳舞，但实际上两个人在相互配合、相互带动。跳舞是一种双方合作的非语言对话。因此，不能武断地说谁是带领者、谁是跟随者，“带领”只是一个不存在的假象。咨询师最多只能作为对话的“催化者”，催化一场能够开发出更多“问题解决可能性”的对话。这三个架构的建立不仅基于咨询师对来访者信息的理解和筛选，还依赖于来访者在与咨询师的互动中构建自己的故事和真实世界。在这个共同的架构中，当咨询师和来访者都能够投入这些架构的思考中时，来访者就会对旧有经验产生新的解释，对刻板印象产生新的想法。这会使来访者的期待更加贴近客观事实，从而引导他们的诉说内容与个人经验更加吻合。最终，来访者能够在自身的资源中找到他们想要改变的目标和实现这些目标的方法。

以下实例展示了上述方法在实际操作中的运用。

来访者：我老公天天回家很晚，平时工作很忙，没有时间陪我和孩子，家务活全是我做，我怎么办呢？

咨询师：你老公这样的情况让你感到不舒服，这确实是个问题。但是，他只是忙，没有别的让你担忧的问题，是不是可以转换一个角度想想，如果他天天在家守着你，哪儿都不去，问你“你看我是擦桌子，还是扫地，我全听你的”，这是好事吗？如果你老公挺忙，挺能干的，有很多人都需要他，是不是也有些正面的意义？

来访者：实际上说起来我老公还是不错的，工作能力强，人缘也好，给我和孩子的生活提供了很好的经济条件，所以我们能够维持这么长时间的婚姻。但他太忙了，都没时间陪我和孩子说说话，家里的大小事情都是我看着办，拿不定主意时连个商量的人都没有。日子久了，我俩都没有共同语言了。

咨询师：我大概听明白了，你担心和老公的交流越来越少，感情慢慢变淡，是这样吗？

来访者：嗯，我有时觉得特别孤单、无助，老公要能多一点时间和我聊聊天，哪怕听我说说家务事也好啊。

…………

咨询师：你们结婚这么多年来有没有一次他回家不晚，你们俩沟通得挺好，他还主动做家务？

来访者：有很多次。

咨询师：你能不能讲一下印象特别深的那一次？

来访者进来就抱怨自己和丈夫的问题，这本来呈现了一个比较负面的局面。咨询师没有太多关注她对丈夫的抱怨，而是将她的注意力引向这种状况中可能好的方面，建立了一个正向的开场。来访者说完正面意义后，再次提出的问题就明晰很多，主要是双方沟通交流不足的问题，这样一来，咨询的目标就明确了：如何能够和老公更好地沟通，得到更加美满的婚姻。到了后面，咨询师询问来访者是不是有丈夫回家不晚的情况，引导来访者寻找例外。来访者只要开口说，咨询师和来访者一起探寻例外背后的原因，问题的解决之道也就离来访者不远了。

## 二、休息阶段

经过第一阶段的咨询后，来访者原有的刻板认知开始逐步瓦解。面对新旧信息的冲突，来访者需要一段时间来缓冲适应、重新调和这些信息，使被搅动的“黑”与“白”沉淀下来，从而重新进行系统的构建。同时，咨询师作为引导、同理和催化等重要功能的承担者，也需要片刻时间来回顾第一阶段所构建的解决方案，并从中汲取更有意义的信息反馈给来访者，以便他们在离开咨询室后仍能继续推演和构建解决方案。

因此，焦点解决咨询通常在第一阶段结束后设置十分钟的休息时间。这不仅可以让咨询更好地进入正向回馈阶段，也为来访者的实际行动提供了更多空间。经过短暂的思考与沉淀，当咨询师再次出现时，来访者往往能更加接受咨询师所反馈的内容，并会有新的体验和发现。

## 三、正向回馈阶段

咨询师需要回顾和整理来访者在前面阶段所提到的有效解决途径，然后以正向回馈、布置作业的形式将这些信息提供给来访者。他们还会评估来访者的进步，以激励其采取行动或做出改变。在这个阶段，咨询师通常会为来访者布置一些具体、可行的家庭作业，用以巩固本次咨询的效果。简而言之，通过“赞美”这一正强化手段，暗示来访者有能力做得更好，推动他们寻找各种具体且可操作的方法朝解决问题的方向前进；布置作业则是鼓励来访者将所学付诸实践，做出实质性的改变。这些技术在此阶段的应用具有共情、支持以及普适性等特点，能够帮助来访者放下内心深处的恐惧与焦虑，从一个新的正向视角来看待问题，从而提升其自尊，赋予他们继续前行的力量。

纵观焦点解决咨询的理念、技术和应用价值，它强调实践性和可操作性，以正向的、面向未来、目标导向的积极态度，运用类似“阴阳平衡”的理论框架，引导来访者从过度关注问题（“阴”）转向积极寻找解决方案

（“阳”），关注成功经验，并鼓励他们从小的改变做起，逐步减轻困扰。这种方法为咨询师和来访者提供了一个正向思考的选择，摆脱了传统病理学的问题取向，不去深究负面的所在，而是以合作的态度邀请来访者共同发现积极的、带资源的、有益的例外情况，从而形成问题的解决之道。焦点解决咨询重视来访者的主动参与，认为他们是自己问题的专家，具备解决问题的能力和潜力。咨询师应以来访者为中心，尊重他们的价值观和个体差异，避免灌输所谓的“真理”。人们生活在一个多元时间维度的空间中，“现在”这一时刻同时包含着个体的“过去”和“未来”，没有孤立的“现在”，当前的行为都会与“过去”或“未来”产生某种联系。因此，在焦点解决咨询中，过去的正向经验被视作现在问题解决的依据以及对未来假设的基础和参考。在寻找解决方法的过程中，这一时间轴观念成为引导来访者建构解决之道的重要基础。

# 第八章
# 心理咨询的结束

在人生的长河中，每个人都会遭遇不同的挑战与困境，寻求内心的平衡与成长。心理咨询作为一种深入探讨内心世界的旅程，为我们提供了一个独特的机会，让我们可以在专业人员的指导下，勇敢地面对自己，实现自我蜕变。在这个过程中，结束阶段尤为关键。从某种意义上说，心理咨询的结束并不仅仅意味着一段关系的终结。相反，它更多地象征着新的开始——一个将领悟转化为实际行动的开始，一个来访者开始独立面对和解决生活中问题的新起点。咨访关系的结束本身为来访者带来了一种在咨询过程中无法触及的独特经验，那就是学会如何在没有咨询师引导的情况下，依然能够保持自己在咨询中所获得的成长和进步。

## 第一节　结束心理咨询的意义与重要性

### 一、结束心理咨询的意义

#### （一）回顾与总结的里程碑

在心理咨询的长途跋涉中，结束阶段宛如终点线前的冲刺，既标志着成果的汇聚，也预示着新篇章的开启。在这一时刻，来访者与咨询师共同回望心理咨询之路，细数每一步的艰辛与收获，庆祝已取得的成就，在新的高度上审视这些成就对人生的深远影响。

### （二）洞察与整合的新机会

结束阶段为来访者提供了一个难得的机会，让他们得以在更宽广的视野下重新审视自我，获得更加整合的洞察。通过这一过程，来访者能够更加清晰地认识自己在心理咨询中的成长与变化，从而将这些宝贵的经验内化于心，让其成为未来人生旅途中的宝贵财富。因此，这也是一次强化自我认知、提升自信心的过程。

## 二、结束心理咨询的重要性

### （一）咨询效果的检验与评估

结束阶段在整个心理咨询过程中具有举足轻重的地位，因为它是对治疗效果的一次全面检验和评估。在这一过程中，来访者和咨询师共同面对分离的焦虑和挑战，检验咨询效果是否可靠，检验是否达成了心理咨询的目标。这对于咨询师和来访者都很重要。

### （二）恰当告别的示范

生活中的分离无处不在，没有充分处理的分离，是很多心理问题的根源。来访者也许从未有过好好告别的体验，来访者和咨询师的关系是生命中一段非常深刻的关系，如果再一次仓促结束，甚至不告而别，很可能再次造成创伤。

相反，在结束阶段充分地总结将给来访者更好的体验和示范。咨询师和来访者一起回溯共度的时光、获得的成果，接受现实世界的复杂多变。这种直面现实的勇气和坦诚不仅增强了来访者的自我认知，也为他们未来独立应对生活的各种分离奠定了坚实基础。

（三）新生活的起点与规划

结束阶段不仅标志着心理咨询的结束，而且预示着新生活的开始。在这一阶段，来访者有机会重新审视自己的内心世界和未来规划，以更加成熟、自信的姿态开启人生的新篇章。他们也可以将在心理咨询中学到的知识和技能应用到现实生活中，检验其有效性和实用性，为未来的生活增添更多的可能性和选择。

综上所述，结束阶段对于来访者而言具有极其重要的意义和价值。

## 第二节 结束心理咨询的时机选择

何时结束咨访关系，没有准确的定论，完全是由咨询师和来访者根据咨询的进程来共同决定的。选择好的结束时机非常重要。人的成长没有止境，只有更好，没有最好。来访者很难做到在生活的各个方面都很完美。本次咨询是已经达到预想的目标，完成了一个阶段性的任务，还是遇到了一种阻抗或防御或只是一个暂时的移情性痊愈，这不仅需要用心体会和判断，也需要咨访双方能够达成一致。

结束的节奏和时间安排也很需要技巧。咨访关系结束得太过突然，可能使来访者的分离焦虑陡然增加，导致行为退化，还可能让来访者无法充分领悟在咨询过程中所获得的知识与经验，影响咨询效果。如果迟迟不结束咨访关系，来访者将变得越来越依赖咨询师，而无法独立地解决自己的问题。

## 一、结束时机的判断标准

结束心理咨询是一个需要仔细考量的过程。

对于短期或有时间限制的心理咨询，咨询师通常在治疗的初期就能明确知道何时会结束。例如，焦点解决咨询一般持续16次，大约在第12次左右时，咨询师和来访者就能清晰地感受到咨询的尾声，对此有所期待。这类咨询的目标相对明确，主要关注与特定冲突相关的领域。

对于开放性的心理咨询，何时结束则更为复杂。虽然没有固定的标准，但不同领域的心理学家会根据不同的指标来判断何时是合适的时机。

### （一）拉玛的标准

拉玛在《精神分析心理咨询实践导论》中提出了以下方面作为是否可以结束的标准。

症状。在某些时候（特别是在面临压力时）来访者可能不会完全没有症状，重要的是观察这些症状在强度和频率上是否有所变化。

人际关系质量。评估来访者是否能够在冲突中保持稳定，是否能够体验并理解他人的感受，同时承认他人与自己不同。此外，还需评估当来访者伤害到他人时，是否具备体验内疚和悔悟的能力，并有修复关系的愿望。

来访者对三角关系的容忍度。这指的是在现实生活中的位置与愿望之间的差距，比如面对父母关系的现实，无论我们多么想要进入父母关系中，我们都只能是旁观者而不是参与者，这种关系带来的被排斥感和竞争感必须要在内在得到处理，否则可能导致人际关系的损害。

来访者的现实应对能力。这不仅仅是指精神病性来访者对于现实和幻觉的区别，神经症性来访者也可能以各种方式歪曲或逃避现实。真正的面对现实代表了一种内在承受自己的不完美和局限性的能力。这包括摒弃全能感，如“我应该很出色”“我做每件事都应该很完美”等，拥有面对生活挫折和失败的勇气。

来访者的情感反思能力。评估来访者是否能够在不依赖冲动行为来摆脱焦虑的情况下，深入反思自己的内在情绪状态。

来访者与工作的关系。考察来访者是否将过多的时间投入工作中，以及他们是否能够专注于当前的工作并妥善处理工作中的竞争压力。

来访者的游戏能力。温尼科特指出，健康取决于爱、工作和游戏的能力。特别是对于孩子来说，游戏是情绪发展的核心，它连接了潜意识幻想和外部现实。来访者的游戏能力非常重要，它反映了来访者如何理解内在现实和外在现实之间的相互作用，并使来访者进入一个可以处理想法和感受的过渡空间，而不会引起过多的焦虑。

来访者的幽默感。如果咨询师在咨询过程中观察到来访者发展出了幽默感，能够承认自己的缺点并具备宽恕的能力，那么在面对困境时，他们就可以采取更为幽默和积极的态度。

### （二）河合隼雄（1994）强调“比较完善的结束”

所谓“比较完善的结束”，指的是来访者的人格必须出现朝向自我实现的变化，来访者的症状或烦恼以及其他问题得到解决，来访者内在的人格变化与外在的问题解决之间应存在明确的相关性。当和来访者就以上三点达成共识时，咨询师就可以结束心理咨询。

以上专家们从不同角度评估咨询结束时机的思路，为我们提供了宝贵的参考。

## 二、结束时机的选择过程

分析体验式心理咨询强调咨询师系统、来访者系统和咨访互动系统三方面的动态变化，咨询结束时机的选择也必须兼顾三个系统的动力变化。

### （一）咨询师对结束时机的判断

通过一段时间的咨询，咨询师会注意到来访者理性思维能力和应用交流技巧的水平有所提高。这些观察可能来源于许多途径，如咨询会谈、角色扮演或其他活动以及了解来访者在生活情境中运用技巧的能力。咨询师可能会注意到来访者变得更加能够接纳自我，如“自己不行”“所有人都不喜欢自己”的负面自我概念逐渐被“自己虽笨但可以笨鸟先飞”“不强求所有人都喜欢自己，还是有一些人喜欢自己”的正面自我概念取代。伴随着自我厌恶、自我嫌弃感的减少，咨询师还可能会观察到来访者变得更加能够接纳他人，也就是说抨击他人、埋怨他人的现象在减少。

另外，来访者前来咨询的症状，如过度的焦虑、恐惧，已经减轻了很多。而且，来访者最初看来束手无策的问题现在似乎有了一些应对方式，他们看上去已经掌握了应付问题的更适宜的方法并且可以独自面对了。同时，来访者从开始时的情绪宣泄，到自我反省和思考，再到开始转向对将来的打算、志向。观察到上述种种变化后，咨询师就应果断地做出判断——结束的时机来临了。

一个初二女学生小文，因消瘦厌食，吃完东西随即呕吐，恐惧上学前来咨询，全程咨询共30次，每7～10天进行1次。通过初期与该来访者的咨询诊断，咨询师发现，来访者主要由于幼年时期父母长期将其寄宿至幼儿园，幼年过早与父母分离，加之幼儿园老师及同学对其有暴力行为产生了严重的创伤，现实的情景触发了小文童年时的创伤体验，以致出现厌食、逃避上学等一系列问题。经过20多次的咨询，小文已经回到学校上课并参加考试，有了积极的变化。下面是第25次咨询的部分谈话摘录。

咨询师：今天看见你精神状态很好，有什么想跟我分享的吗？

来访者：这次考试我考了全班第五名，虽然之前落下很多课，但我自学都补上了。

咨询师：这么厉害，真为你高兴！老师和同学对你的成绩感到惊讶吗？

来访者：嗯，我比邻桌的同学总分高出好多呢！老师夸我聪明，说我落下这么多课随便一考就这么厉害，说我很有潜质。

咨询师：现在你回学校上课了，也参加了考试。回到同学身边，感觉有什么变化吗？

来访者：我知道我应该上学，也该好好吃东西，可我就是不想上学，一到学校还很难受，吃东西我也不想吐，但就是控制不住。

咨询师：能告诉我学校的什么让你这么反感吗？

来访者：其实大家对我都很好，也挺关心我的，但学校老师越关注我，我就越难受。

咨询师：是学校某一位老师，还是所有老师？

来访者：数学老师！她说话语气特别严厉，跟她一说话我就紧张……其实我也知道她为我好，但我就是不舒服，有说不出的恐惧，还有愤怒。

咨询师：你对数学老师对待你的方式感到熟悉吗？在你以往的生活中，有过类似数学老师这样的人吗？

来访者（思考）：不记得。

咨询师：能跟我说说你小时候的事情吗？

来访者（思考）：不记得。

咨询师：你能想起童年的什么人？你的爸爸、妈妈、爷爷、奶奶或其他人，事情也可以，开心或难过的都可以。愿意和我分享一下吗？

来访者：爸爸、妈妈、爷爷、奶奶对我很好……幼儿园我特别不喜欢！

咨询师：有什么事情？能详细说说吗？

来访者：幼儿园老师老打我，掐我！小朋友也一起打我！还逼我喝下难喝的虾皮紫菜汤，我一闻那味儿就想吐！

咨询师：你觉得你现在的表现和幼儿园有联系吗？

来访者（思考）：……数学老师的语气和幼儿园老师一样……我好像明白点什么了。

此时，来访者能够领悟到当前的苦恼和过去的经历之间的关系，从咨询师系统来判断，咨询结束的时机到了。

### （二）来访者对结束时机的预感

经过有效的咨询后，来访者能够感受到咨询将要结束——尽管来访者原有的愿望并未全部达成。他们可能会体验到痛苦得到明显的缓解，感到自己应对问题的能力有所提高，觉得自己能够与人进行融洽的交流了。他们可能更自信了，而且负面情绪明显减少。他们可能已经可以将咨询中获得的经验运用于自己的生活实践。他们可能还会自发地向咨询师说出来自他人的评价，如“我爱人说我最近不发脾气了”“老师最近在同学们面前表扬我了”等。

咨询结束时机到来的另一个重要标志是咨询目标的实现。一位畏惧死亡的来访者一年前路过一家寿衣店时突然感到自己头晕、心慌、大脑混乱，不能控制自己的思维，随即转身回家。一年来，他尽量减少外出，不敢路过可能有寿衣店的地方，怕自己会出现意外或精神失控。该个案的咨询目标设置为：来访者能独自路过寿衣店，没有异常的行为反应。当来访者明显改善情绪，能够正常经过寿衣店时，咨询的目标已经基本达成。这些改善本身会向来访者传递一种信息——咨询快要结束了。

### （三）咨访双方共同的协商

尽管咨询师对结束的时机有一个明确的判断，来访者对结束的时机也有一种自然的预感，但是结束时间的确定还需要咨访双方进行充分的协商，遵循水到渠成的原则。

有的时候，来访者会先提出结束咨询，这时咨询师就必须判断这是一种阻抗，还是真的到了该结束咨询的时候。如果出现了阻抗，咨询师就要继续给来访者提供一个抱持性的环境，促进来访者的自我觉察和自我成长。

一个来访者因故作冷漠、高傲而错失了一个中意的男孩，于是前来咨询。她对生活中在意的人，比如老师等，都会装作不在意，但当老师和其他同学在一起时，她又非常生气，觉得别人抢了她的老师，经过一段时间的咨询她的情绪得到了缓解，还给自己的老师写了封信，表明自己的心路历程，跟咨询师说自己知道了这样的模式，希望往前看，想停止咨询。这时咨询刚进入深入的阶段，咨询师需要考虑是否随着咨访关系的深入，来访者因为太在意咨询师而要远离咨询师。

如果确实到了结束咨询的时候，咨询师应向来访者表明："是的，似乎我们该结束咨询了。"也有咨询师提议结束咨询而来访者还想继续咨询下去的情况。这个时候，咨询师就要重新审视整个咨询过程。如果原先的咨询目标达到了，来访者又有新的问题需要解决，咨询师就要和来访者协商结束这一段咨询，然后商定时间对新的问题进行深入的探讨，重新确立一个切实可行的正性目标，开始新的咨询；如果来访者并没有新的困惑产生，咨询师就应意识到来访者是否存在尚未处理好的问题，如依赖或难以面对分离等，这时咨询师就需要重新审视咨访关系，推迟结束时间。

有些咨询不能结束，也许是咨询师的问题，新手咨询师可能过于理想化咨询的效果，对咨询效果有着不切实际的期待，希望彻底拯救来访者。咨询师和来访者都必须接受这样一种局限性：一个人不可能彻底拯救另一个人，让他免于痛苦，这就好像希望一个白马王子出现，让整个人生变得幸福一样。

总之，何时结束咨访关系不是由咨询师或来访者任何一方的意愿来决定的，存在最佳的结束时机。如果咨询师不能很好地共情和理解来访者，造成咨访联盟的破裂，或者过度解释让来访者不能耐受，不能涵容来访者的强烈情感而自己付诸行动，伤害到来访者，就会造成来访者单方面结束咨询，也就是脱落。当然，也有咨访双方标准不一致的时候，来访者可能只希望解决生活里的浅层问题，而咨询师有更高的目标，比如人格的完善等。如果经过充分讨论（包括对于移情和阻抗的讨论）之后，来访者依然坚持自己的意见，咨询师就需要尊重来访者的选择。也许此时他们并未准备好做更深的探索，以后也许还有机会重新一起工作。

### （四）参考因素

对于一些不确定的情况，可以考虑以下参考因素。

咨询目前所处的阶段。若咨询刚开始不久，比如才一两个月，那么可能还不是考虑结束的时候，因为此时来访者有可能是伪装痊愈。

要深入探讨为何来访者会提出结束咨询，需要考虑其背后的情境和上下文。例如，如果正在讨论更加痛苦或深入的话题时来访者提出结束，或在生活中正准备开始新的人际关系却想要结束咨询，这些都可能是阻抗的表现。

当来访者表达想要结束咨询的意愿时，咨询师需要仔细聆听他们的情感。虽然时间和金钱确实是部分原因，但咨询师需要深入探究其背后是否存在其他的恐惧和焦虑等情绪。

咨询师的反应也是判断来访者提出结束咨询背后原因的重要因素。当来访者提出结束时，咨询师是否对丧失感有所预期，就像送孩子上学一样，还是感到恐惧、生气、解脱或受伤？这些咨询师的反移情可以帮助咨询师判断是否该结束咨询。

### （五）计划外的终止

很多教科书中关于结束咨询的说法都比较理想：咨询师和来访者确定结束咨询的时间，用足够的时间总结和整合，然后咨询师和来访者依依惜别，而现实往往不是这样。加巴德在《长程心理动力学心理治疗》中引用的文献显示，在社区精神健康中心，只有不到20%的来访者真正在双方协商后结束咨询。

在许多情况下，心理咨询并没有一个正式的结束标志，这可能是因为来访者感到失望，或者他们希望这扇门依然敞开，随时可以回来。没有一个正式的结束标志有时意味着，当来访者想要回来时，他们依然可以回来，这就是仍在进行中的关系，并没有真正地结束。作为咨询师，我们常常不知道哪一次会是最后一次咨询。我们能做的就是保持包容和专注，尽力做好每一次的咨询工作。

总的来说，心理咨询的结束并不是一件简单的事情，其意义远远超出了咨询过程的终结。结束意味着分离，意味着放弃。焦虑是自然的，会出现在所有的选择中。为了让来访者认识到自己的潜能，他们必须结束那个让他们感到安全的咨访关系。否则，他们可能会陷入一种安全的依赖关系中，这种心理上的停滞状态会带来焦虑。当来访者结束咨访关系后，他们可能会面临许多困难。

处理这些困难的方式和经验对他们未来处理生命中的其他分离都将非常有帮助。来访者不再来咨询，似乎是结束了一段关系，但是咨询师内化在他们心里，依然在起着作用，所以从某种角度看，咨询从未结束。

## 三、结束心理咨询的时间安排

即使咨询师和来访者都认为到了结束咨询的时刻，结束咨询本身也绝不是一蹴而就的事情，咨询师必须根据来访者的情况和咨询的实际进展掌握好节奏，做好时间的安排。咨询师应该在拟定最后一次会谈之前的几次咨询中就开始讨论结束的话题，使来访者在心理上有足够的准备，以防止或减少情绪的剧烈波动，在双方达成一致后，要留出足够的时间，做告别、总结和分离。以下有三种时间安排的方法可以参考。

### （一）确定时间法

确定时间法是咨访双方就结束阶段达成一致后，确定一个最终结束的时间。一般来说，越长的咨询结束阶段的时间也越长，比如，7年的咨询终止一般需要1年，1～2年的咨询结束可能需要1～2个月。在此期间，咨询师可以按照原来的频率，讨论结束引起的情感反应，倾听在咨询室之外发生的事件，判断是否与咨询结束引发的情感有关，并进行回顾和总结、告别等。

### （二）循序渐进法

循序渐进法是指咨询师和来访者商定逐渐减少咨询次数到最终结束咨询的方法。一般来说，咨询次数会从1周1次逐渐改为2周1次，视来访者的适应情况再改为1月1次，或更长的时间间隔。这也就是说将1周的休整时间改为2周，看看两周休整时间内来访者的自主性和独立性，如果感到来访者已有足够自信，再让来访者去“挑战”1个月的休整时间，最终达到来访者结束咨询后也能很好地适应现实生活的目标。

（三）体验分离法

体验分离法是指咨询师和来访者商定直接中断几个月的咨询，之后再用几次咨询处理分离中出现的问题，最后彻底结束咨询的方法。也就是说，让来访者直接面对分离体验。在中断咨询的期间，来访者必须独自用咨询中学到的方法面对问题、解决问题。若来访者能够较好地适应现实生活，可能会产生“没有咨询师的帮助我也能面对苦恼”的想法。这样，来访者可能就不会继续进行后面几次咨询了，或来访者以各种理由说抽不出时间，这些情况都是可以接受的，不一定要将其解释为来访者的“阻抗”。

## 第三节　结束心理咨询的工作内容

咨询双方经过初期搭建咨访关系，中期发展与保持咨访关系，基本达到既定的咨询目标，即开始进入咨询的巩固和结束阶段，这一阶段的主要工作内容是对心理咨询效果的评估与巩固，处理情绪和分离，预见和应对未来症状的反复，总结成果，内化收获。咨询师要关注结束阶段的咨询细节。

### 一、心理咨询效果的评估与巩固

正如在初始阶段咨询师需要对来访者进行评估一样，在咨询的结束阶段，咨询师需要再次对来访者进行全面的评估，借此了解咨询的效果，判断经过一个阶段的咨询是否达到了咨询的目标，来访者是否能够更好地应对生活，咨询是否可以终止。

（一）效果评估

效果评估是结束咨询的依据。在咨询的最后阶段，咨询师要对有效性、是否达到咨询目标进行评估。关于咨询效果的评定，应着重考虑下述三个方面：一是来访者的满意度——来访者对咨询师以及咨询结果的满意程度；二是咨询结果的显著性——来访者是否有足够的改进，整体功能是否恢复到正常水平；三是成本效益——咨询的成效是否超过了其投入，如果有几种可以采用的咨询方法，哪一种具有更好的疗效。心理咨询的疗效可视为咨询师、来访者与咨询方法的函数，三者相互作用，共同影响咨询效果。作为咨询效果的评估标准，咨询师的评价和来访者的评价虽然能反映来访者状况的好转或变化，但两者不一定是可靠的。与躯体疾病来访者不同，来访者（特别是心理异常来访者）的报告不一定可信。来访者声称自己已经好转或痊愈的原因很多，“您好-再见”效应在心理咨询的过程中确实存在。即来访者最先来咨询时，常下意识地表示自己的问题很严重，希望获得帮助。随着咨询的进行，来访者得知咨询师的方法已用的差不多，对其产生怀疑或不用得到帮助时，就会叙述自己的感觉好多了，感谢咨询师，和咨询师再见。

在咨询结束时，使用标准化的测量工具评估咨询效果是比较客观的，但是，在大多数临床设置下，这种做法不太现实，因为选择合适的测量工具是一项非常复杂的任务。通常，我们可以通过咨询师的评价、来访者的评价来进行评估。评估来访者的表现可在咨询前、咨询方案实施中、咨询结束时和咨询结束以后的某个时间进行，对问题行为的频率、持续时间、强度和事件的发生四个水平进行评估。

频率。这指的是问题行为（如心慌、脸红）发生的次数。

持续时间。这指的是问题行为发生的时间长度，比如强迫性洗手的持续时间。

强度。这指的是问题行为的程度，比如来访者焦虑等级的变化。

事件的发生。这指的是问题行为的出现或消失。

张日昇认为，来访者感到可以结束咨询时，会出现下述状况：自我接纳，否定的自我概念逐渐被肯定的自我概念取代，理想的自我逐渐与现实本来的自我拉近距离；接纳他人，来访者开始接纳现实本来的自我，随之就能够接纳他人、理解他人；症状缓和，咨询初期所提出的问题或症状得以解除、缓和或减轻，来访者往好的方面变化；对将来的志向性增强，来访者的主要话题由初期的过去的痛苦经历、现在的困难处境，转向对将来的打算，但主要是看来访者具体的行动；能接纳来自他人的评价；对咨询师的客观态度，来访者与咨询师之间逐渐出现对等关系。

### （二）效果的巩固

在心理咨询后期，帮助来访者巩固和维持咨询效果是咨询师的一项重要任务。咨询师通过效果评估向来访者指出其在咨询中取得的成绩和进步，帮助来访者检查咨询目标的实现情况，以进一步巩固咨询效果。

在咨询实践中，有的来访者在咨询室这个特定场所内已经有了很大的改变，问题症状已经减轻或消除，而回到需要独自应对的实际生活中，咨询效果很难维持。有的来访者会因咨访关系快要终止，其问题症状重新出现。针对这两种情况，咨询师要区别对待。

对于第一种情况，咨询师要注意咨询效果的巩固。精神分析取向的咨询师最通常的做法是创造一个安全且具抱持性的咨询环境，帮助来访者重新审视并处理过去的创伤。在这个过程中，咨询师不仅引导来访者面对旧有的心理困境，而且能够将来访者在咨询中对某一问题的洞察和理解推广到其他生活领域。例如，来访者在咨询中学会了如何处理与父母的冲突，咨询师可能会引导他将这种解决策略应用到与配偶、孩子或同事的互动中。来访者通过练习，放弃比较幼稚的反应方式，巩固比较成熟的成人应对方式。通过这样的咨询实践，来访者能够在咨询结束后，继续在自己的生活中应用和发展这些新的技能。

行为主义学派则认为，咨询效果难以维持，与来访者生活的现实环境中缺乏正强化和存在负性诱因有关。但是，随着归因理论特别是“归因–维持模型”的提出，咨询师认识到，通过强化来访者的自我概念，训练他们的抗干扰能力，这个问题有望得到一定程度的解决。该模型认为，如果来访者对成功的行为改变做内部归因，将导致来访者对自己所具有的内在力量产生积极的自我推断，增强其控制自己不适应行为或症状的信心或信念，这种积极的自我推断和由此产生的控制自己症状的信心将超出局部的咨询环境而起作用。如果对积极的行为改变进行外部归因，比如归因为咨询师水平高，咨询方法恰当等，那么咨询效果只能出现在特定的咨询情境中，难以泛化到咨询环境以外的现实生活中去。因此，在咨询结束阶段将咨询效果进行内部归因，有助于咨询效果的维持和强化。

对于第二种情况，咨询师则需处理好与来访者的分离焦虑问题，以合适的方式结束咨询。

## 二、对情绪和分离的处理

在结束咨询时，来访者的情绪可以分为两大类，一类是关于没有咨询师的帮助，他们该怎样应对，另一类是针对咨询师和咨询过程的情绪。许多来访者都对咨询结束后他们该怎样应对感到不确定。他们一方面觉得自己更有能力了，另一方面对自己能否单独处理问题心存疑虑。咨询师可以和来访者坦诚地讨论这些对未来的感受，如关注如何更好地保持所学习到的技巧，关注来访者挥之不去的疑虑。也有一些来访者会很自信，对未来可能出现的问题有心理准备，觉得自己能单独应对，这表明咨询工作已经圆满结束。

来访者可能会希望分享对咨询过程的感受，咨询师应该允许来访者分享一起咨询的感受。咨询师可能会得到有价值的反馈，既包括来访者解决问题的方式，也包括他们对不同的咨询策略和咨询过程各个方面的反应。

另外，经过长时期的深入交流，来访者和咨询师已经建立了内在的联系和依恋关系，此时面对分离、丧失对来访者和咨询师都会有一定困难，因此处理分离是结束阶段的一个重要任务。

首先，要判断每个来访者对于分离可能的反应和应对方式。每个来访者面对分离的反应都是不同的。影响咨询阶段的分离是否困难有几个因素：移情的程度，也就是对于咨询师的依恋，这个跟咨询时间的长短并不是紧密相关的，有的来访者可能很快就会对咨询师产生依赖；来访者对于咨询所怀的期待，包括他们希望解决什么问题，解决什么冲突，是寻找保护者还是寻找丧失客体的替代；退行的类型，来访者如何建立依恋以及来访者的性格等。对生活中的丧失和分离如何反应，这会预示其对咨询结束和与咨询师分离的反应。来访者处理咨询结束的方式与人格结构以及他们的防御方式一致。咨询师可以根据咨询过程中观察到的来访者在生活中是怎样进入与离开重要关系的，来推测来访者是如何感受咨询结束时的分离。面对分离，有的来访者会紧紧抓住不放，变得非常退行；有的来访者可能会出现防御性退缩，甚至先行抛弃咨询师。

因此，咨询师需要理解每个来访者的独特感受，并据此进行不同的诠释和处理。咨询师要帮助来访者完成哀悼的过程。理解我们终究要分离成独立的个体，珍视在一起时的互动体验、曾得到的爱和支持，接受咨询中的失望和局限。整个咨询中来访者会对咨询师有一些扭曲的移情反应，咨询师需要帮助来访者在咨询结束的时候对咨询师以及咨访关系有一个接近现实的看法，帮助来访者把投注出去的幻想收回来，进行自我整合，并向新的方向出发。

其次，咨询师可以通过分享自己的一些感受，人性化地结束咨询，比如“我很欣赏你直面自身处境的勇气”或“我为你的进步感到高兴”等。

## 三、预见和应对未来症状的反复

咨询结束后有两大问题，即来访者怎样单独解决自己遇到的困境，如果症状有反复，他们应如何应对。在咨询过程中，来访者往往会预料到一些麻烦的可能会在他们实际的日常生活中发生，因此来访者会担心问题的反复。在结束阶段，咨询师可以帮助来访者预见未来可能面临的困难，比如在一些高危或者压力很大的情境中他们可能会受挫，不能有效应用所领悟到的技巧。咨询师可以跟来访者讨论如何识别这些高危情境，和来访者进行角色扮演，从而模拟面临这些问题时该如何应对。

如果可能的话，咨询师可以给来访者提供一些症状修复的建议，这样来访者的症状一旦出现了反复，他们仍然可以参考咨询师的建议而有所改变，不至于回到最初的状态。如果来访者明白了如何修复症状，那么当他们面对问题又采用了原来无效的策略时，他们就不太可能会一味地自我贬低或者陷入“非黑即白”的思维方式，也不太可能会认为自己无法应用学习到的技巧。

此外，来访者要接受咨询不会一劳永逸，很多顽固的模式会像野草一样经常复现，尤其是在一些压力时刻。新的模式需要坚持不断地练习才能得到巩固，复现并不是那么可怕的或意味着咨询的失败，必要的时候也可以重来。在人生的长河中，可能会遇到许多意料不到的困难，把咨询师当作永远可以利用的资源，这才是更现实、更灵活的态度。

## 四、总结成果，内化收获

来访者可以既是自己的咨询师，又是自己的教练员。在结束阶段，咨询师和来访者可以一起回顾来访者的进步，对来访者已经发生的变化给予支持性鼓励，进而讨论并商定在咨询结束后保持咨询效果甚至促进来访者进一步变化的可能性和实现方式。咨询师可以强调来访者持续关注他们能否很好地应用咨询中所学习到的技巧的重要性，也要告诉来访者本次咨询可能不会解决所有的问题，还有未解决的，在咨询结束后仍然应该继续学习和思考。

另外，咨询师可以对咨询经验中的主要事件加以总结，并与来访者的现状相联系。这一过程帮助来访者对自己目前的状态与咨询之前的状态进行比较，使他们更多地体会到自己的成长。咨询师也可以请来访者总结他们之间互动形成的主要观点，以此来观察他们自我成长的情况。有时咨询师还可以邀请来访者记录他们的总结。

在下面的案例中，咨询师通过总结和鼓励，让来访者体会自己的成长，并把经验应用到生活中去，在合适的时间以合适的技术结束咨询。

在一个例子中，来访者24岁，爱上了同办公室的一个女孩。女孩很依赖他，大事小事总是拉上他帮忙。他也给予了女孩只有作为女朋友才能享受到的待遇，对她几乎有求必应。每次女孩不开心的时候打电话，他都会在第一时间接听。只要女孩有什么事，他都会在第一时间赶来帮忙。但是，得到这份待遇的女孩却不承认是他的女朋友，这让他心里很不是滋味，不知道该怎样面对这份感情。带着这份困惑，来访者走进咨询室，咨询师通过访谈逐步打开来访者的心门，发现来访者和他关爱的女孩之间展现出爱情的成分很少，亲情的成分很多。来访者的内心很拒绝跟喜欢的女孩有亲密的行为，与他童年和母亲之间的情感疏离有关系，童年他跟母亲之间也很难特别亲密。母亲对他的爱抚少，他对母亲的爱抚也少，比如挽着妈妈的胳膊，对他来说都是一件很为难的事。和咨询师的对话实录如下。

咨询师：能谈谈你和那位姑娘之间是一种什么状态吗？

来访者：我也说不上来，好像不是爱情，应该是介于喜欢和爱之间，顶多算是关系比较暧昧。

…………

来访者：她不在身边的时候，比较想她，放心不下。但是当她在我身边的时候，我又感到很敌对、反感。

咨询师：这种感觉，在你以前的生活里，在你家里什么人身上，也能体会到？

来访者：在我妈身上。其实一年到头，我就回家待那么几天，心里面特别想回去，也特别想跟妈妈把关系处好，帮她做做家务，让她轻松几天。但是回到家里，第一天非常好，从第二天开始就会出现不愉快现象，到第三天就彻底崩了。现在我也大了，我妈总跟我唠叨家里面的事，比如她跟老爸吵架什么的。虽然我知道她讲出来是想让我理解她，给她点安慰，但是她说了一遍又一遍，我就有点受不了，总跟她翻脸。我离开家门要走的时候，心里就特别内疚。

此时咨询师引入了角色扮演技术，让来访者挑选一人饰演自己的母亲，向她表达未曾表达过的对母亲的真实情感。下面是咨询实录。

咨询师：抱着妈妈的时候是什么感觉？

来访者：感觉到妈妈的胸怀是多么宽广和温暖，抱着的时候，就好像跳的这颗心一下子有了地了。无论自己在外面受了气、受了罪或者有了烦恼，在抱着妈妈的时候都已经不算什么了。

咨询师：这是你一直渴望的吗？

来访者：是的。有可能的话，下一次回家，我一定要抱抱我的妈妈。

咨询师：是不是要这样做，好像已经没那么重要了。最重要的一幕已经发生了。尽管这位代表不是你真正的妈妈，但你毕竟体会到和妈妈相互拥抱是多么幸福和温暖，这对你来说，是十分重要的。你今天经历了人生中的一个重要转折，你获得了以前没有的经验。日后，你把这种经验用于跟女朋友交往，用于跟家人，尤其是跟母亲交流情感，我想你的生活，尤其是情感领域的生活，将会发生积极的变化。

来访者：原先一直认为问题出在别人身上，现在感到实际上自己忽略了很多东西。如果在很早以前，我能拉拉妈妈的手，跟妈妈上街的时候能挽着她的胳膊，或者回到家里时，拥抱一下妈妈，跟她说一声“妈妈我爱你，你辛苦了”，我想可能今天我就不会坐在这儿了。

咨询师：其实你也没必要自责，你没有错，你妈妈也没有错，只是生活让你和你的母亲，还有你的女朋友，在不恰当的时间、地点，用不恰当的方式交往、互动而已，现在我们把它调整到比较恰当的状态，一切就会变得光明了。

来访者：嗯，我相信，我会去追寻属于我的那份幸福。感谢您对我的帮助。

在咨询过程中，咨询师通过情景模拟和角色扮演，让来访者获得良好的人际互动体验，在来访者表达了自我转变的愿望之后，咨询师及时将咨询引入结束阶段，在简单总结之后鼓励来访者将咨询中学到的人际交往方式应用到日常生活中去。

单次咨询结束与整个咨询疗程的结束很相似，除了对本次进行小结，让来访者更加明晰本次的收获外，也可以鼓励来访者把本次的领悟应用于现实生活中，不断累积和深化咨询的效果，供下次咨询回顾，为下次咨询做好铺垫。

## 第四节　结束心理咨询的技术应用

以何种方式、运用何种技术结束咨访关系，目前没有统一的标准，完全由咨询师根据自己的经验和咨访互动的状态来决定。倾听、诠释、感受移情和反移情依然是比较重要的技术，但是该阶段的讨论应该主要与咨询的结束相联系。不论是倾听、诠释潜意识的意义，还是觉察到的移情、反移情都可能是咨询结束的反应。结束也是咨询的一部分，所以对于来访者的理解还是第一位的，深度倾听在这个特定的来访者对于结束本身的特有感受和反应以及移情是选择进一步干预方法的基础。此时的干预比如诠释或处理阻抗都需要更加温和，以闭合性为主，不宜展开新的话题。

选用适当的结束技术对咨询的整体效果会有很好的促进作用，主要表现为以下几点：第一，能够保持良好的咨访关系；第二，激励咨访双方努力实现咨询目标；第三，巩固咨询效果，促使来访者已经改变的态度、认知方式、行为模式等得以有效保持，让来访者运用最后这个机会，再次巩固洞察，并扩展到日常生活中，不断将其内化为自我成长的经验。

### 一、结束心理咨询的常见问题

在心理咨询的实际工作中，咨访关系的结束要比想象中的复杂得多、困难得多，如果处理不好，就很容易让咨询效果付诸东流，或产生新的问题，甚至导致对来访者的伤害。咨访双方的阻抗以及伦理问题就是可能出现在结束阶段的两个常见问题。

### （一）阻抗

咨访关系结束时的阻抗可能来自咨询师和来访者两方面。一般而言，咨访关系维持得越久，双方关系的亲切程度越高，这种阻抗就越大。阻抗通常是由于咨访关系结束导致的痛苦、对再适应的恐惧、缺乏信心等因素造成的。

来访者的阻抗。来访者阻抗的表现形式有多种，其中两种最为常见的方式是：要求增加咨询的时间和次数；向咨询师提出新的而非咨询之初的目标、要求。这时，一方面，咨询师要意识到这可能是因为来访者的原有问题没有得到完全解决，自己应当调整咨询策略以使咨询继续下去；另一方面，咨询师要主动采取措施，控制咨询的次数，让来访者了解结束的作用和意义，设法使来访者对咨询结束产生一种积极的态度。此外，咨询师还应该帮助来访者找到新的“支持资源”，让来访者有效地行使自己的权利，对咨访关系的结束不再那么恐惧。

咨询师的阻抗。咨询建立的是双人关系，咨询师投注了很多心血。有些咨询师在咨询应该结束的时候，也会出现不愿意同来访者结束咨访关系的情况。有时咨询师的反应是自己做得没有足够好，所以来访者离开了，甚至对技术产生怀疑；有时结束咨询可能会激发咨询师自己的分离焦虑，使得咨询师见诸行动，比如希望留住来访者、内疚、突破边界、不适当的自我暴露等。这有可能是因为结束成为咨询师生活中未解决事件终结的一个象征性标志，唤起了咨询师自己内部世界的冲突。咨询师阻抗的原因可能有很多，通常的处理是咨询师要接受同行或督导必要的咨询，认真采纳同行或督导提出的建设性意见，甚至可以通过寻求个人体验性咨询来解决自己的困难。对那些有被抛弃、关系破裂、离别恐惧等个人经历的咨询师来说，求助更有经验的咨询师为其提供咨询更为重要。

### （二）伦理问题

咨询工作的结束应当果断而利落，不应拖沓。事实上，结束咨询与初次咨询同样重要。咨询师应当以友好且专业的方式与来访者告别，确保这种告别是基于职业关系而非私人关系。如果咨询过程过于拖沓，可能会阻碍来访者维持他们在咨询过程中取得的进步。

结束咨询会涉及一系列关键的伦理问题。咨询师在咨询结束后应全面审视自己对来访者的责任。过多的支持可能导致依赖，过少则可能未尽到职业义务。此外，如果咨询师希望在咨询结束后与来访者保持某种联系，那么必须遵循伦理原则，并接受督导和同事的建议。总的来说，所有考虑都应基于来访者的最大利益。鉴于许多来访者未来可能再次寻求帮助，保持必要的专业界限，避免过多的自我暴露，可以为未来的咨询留下空间和可能性。

## 二、结束心理咨询的技术要点

不管是咨询师还是来访者，都会体验到由咨访关系结束而引发的情感，激发分离的焦虑和无意识的幻想。咨询师此时应更加注意来访者的情感，而不是观念，注意体会移情和反移情。咨询师可以通过分享自己的一些感受，肯定来访者这一路走来的勇气以及一些创造性的想法，庆祝其获得的成长，肯定其对于未来的期待，这就像一个双人的合作项目到尾声，双方都学习到很多。很多新手咨询师往往在刚刚建立咨访关系的时候投入很大的精力，慎重选择使用各种咨询技术，而忽视结束阶段技术的运用，到了结束阶段会想当然地认为咨询的目标已经基本达到，所以处理得很草率，以致整体咨询功亏一篑。下面简要介绍一下咨询结束阶段的技术要点。

### （一）真诚与共情

在咨询师与来访者结束咨访关系的过程中，真诚与共情是十分重要的因素。在咨询初始阶段，很多年轻咨询师往往很注重搭建咨访关系，随着咨询进程的发展，却忽略了真诚与共情的重要性。

在结束阶段，咨询师要始终如一保持真诚，与来访者共同体验自己对咨询历程的感受，特别是面临分离时的感受。有时因为分离引发的痛苦，来访者和咨询师都倾向于回避谈论分离，但是只有承认这些感情，才能真正将这段关系内化。所以咨询师真诚对待这些情感，承认自己的脆弱，共情来访者的脆弱和忐忑，会给来访者一个良好的示范。

咨询师也要真诚地肯定来访者的进步，但是切忌夸大咨询效果。咨询师可以向来访者描述如何学习与内化在咨询过程中使用的技术，并提醒来访者咨询结束后可能会出现反复现象，也可能出现新的问题。尽管咨询即将结束，但是来访者与咨询师在一起工作的经历将始终陪伴来访者成长。

刚刚从事咨询工作的年轻咨询师常常有这样的苦恼：感觉自己对咨询倾注很多，可来访者就是觉得没有达到预期咨询效果，或是本来咨询已经取得了显著进展，却在即将结束的时候，双方反而感觉效果衰减了。分析这种现象后常会发现，其中一个很重要的原因是咨询师没做到共情。这很像中医治疗中的一个概念“提壶揭盖”。提壶揭盖是古代名医朱丹溪创制的方法，是“以升为降”之意。我们倒茶水时常发现有时倒出的水很少，很不畅。提壶揭盖原指要想把水从盛满水的茶壶中顺利地倒出来，就必须在壶盖上凿个洞，或把壶盖揭开。提壶揭盖的原理说明操之过急或用力过猛往往会把事情搞糟。在咨询的结束阶段，双方达成的咨询效果就像茶壶里沏好的茶水一样，已经可以闻到茶香了，可是倒茶的时候水流不畅，本来恬静的氛围一下子又焦躁起来。“提壶揭盖”的原理提示咨询师在来访者对结束咨询还没有做好充分的准备的时候切忌心急推进。

咨询结束本身激发的分离焦虑也可能触发来访者无意识的幻想，比如幻想咨询师认为自己无聊乏味，或让来访者自己出现不能再依赖咨询师的恐惧，有的来访者还会因为离开咨询师而内疚。为了抵御这些强烈的情感，来访者可能会再次退行，使得症状再次出现，咨询不能结束；来访者也可能会故意贬低咨询师的作用，使得离开更加容易。咨询师要始终坚持与来访者共情的立场，同时利用自己的反移情，深入地理解来访者此时表现的深层意义，即使面临结束，也始终和来访者在一起逐步推进咨询进程，在需要的时候运用诠释，不断获得洞察直至结束。把提壶揭盖的原理放在心里，咨询师才会给来访者以水到渠成的感觉，让来访者发自内心地感觉到咨访关系该结束了。

### （二）无条件积极关注

无条件积极关注是心理咨询的基础，从咨询开始到咨询结束，咨询师都要对来访者保持“无条件积极关注”的态度，即无论来访者的品质、情感和行为怎么样，咨询师对其都不做任何评价和要求，并对来访者表现出无条件的温暖和接纳的态度，使来访者觉得自己是一个有价值的人。

在咨询结束阶段，来访者的思维、情感和行为已经发生了积极的变化，问题症状已得到明显缓解，并能较好适应工作和生活的变化。在这种情况下，咨询师往往会产生趁热打铁、迅速推进的冲动，可能会给来访者较多的建议。从表面看来，咨询师的建议是为了帮助来访者成长，但来访者感觉到的是咨询师给自己提出了一些条件，如果自己做不到，咨询师可能对自己不满，此时，咨询师实际上已经偏离了“无条件积极关注”的立场。“无条件积极关注”要求咨询师抛开固有的一切价值观，相信人的潜能，传达信任、支持与尊重。

一般而言，在结束阶段来访者的阻抗在很大程度上是由于咨询师没有做到对来访者的“无条件积极关注”引起的。咨访关系突然或生硬地结束，来访者会感觉自己被忽视或被欺骗。另一种情况是，双方咨访关系维持得很久，也很密切，在结束关系时咨询师发现来访者对其过度依赖，其中可能有分离的痛苦、再适应的恐惧等内在心理体验，但咨询师没有对来访者的成长予以足够的支持。咨询师要充分肯定来访者的成长，让其感受到咨询期间取得的成果是双方共同努力的结果，让来访者感觉到自己的力量和胜任力，相信自己学习到的东西和内化的关系以及这次的成功经历都将成为处理今后生活中相关问题的内在资源。

### （三）模拟现实情景

心理咨询中的情景模拟是指根据来访者情绪表达、情感宣泄、解决内心矛盾和冲突的需要，使用一种或多种能够满足来访者这种需要的方案或技术，使来访者在咨询师现场设置的具体情景中正视自己内心的体验，释放积聚的个人情感矛盾和冲突，帮助来访者宣泄情绪，解开心结。在结束阶段咨询师可以和来访者进行角色扮演，模拟在面临生活中的问题时该如何处理，同时咨询师还可以给来访者提供一些症状改变的建议。来访者可以通过练习这些症状改变的建议来提高处理问题的能力。

### （四）觉察自己的情感反应和反移情

在结束咨询阶段，咨询师尤其要对自己的离别体验和这种体验所引起的内部反应有敏锐的洞察力，以免影响到来访者。良好的咨访关系产生的强烈情感与生活中亲密的人际关系体验具有相似性，咨询师应对这种情感有足够的自我意识，识别发生在自己身上的反移情。在咨询实践初期，年轻的咨询师经常容易在结束阶段受到自己的议题或者反移情的干扰而不能辨识反移情，比如觉得来访者还有进步的空间，或者因为来访者的依赖而希望来访者不离开，所以不自觉地偏离了咨询师的立场或出现技术使用不到位的情况。年轻的咨询师一定要提高自我觉察能力，最好在督导下进行咨询实践。

（五）系统总结梳理

成功与咨询师分离和结束标志着来访者已经变得更加独立和成熟。咨询结束前，咨询师要综合所有资料，参照咨询目标和咨询方案，评估咨询的效果。同时咨询师要和来访者一起回顾会谈的整个过程，系统地梳理来访者问题的症结和改善的方向，使来访者对自己有一个更清醒的认识，明确未来努力的方向。结合案例，这里为大家呈现这个过程。

小英，女，14岁，初中二年级，在一次中学的联欢活动中，被选中在全班同学面前和一个男生跳舞，内向腼腆的她遭到男同学的拒绝，这件事对她打击很大。咨询师与来访者共经历了13次的心理咨询，在第12次咨询中，咨询师通过总结梳理，回顾会谈的整个历程，让来访者体会自己的成长，为最后的顺利结束咨访关系做了很好的铺垫。下面是这次咨询过程的部分对话。

咨询师：你今天的气色很好，最近有什么感受？能跟我分享一下吗？

来访者：没有发生什么特别要分享的，我就是感觉比前一段时间好多了，似乎有种雨后天晴的感觉。现在我可以去按时上学，也愿意参加集体活动了，现在的我更愿意给自己机会走出去看看了。我觉得您的咨询对我有很大帮助。

咨询师：其实真正帮助你的是你自己，是你的态度和行为。我们在一起的时间是有限的，我对你的帮助也是有限的。但我有信心，因为我看到你已经学会了适应新生活的态度和行为，你正在学习做自己的咨询师。

来访者：心理咨询确实使我改变了很多。但我知道，我现在还没有完全恢复到正常状态。我觉得我可能没您说的那么有力量，我自己不行，您是不是觉得我小题大做了？我还需要进行其他心理咨询吗？我希望能彻底告别之前的那种状态。

咨询师：我很理解你的心情，我在你的年龄也遇见过类似苦恼，也希望自己的生活简单而美好。但人生是奇妙的，每一段经历都要我们自己去体验，自己去经历，自己去感悟。在这几次咨询中，从你身上我看出了巨大的潜力和能量，完全可以处理以后类似或者更有难度的问题。还记得我让你做的那次模拟演示吗？在那次演示中你表现出了与以往很不同的积极行为。

来访者：我记得，那个过程让我学会了遇见事情不逃避，换一种方式处理……可以多学会一些幽默的方式……多换位思考，也许别人比我还要难过……

咨询师：我觉得你在那次模拟演示中处理得很好，刚才的总结更出色，这就是我前面所说的你自己强大的力量。刚才所有的关键语句都是你自己提炼的，甚至比我说的都好，我相信你可以应对生活和学习的困难，你相信自己吗？

来访者：我相信我自己。

咨询师：非常好，我们的咨访关系可以在下一次咨询谈话后结束了，你完全可以自己独立走向未来的生活。

在这段对话中，咨询师对来访者的进步给予积极肯定，并发掘来访者的内在资源，提示来访者咨询即将结束。这些对话可以使来访者对结束咨询在心理上做好充分准备，减少分离焦虑。此外，咨询师还对来访者在心理咨询过程中体验到的信任和安全感、学习到的人际关系、沟通技能、新的自我概念加以肯定和确认，这些将成为来访者自我激励和自我成长的有效工具，帮助来访者达到逐渐适应现实生活的目标。

# 杨凤池简介

杨凤池，首都医科大学临床心理学系学术委员会主任，教授，博士生导师，中国心理学会首批注册心理督导师，中国心理卫生协会首批注册督导师，中国心理卫生协会心理咨询师专业委员会名誉主任委员，中国心理卫生协会特殊职业群体委员会名誉主任委员，北京心理卫生协会原理事长，全国心理卫生学科首席科学传播专家，中央电视台《心理访谈》特邀专家主持，2014年获得“全国优秀科技工作者”荣誉称号，2015年荣获中国心理卫生协会突出贡献奖。

杨凤池教授自1985年开始从事心理学教学、科研、咨询工作，其主要研究方向为心理健康和心理咨询，曾经承担过国家自然科学基金、北京市人文社科、北京市教育委员会和北京市卫生局的科研课题十余项，共发表科研论文四十余篇，有译著四部，主编、参于编辑教材十部及科普著作四部。他曾获两项科研成果奖，一项技术改进奖，1995年获首都医科大学教学基本功大赛一等奖，1996年获北京市优秀青年骨干教师称号，同年9月当选为首都医科大学“十佳青年”，2005年获首都医科大学“优秀教师”称号。他有25年心理健康工作和心理咨询工作的经验。1995、1996和1997年，他三度赴意大利进修，学习心理分析和心理治疗技术，

1996年获国际本体心理学会颁发的“临床心理学家”资格证书，1997年6月参加瑞士日内瓦国际心身疾病研讨会，1997年10月参加莫斯科第一届世界本体心理学年会，并在大会上发言。他2000～2003年接受中德精神分析心理治疗师系列培训，取得毕业证书，2005～2008年接受中挪心理治疗师督导师系列培训，取得毕业证书。

杨凤池教授开展了大量心理学社会实践和心理健康教育活动，他曾经为“神舟飞船”系统工程技术人员、中央驻京机关干部、国际航空公司、首都机场集团公司等全国各地企事业单位的工作人员和高校大学生开展心理减压讲座；参与黑龙江洪灾后心理救援、“非典”和四川大地震心理干预工作。他的活动被中央和地方的电视台、电台和报刊报道。他经常应邀主持心理咨询节目，任中央电视台《心理访谈》节目特邀专家主持。

杨凤池教授长期从事临床心理学应用研究工作，对应用心理学理论和技术解决实际问题进行了探索，在社区心理健康体系建设，疼痛及ICU重症监护病人、网瘾青少年的心理干预和大学生心理健康方面完成了许多重要的科研课题，取得了有重要应用价值的成果。

杨凤池教授融合东西方心理学的理论和方法，以东西方文化的人文精神，长期坚持心理咨询实践，经过30余年的不懈努力，提出并完善了独具特色的分析体验式心理咨询方法。他对我国心理咨询和心理健康教育工作的贡献得到了学术界人士和社会大众的认可。